तृषिता

वाणी प्रकाशन
21-ए, दरियागंज, नई दिल्ली-110002
फोन: 23273167, 23275710, फैक्स-23275710
e-mail : vani_prakashan@yahoo.com
vani_prakashan@mantraonline.com

तृषिता

कमलिनी कौल

वाणी प्रकाशन का लोगो
विख्यात चित्रकार मकबूल फिदा हुसेन
की कूची से

ISBN 81-8143-160-X

वाणी प्रकाशन
21-ए, दरियागंज, नयी दिल्ली-110002
द्वारा प्रकाशित

प्रथम संस्करण : 2004

मूल्य : 225.00

ललित ऑफसेट प्रिंटर, शाहदरा, दिल्ली-32
में मुद्रित

TRISHITA (Novel)
by Kamlini Kaul

मेरे प्रेरणा स्रोत जनकगण–

पिता श्री पं. राम रतन भनोट

माता श्रीमती माया देवी भनोट

को

सादर समर्पित

इस उपन्यास के सभी पात्र व घटनाएँ काल्पनिक हैं। यदि किसी पात्र व किसी घटना का किसी जीवित व मृत व्यक्ति के जीवन के साथ कोई सादृश्य है तो उसके लिए लेखिका उत्तरदायी नहीं है क्योंकि वह एक नितान्त संयोग मात्र ही होगा।

दो शब्द

यह जीवन है इसमें हर मानव को ऊबड़-खाबड़ पथ पर भी चलना पड़ता है और समतल पर भी। अँधेरा-उजाला भी मानव के जीवन में समय-समय पर आता-जाता रहता है। जीवन पुष्प शैया कभी भी नहीं होता संघर्ष तो करना ही पड़ता है। हम समाज में हर प्रकार के पात्रों से मिलते हैं। कई पात्रों के दोष व गुण हृदय पर अमिट छाप छोड़ जाते हैं। कई पात्रों के गुण-दोष के संग्रह से एक नवीन पात्र की रचना होती है। चाहे यह पात्र रचना नवीन ही क्यों न हो पर होती तो इसी समाज से है न। हमारा साहित्य भी तो समाज का ही दर्पण है। अतः इस उपन्यास के पात्र ज्योत्स्ना, पूनम, हेमन्त, शरद या अमिता, लालिमा, नीलिमा, निरुपम व क्षमा, लक्ष्य भी इसी समाज का दर्पण हैं। मैंने हर पात्र के संग पूर्ण न्याय करने का प्रयत्न किया है। नारी के अन्तर्मन की व्यथा, पीड़ा, कुटिलता, छलना, ममता, निर्मलता व निश्छलता, ईर्ष्या इत्यादि गुण-दोषों को पूर्णतया चित्रित करने का प्रयास किया है। फिर भी जब नारी को उसे निर्मित करनेवाला विधाता भी पूर्णरूपेण जान नहीं पाया, तो मानव की भला क्या बिसात!

ज्योत्स्ना का आहत ममत्व पूनम को तन-मन से स्वीकारता है। उस पर पुत्री, सखी, सहोदरा सबका स्नेह मुक्त करों से लुटाता है। हेमन्त कर्तव्य से हर पल बँधा हुआ है पर वह हृदय हार देता है पूनम के सम्मुख। पूनम विधाता की एक अनूठी रचना है। कभी हेमन्त को प्रणय की डगर पर मतवाली अभिसारिका तुल्य खींच ले जाती है तो कभी विपरीत परिस्थितियों में हेमन्त व ज्योत्स्ना के संग मांस मज्जा को दग्ध करनेवाला शुष्क व्यवहार करती है। अपरिचिता बन जाती है।

धन के मद, दर्प में चूर अविवेकी अमिता की सन्तान कुपथ पर चल निकलती है। दम्भी लालिमा जीवन को एक खिलवाड़ मात्र ही समझती है और कालचक्र उसे क्षमा नहीं करता। निरुपम समय रहते चेत जाता है तो समय भी उस पर अपनी अनुकम्पा करता है। नीलिमा विरक्त सी हो उठती है परिवर्तित होती परिस्थितियों को देखकर।

क्षमा व लक्ष्य लखनपाल जीवन को जीवन समझते हैं। जीवन पथ पर हर संघर्ष का सामना मन से नहीं मस्तिष्क से करते हैं और विजयी होते हैं।

अन्ततः पूनम को पुनः परिस्थितियाँ झकझोर के रख देती हैं और वह अपने

प्रियतम हेमन्त को मिलने निमित्त अपने तृषित हृदय को ले बारम्बार उस सुरम्य आनन्द कानन में जाती है जहाँ उसने अपने विगत जीवन के मधुरतम क्षण व्यतीत किए होते हैं।

मैं विशेषतया अपनी मित्र काजल गुप्ता की अति आभारी हूँ जिसने मुझे प्रेरणा दी इस उपन्यास की रचना निमित्त तथा अपनी हार्दिक कृतज्ञता उन सभी पाठकों के प्रति व्यक्त करती हूँ जो मेरे उपन्यास पसन्द करते हैं तथा अपने अमूल्य सुझाव भेजते हैं।

—कमलिनी कौल

1

"दीदी मैं आप से एक बात कहना चाहती हूँ। सोचती हूँ कहूँ या न कहूँ।" पूनम की मधुर स्वरलहरी गूँज उठी।

"कहो न पूनम, क्या कहना चाहती हो?" ज्योत्स्ना ने कोमल स्वर में कहा।

"आप अति सुन्दर लिखती हैं।" पूनम ने कहा।

"क्या तुम केवल यही कहना चाहती थीं?" ज्योत्स्ना ने अपलक पूनम को निहारते हुए पूछा। पूनम के मुखानन पर संकोच स्पष्ट दृष्टिगोचर हो रहा था। वह किसी दुविधा में उलझी हुई थी। यह ज्योत्स्ना का कथा शिल्पी चित्त तत्क्षण ही पहचान गया था।

"दी, मेरे पर भी एक उपन्यास लिख डालिए।" अकस्मात् पूनम ने अनुरोध पूर्ण स्वर में कहा तो ज्योत्स्ना विचारमग्न हो गई, "यह बित्ते भर की छोकरी जिसके छोटे से जीवन में जाने कितने अनगिनत उतार-चढ़ाव आ चुके हैं, अपने अन्तर्मन में सम्भवतः सोचती है कि वह एक उत्तम कथा की पृष्ठभूमि लिए घूम रही है। सच ही कहा गया है कि प्रणय में तुंग हिमालय की ऊँचाई व सागर की गहराई होती है। यदि शुष्क मरुस्थली जीवन में प्रणय का अंकुर फूट पड़े तो प्रणय पल्लवी शीघ्र ही हरी-भरी हो लहरा उठती है। पूनम के शुष्क नीरस जीवन में हेमन्त भी एक वसन्ती बयार का झोंका बन प्रविष्ट हुआ। उसने इतना अपरिमित अनुराग, नेह दिया उस असमय मुरझाई हुई लता को कि वह आज स्वयं ही एक अनुरागमयी, नेहमयी कविता बन गई। मैं भी तो साक्षी हूँ इस समस्त क्रियाकलाप की। ज्योत्स्ना ध्यानमग्न थी कि पूनम ने उसकी तन्द्रा भंग की। "क्या सोचती जा रही हो मिसेज पाल आप?" उत्कण्ठा से पूनम का मुखानन कुछ-कुछ रक्तिम हो चला था।

"कुछ भी तो नहीं सोच रही हूँ मैं।" ज्योत्स्ना निर्निमेष नेत्रों से पूनम को निहारने लगी।

"दीदी, मैं आपकी जितनी भी आराधना करूँ उतनी ही कम है। मैं तो समझती थी कि जीवन एक कंटकपूर्ण पथ ही है और उसके चहुँओर हैं नागफनी की झाड़ियाँ। पर जीवन एक दिव्य ज्योति भी है, एक मन वीणा के तार झंकृत करनेवाला मधुर स्पर्श भी है और यह सब आपने दिया मुझे इस धरा पे। मैं मन-वचन-कर्म से आभारी हूँ

आपकी। आपको मैं अन्तर्मन के देवासन पर बैठा, आपकी निस दिन पूजा करती हूँ। आपने जो बलिदान किया है मेरे लिए, कम-से-कम इस वसुन्धरा पर कोई नारी ऐसा बलिदान नहीं कर सकती। नारी चाहे कुछ भी बाँट ले किसी अन्य नारी के संग, पर वह अपना पति, जी हाँ, अपना पति किसी भी मूल्य पर किसी के भी संग नहीं बाँट सकती। कम-से-कम मैं तो यह कभी भी किसी अन्य के लिए, किसी भी मूल्य पर नहीं कर सकती। आप धन्य हैं पाल दी, धन्य! आपने जो अमूल्य निधि मुझे अर्पित की है मैं उसका कोई प्रतिदान नहीं दे सकती हूँ आपको।" पूनम का भावनात्मक स्वर गूँजने लगा।

"पूनम, इस पर कभी भविष्य में विचार करेंगे कि कौन किस के लिए क्या कर सकता है या क्या नहीं कर सकता? अभी तो तुम सहज होकर बैठो, मैं तुम्हारे लिए 'थम्सअप' लेकर आती हूँ।" कक्ष से बाहर जाते हुए ज्योत्स्ना ने कहा।

"अपने लिए भी लाना दी," पूनम ने मधुर स्वर में उत्तर दिया।

एक दिवस सन्ध्या समय ज्योत्स्ना अपने शयनकक्ष में विश्राम कर रही थी कि पूनम से प्रथम परिचय चलचित्र तुल्य उसके नयनों के सम्मुख घूम उठा। एक सन्ध्या, जब हेमन्त अपने कार्यालय से घर लौटे तो उनके संग एक सौन्दर्य प्रतिमा भी आई। सामान्य औसत कद की तीखे नख-शिख वाली रूपसी के विशाल लोचन बिन कुछ कहे ही बहुत कुछ कहते हुए प्रतीत होते थे। क्षीण कटि के नीचे तक फैली हुई घनेरी काली चमकीली केश राशि ने उसे ऐसा रूप प्रदान किया मानो दुर्गा पूजा के समय बनी भगवती की प्रतिमा सशरीर नवयौवना के वेश में ज्योत्स्ना के सम्मुख आ खड़ी हुई हो। भगवती की प्रतिमा तुल्य ही केश सज्जा थी उसकी। कमी थी तो केवल एक मुकुट की थी। ज्योत्स्ना अपलक उसे निहारती रह गई। उसकी तन्द्रा भंग की हेमन्त के स्वर ने, "कहाँ खो गई हो ज्योत्स्ना? इनसे मिलो—यह है पूनम, मेरे संग ही काम करती है। तुम्हारे साथ मिलने को अति उत्सुक थी इसलिए आज मेरे साथ घर आई है।" पूनम ने जब शालीनतापूर्वक करबद्ध नमस्कार करते हुए ज्योत्स्ना से मधुर स्वर में पूछा, "कैसी हो मिसेज पाल?" तो उसकी बसेरा के असल मोतियों सम धवल दन्तपंक्तियों की चमक एवं चिबुक का मोहक कटाव देख, ज्योत्स्ना पुनः ठगी सी निहारती रह गई उस पूर्णिमा के पूर्णेन्दु को। क्षणांश में ही चौंकते हुए ज्योत्स्ना बोली, "नमस्कार, पूनम जी, नमस्कार, आइए, इधर आराम से बैठिए।" सोफे की ओर संकेत करते हुए ज्योत्स्ना ने कोमल स्वर में कहा।

"और कहिए, आजकल आप क्या लिख रही हैं?" पुनः पूनम की मधुर स्वर लहरी गूँज उठी।

"एक कहानी लिख रही हूँ।" मन्त्रमुग्ध-सी ज्योत्स्ना बोली।

"विषय क्या है?" पूनम ऐसे सहज स्वर में वार्तालाप में मग्न हो गई मानों युगों से ज्योत्स्ना से परिचित हो।

ज्योत्स्ना के उत्तर देने से पूर्व ही हेमन्त कह उठा, “ज्योत्स्ना, भई कुछ अतिथि सत्कार भी करोगी या केवल बातें ही।”

माघ मास आरम्भ हो चुका था। अस्थिपंजर को कँपा देनेवाली शीतलहर देहलीवासी झेल रहे थे। ऐसे में ज्योत्स्ना ने सोचा कि पूनम चाय पीना ही चाहेगी अतः वह कह उठी, “मैं अभी कहवा बना कर लाती हूँ हेमन्त।”

“मैं चाय या कहवा नहीं पीती हूँ। आप दीदी अन्यथा तो नहीं लेंगी न?” मिश्री मण्डित स्वर गूँज उठा।

“नहीं, मैं अन्यथा नहीं लूँगी। क्या तुम शीतल पेय लेना पसन्द करोगी पूनम,” ज्योत्स्ना ने कहा।

“जी, मैं ‘थम्सअप’ ले लूँगी।” कनक छवि सी कामिनी पूनम ने कहा। ज्योत्स्ना दो कप कहवा व एक ‘थम्सअप’ ले आई। साथ में था सूखा मेवा व सण्डिले के लड्डू जो प्रतिवेशनी विद्यावती का भाई लाया था।

“पूनम कुछ खाओ भी न। क्या केवल बातें ही करनी हैं?” हेमन्त ने इतना कहते हुए सूखे मेवों का डिब्बा पूनम के सम्मुख रख दिया।

पूनम ने काजू खाते हुए ज्योत्स्ना से कहा, “आप कौन सा शीतल पेय पीना पसन्द करती हैं?”

“मुझे भी ‘थम्सअप’ ही पसन्द है।” मन्द-मन्द मुस्कराते हुए ज्योत्स्ना ने कहा।

“तो हम दोनों की पसन्द एक ही है।”

“हाँ, जहाँ तक पीने का सम्बन्ध है।” स्मित हास्य बिखेरते हुए ज्योत्स्ना ने जब उत्तर दिया तो न जाने क्यों पूनम का मुखानन रक्तिम हो उठा।

उस दिवस एक घण्टे तक तीनों ऐसे वार्तालाप में मग्न रहे जैसे युग-युग से एक-दूसरे से परिचित हों। वार्तालाप का विषय कुछ विशेष न था। कुछ इधर-उधर की बातें, कुछ अपनी-अपनी बातें व कुछ कार्यालय की और संगी-साथियों की बातों में एक घण्टा बीत गया। तत्पश्चात् हेमन्त पूनम को छोड़ने चला गया। पाल दम्पती ग्रेटर कैलाश में रहते थे और पूनम रहती थी सुब्रोतो पार्क में। पूनम के जनक चण्डीदास सिन्हा थल सेना में कार्यरत थे। चण्डीदास अधिक शिक्षित नहीं था तो भी वह एक परिश्रमी मानव था। शनैः-शनैः उन्नति करते हुए अब एक महत्त्वपूर्ण पद पर आसीन था। एक वर्ष पश्चात् अवकाश ग्रहण करनेवाला था। पूनम की माता श्री दुर्गा देवी साक्षात् चण्डीदेवी का ही अवतार लगती थी। पर वह देवी थी काली या महाकाली। घोर श्याम वर्ण पर लघु लाल डोरे खिंचे नयन, जो हर पल क्षण क्रूरता या क्रोध टपकाते हुए प्रतीत होते थे, ऊँचा मस्तक, क्षीण केशराशि व भिंचे हुए अधर। कुछ ऐसी मुखाकृति थी दुर्गा देवी की मानों सम्मुख खड़े प्राणी को निगल कर ही दम लेगी। अत्यन्त कर्कश स्वरा दुर्गा स्वयं को अत्यधिक सभ्य व सुसंस्कृत नारी समझती थी। बंगाल के चौबीस परगना के एक पिछड़े ग्राम से सम्बन्ध रखने वाला यह परिवार पूर्णरूपेण संकीर्ण

विचारधारा वाला था। पूनम तो मानो नागफनी के झाड़ में जूही की कली सम थी। दुर्वासा ऋषि के सम्बन्धी जान पड़नेवाले सिन्हा परिवार में पिता चण्डीदास, माता दुर्गा देवी, त्रिपुत्र—दिवाकर, प्रभाकर व शशि तथा पुत्री पूनम थी। दिवाकर क्रोधी ऐसा कि नाक पर मक्खी बैठ जाए तो नाक ही चपटी कर दे। पर था दिवाकर मेधावी। अतः एम.बी.बी.एस. करने के पश्चात् एक सरकारी अस्पताल में 'हाउसजॉब' कर रहा था। प्रभाकर व शशि दोनों विद्यार्जन में बस ठीक-ठाक थे। दुर्गा देवी ने कूट-कूटकर पुत्रों के मन में 'पुरुष' होने का अभिमान भरा था। जितना स्नेह वह अपने पुत्रों को करती थी उतना ही अपने अनुज एककौड़ी को भी करती थी। एककौड़ी ने एक छोटा सा घर उड़ीसा के एक बंगाली बहुल जनसंख्या वाले ग्राम में बनवाया था। कपटी काक व धूर्त लोमड़ी के स्वभाव तुल्य था एककौड़ी का अन्तर्मन। उसने दुर्गा को ऐसी घुट्टी पिलाई कि दुर्गा ने चौबीस परगना के ग्राम में बना अपना पैतृक घर बेच-बाचकर उड़ीसा के उसी ग्राम में अपने सहोदर के गृह के निकट एक घर ले लिया जहाँ वे सिन्हा परिवार वाले कभी-कभी जाते रहते थे।

सम्पूर्ण सिन्हा परिवार के आँख की किरकरी थी पूनम। दुर्गा तो दुर्गा सप्तशती तुल्य यह पाठ करती रहती, "कन्या तो कन्या ही होती है न, उसे सदा नेत्र झुकाकर, शीश नवाकर जीना चाहिए। उसने तनिक भी दुष्टता दिखाई तो वंश की नाक कट जाएगी। हाँ, दिवाकर, प्रभाकर, शशि की और बात है। तीनों पुत्र हैं न पुत्र! चाहे जो करें! पुरुष तो पुरुष ही है व स्त्री, स्त्री ही है! दिवाकर जहाँ चाहे विवाह कर सकता है। पर यदि तूने लड़की कोई अभद्र मानस गैर-बंगाली चाहा तो तेरी मांस मज्जा तेरे अस्थिपंजर से अलग कर दूँगी। कल को क्या विश्वास है कि दिवाकर की पत्नी हमारी सेवा करे या न करे। तू तो करेगी न। सावधान! किसी गैर-बंगाली की ओर देखना भी मत।" पान चबाती हुई दुर्गा जब पुत्रों का वर्णन करती तो असीम औदार्य से विशाल हृदय बन जाती। पर जहाँ पुत्री की बात आती तो निस्संकोच वह हृदय की विशालता लघुतम बिन्दु में परिवर्तित हो अदृश्य हो जाती। ऐसे में पूनम लहू के घूँट पी-पीकर रह जाती। वह अपने जनकगण व भ्रातागण से असीम स्नेह रखती थी। पूनम हर सम्भव असम्भव प्रयास करती कि वह ऐसी स्थिति न पैदा होने दे जो उसे परिजन के कोपभाजन का केन्द्र बनाए। पर कलहप्रिया दुर्गा, भ्रातागण का दुर्वासाक्रोध व पिता की वक्र दृष्टि कोई-न-कोई ऐसी त्रुटि पूनम के क्रियाकलाप में निकाल ही लेती जिससे उसे उनकी समय-असमय भर्त्सना व प्रताड़ना सहन करनी पड़ती। पूनम का हृदय विदीर्ण हो जाता। बालापन से ही अक्षम्य अपराध-कन्या बन जन्म लेनेवाली पूनम हर अन्याय को सहन करना अपनी नियति समझती थी, हर गरल पान करना उसकी निस्सीम विवशता थी।

कठोर परिश्रम कर पूनम हर श्रेणी में प्रथम स्थान प्राप्त कर सफलता के सोपान चढ़ती चली गई। बी.एस -सी. के पश्चात् उसने तीन वर्ष काक चेष्टा, बको ध्यानम्,

श्वान निद्रा कर 'कम्प्यूटर' सीखने में विशेष योग्यता प्राप्त की। यहाँ भाग्य ने साथ दिया एक अंग्रेज़ी फर्म में उसकी नियुक्ति हो गई। सात मास पश्चात् ही उसे हेमन्त के संग एक अन्तर्राष्ट्रीय कार्यालय में नौकरी मिल गई। हाड़-तोड़ परिश्रम कर मास भर पश्चात् जब वह वेतन लाकर दुर्गा के करतल पर रखती तो वह मुँह बिचका कर, उसी के वेतन में से उसको दो सौ रुपया देते हुए कहती, "पूरा मास इसी से निकालना। एक पैसा भी और नहीं दूँगी।" कभी-कभी पूनम का मन, अन्तर्मन असीम क्षोभ से भर उठता, स्वयं द्वारा अर्जित धन पर भी उसका कोई अधिकार नहीं। न मनभावन प्रिय परिधान न आँचल। माँ द्वारा क्रय किए हुए साधारण वस्त्र ही उसके भाग्य में लिखे हैं। सहकर्मी महिलाएँ मनभावन परिधान खरीदतीं। क्या नहीं लातीं वे लोग? यहाँ पाई-पाई का लेखा-जोखा देना पड़ता है और ऊपर से स्नेह रस की एक-एक बूँद के लिए तृष्णा थी तृषित हृदय को। यह कहाँ का न्याय है—पुत्र मन चाहा खाएँ, पहनें व मनचाही भार्या लाएँ। उनकी उद्दाम इच्छाओं, आकांक्षाओं पर कोई अंकुश नहीं। हर अंकुश है पुत्री निमित्त। क्या वह मांस मज्जा मण्डित मानवी नहीं है? तीस वर्षीया पूनम अपने परिश्रम व निपुणता से पाँच सहस्र राशि हर मास अर्जित कर सकती है। परिजन निमित्त सुघड़ गृहिणी सम गृहस्थी का हर कार्य सम्पन्न कर सकती है पर स्वयं के लिए कोई निर्णय नहीं कर सकती। विधि की क्या विडम्बना है यह! जब स्वयं के लिए कोई निर्णय लेने का समय आता है तो उसे एक निर्बल निरीह नारी तुल्य परिवार वालों का मुख जोहना पड़ता है। आज तक तो वह हर पग पर समझौता करती आई। हर अन्याय को शीश झुका नियति मान स्वीकार करती आई। पर अब उससे अग्नि शिखा बन नहीं जला जाता। शनैः-शनैः विद्रोही हो उठा पूनम का सर्वांग। एक लावा फूट पड़ने को गर्जन तर्जन करने लगा उसके विद्रोही अन्तर्मन में। जब इस झंझा-झकोर गर्जन में चहुँओर से घिरी हुई थी पूनम तथा विभ्रान्त सी चहुँदिक् देख रही थी तो ऐसे में हेमन्त वसन्ती बयार के झोंके सम तन मन पुलकित कर गया पूनम का। वह मेघा बन ऐसे बरसा उसके तृषित मन प्राणों पर कि मह-मह करके महक उठे वे। अन्तःकरण का सम्पूर्ण लावा प्रणय पराग बन रोम-रोम महका गया। तपित रेत के टीले सा जीवन सुगन्धित सुमन वाटिका में विचरण करने लगा, अब मुझे कौन-सा सदा सिन्हा सदन में रहना है। मेरी डगमगाती नैया का खेवनहारा है हेमन्त अब। पंख लगा उड़ने लगा पूनम का मन का बावरा पंछी निरभ्र नीले अम्बर पर। वह इतना ऊँचे उड़ने लगा कि वहाँ से वसुन्धरा एक बिन्दुमात्र ही दृष्टिगोचर होती थी। पूनम के दिवस कनक निर्मित बन गए। जो भी लौह निर्मित पल क्षण या दिवस अब उसके भाग में आते उन्हें महकता मन उपवन खाद सम ग्रहण कर और अधिक महक उठता।

एक सामान्य स्त्री भी नवयौवनांगन में खड़ी पुत्री की हर भावाभिव्यक्ति लक्ष्य कर जाती है फिर यह तो दुर्गा थी दुर्गा। वह कैसे न लक्ष्य करती। इतना विशेष

परिवर्तन मुरझाई हुई लता के लहलहाकर झूमने का। एक दिवस अपनी कदली स्तम्भ जैसी पुष्ट जाँघ पर करतल से थाप दे देकर उसने भयंकर राग अलापना आरम्भ कर दिया, "क्यों री निष्ठुर! किसके ध्यान में मग्न रहती है आज कल? किस श्वान पुत्र के स्वप्न जाल में उलझी हुई है तू? सावधान! परियों की राजकुमारी तेरा सम्पूर्ण प्रणय वणय निकाल दूँगी एक ही दुहत्तड़ मार कर। समझी! क्या समझी?" क्रोधाग्नि धधक उठी साक्षात् चण्डिका की मरघट की ज्वाला तुल्य। विषाद से भर उठा पूनम का व्याकुल चित्त। पर वह अकिंचन अबला कर भी क्या सकती थी उष्ण जल की बूँदें मिट्टी में मिलाने के अतिरिक्त। पूनम निःशब्द पर्स उठा अपने कार्यालय जाने निमित्त घर से चल पड़ी।

वह पूर्ण दिवस पूनम अति व्यस्त रही। सन्ध्या समय हेमन्त को जब एक आवश्यक फाइल देने वह उसके कक्ष में गई तो उसके आभाहीन मुखमण्डल व नयनों में व्याप्त शून्यता को निहार हेमन्त का हृदय व्यथित हो उठा।

"क्या बात है पूनम, इतनी उदास क्यों हो आज?"

"मैं...मैं..." सहानुभूति भरे शब्द सुन पूनम का कण्ठ अवरुद्ध हो गया।

"हाँ, हाँ कहो क्या बात है?" संयत स्वर में हेमन्त ने कहा।

"मैं बहुत ही दुःखी हूँ।" नतमस्तका पूनम ने क्षीण स्वर में कहा।

"पर बात क्या है?" जिज्ञासु स्वर में हेमन्त ने पूछा।

"आप छः बजे मुझे अगले मोड़ पर मिलें तब सब बता दूँगी।" धीमे स्वर में पूनम बोली।

"ठीक है मैं छः बजे अगले मोड़ पर तुम्हारी प्रतीक्षा करूँगा। कहीं चाय पीने चलेंगे तब तुम्हारी समस्या का समाधान भी खोजेंगे।" हेमन्त ने सधे हुए स्वर में कहा।

घर में है रणचण्डी का साम्राज्य व कार्यालय में शर सम चुभती सहकर्मियों की दृष्टि। कहाँ जाऊँ मैं? क्या करूँ? और क्या अब हेमन्त के बिना मैं कहीं जा भी सकती हूँ? क्या अस्तित्व है मेरा बिन हेमन्त? पूनम की तन्द्रा भंग की काक दृष्टि वाले चपरासी रामसुख ने, "मैडम, क्या दिन में भी स्वप्न देखती हैं? बड़े साहब ने बुलाया है आपको।" यह कहते हुए उसके गलमुच्छों के नीचे अधरों पर एक कुटिल मुस्कान आ गई। पूनम कट के रह गई। उसकी समस्त शिराओं में एक झनझनाहट सी होने लगी। यत्नपूर्वक उसने स्वयं को संयत किया व अपने स्थान से उठ खड़ी हुई।

सन्ध्या समय छः बजकर दस मिनट पर उसे हेमन्त अगले मोड़ पर मिलने आ गया। दोनों गाड़ी में बैठ 'सम्राट होटल' चल दिए। हेमन्त ने स्वयं के लिए चाय व पूनम निमित्त 'थम्सअप' तथा 'फिश फिंगर' का आर्डर दे दिया। तत्पश्चात् दोनों वार्तालाप में मग्न हो गए।

"क्या बात है? आज उज्ज्वल किरणें धूमिल क्यों पड़ रही हैं?" वातावरण की

बोझलता को दूर करने के लिए किंचित् परिहास का पुट दिया हेमन्त ने अपने कथन में।

"बात यह है..." पूनम समझ ही नहीं पा रही थी कि बात का सूत्र कहाँ से थामे।

"हाँ हाँ, कहो न, क्या बात है?" हेमन्त ने कोमल स्वर में कहा।

"मैं कैसे कहूँ? हेमन्त, मैं कभी न जान पाई 'माँ' किसे कहते हैं। कथित माँ एक ऐसी नारी है जो मुझे नेत्रों से ही एक पिपासु लगती है। जीवन में श्वास लेने पर भी अंकुश लगा हुआ है। विधाता ने कितना बड़ा अन्याय किया मुझे एक रूढ़िग्रस्त संकीर्ण विचारधारा वाले परिवार में जन्म देकर। कन्या बन जन्म लेना क्या मेरा अक्षम्य अपराध है? यदि है तो माँ बाबा ने जन्म लेते ही गला दबा क्यों नहीं मार दिया मुझे?" आक्रोश फूट पड़ा पूनम की वाणी में व जवाकुसुम से रक्तिम नयन कपाल पर चढ़े प्रतीत होने लगे।

"धीरज रखो पूनम, नारी ही नर की माँ है। पिता पुत्र भ्राता बन्धु सखा प्रियतम सबको जन्म देनेवाली कोई-न-कोई नारी ही तो है। वह जगज्जननी है। उसकी जितनी भी आराधना की जाए उतनी ही कम है। तुम इतनी व्यथित क्यों हो? मैं जो हूँ तुम्हारे साथ। अपने समस्त दुःख कष्ट बाँट के चलो मेरे साथ। बाँटने में बड़ा सुख है।" पूनम के कष्ट से अभिभूत हेमन्त ने कहा।

हेमन्त व पूनम कैसे प्रणयसूत्र में बँध गए, वह भी एक रोचक कथा है। तन-मन से क्लान्त अशान्त पूनम को हेमन्त के निकट खड़े होने से ही एक असीम तृप्ति का भान होता था। वह मन्त्रमुग्ध सी बड़ी तत्परता व निपुणता के साथ हेमन्त की हर आज्ञा का पालन करती व हर कार्य को सम्पन्न करती। शनैः-शनै वह हेमन्त के मोहपाश में बँधती चली गई। पहले तो हेमन्त ने यह केवल मात्र आकर्षण ही समझा। पर जब उसे पूर्ण विश्वास हो गया कि पूनम उससे नेह करने लगी है तो उसने पूनम को समझाने का पूर्ण प्रयत्न किया। उसे समझाया कि वह न केवल विवाहित ही है अपितु एक युवक होते पुत्र का पिता भी है। न जाने कितने अकाट्य प्रमाण दिए पूनम को नेह की इस डगर पर टूटकर बिखरने वाली उन युवतियों के जो हेमन्त जैसे विवाहित पुरुषों के मोहपाश में स्वयं ही प्रसन्नतापूर्वक फँस, अपना आप उत्सर्ग कर चुकी थीं। कोई तर्क-वितर्क न परिवर्तित कर पाया पूनम के निश्चय को। वह भी अनेकों बार अपना यह कथन, "मैं आपसे न कुछ माँगती हूँ न कोई आकांक्षा करती हूँ। हाँ, एक मित्र का स्नेह तो पा ही सकती हूँ न आपसे। क्या मैं आपके मित्र बनने के योग्य भी नहीं हूँ?" दोहराती रहती।

हेमन्त ने पूनम की मित्रता स्वीकार कर ली। कालचक्र तो अपनी गति से चलायमान था ही। इस मित्रता ने कब प्रणय पल्लवी का रूप धारण कर पूनम व हेमन्त के मन प्राणों पर छाना आरम्भ कर दिया। वे दोनों इस सत्य को न जान पाए।

हाँ, यह और बात थी कि प्रणय के हर क्षेत्र में पूनम ही प्रथम पग धरती। हेमन्त को तो यह सत्य ही विकल किए रखता कि वह ज्योत्स्ना का पति है। एक पुत्र का पिता है। उसने स्वयं ही ज्योत्स्ना को एक दिवस बता दिया कि न केवल पूनम ही उससे अथाह प्रेम करती है अपितु वह भी उस प्रणय डगर पर चल निकला है। पूनम की निरीह निर्दोष चितवन की चावनी में बँध चुके थे हेमन्त के भी मन प्राण। पति की अदम्य इच्छा सम्मुख ज्योत्स्ना भी नतमस्तक हो गई।

पूनम के मिश्री मण्डित मधुर विनीत अनुरोध ने व मनमोहक शब्दावली ने ज्योत्स्ना को भी अपने वश में कर लिया। कदाचित् बंगाल की जादूगरनी की जादुई छड़ी पर इतनी गहरी पैठ थी कि ज्योत्स्ना मन्त्रपूर्ति सी उसकी हर इच्छा-अनिच्छा के सम्मुख नतमस्तक होने लगी। बित्तेभर की छोकरी हेमन्त को सुनयनों के संकेत से उठाने-बिठाने लगी व ज्योत्स्ना को मधुर वचनों की भूल-भुलैया में ऐसी चक्करघिन्नी में उलझाया कि वह दिग्भ्रान्त सी उसी में उलझकर रह गई। सम्भवतः अपने एकाकी पुत्र की अपने प्रति उदासीनता से ज्योत्स्ना का अन्तःकरण इतना दग्ध हो चुका था कि वह पूनम के स्नेहिल स्पर्श को पा समस्त सोच-विचार असोच के गर्त में डाल पूनम में ही सन्तान सुख खोजने लगी।

एक सन्ध्या जब पूनम प्रणय की गलियों में चक्कर काट रही थी व उस साँझ की वेला में मधुर मिलन के समय पक्षीगण अपने मधुर कलरव से धरती आकाश को गुंजारित करते हुए अपने-अपने नीड़ की ओर उड़ चले थे। कोई एकाध अभागा पक्षी ही स्तब्ध सा किसी वृक्षलता कुंज पर बैठा था जिसका कि नीड़ नष्ट हो चुका था। मन्द गति से समीर के बहते झोंके तन-मन पुलकित कर-कर जा रहे थे। ऐसे मनभावन समय में पूनम ने भाव विह्वल हो हेमन्त से कहा, "हेमन्त माई स्वीट हार्ट (एकांत में अब पूनम हेमन्त को 'स्वीट हार्ट' ही कहकर पुकारती थी) तुम ही मेरे जीवन हो, जीवनावलम्बन हो, मेरी आशा विश्वास हो, मेरी तिमराच्छादित रात्रि की सुहावनी भोर हो, मेरे..." हेमन्त ने मध्य में ही टोक लगा दी पूनम को, "बस-बस, पूनम डार्लिंग कितने अलंकारों से अलंकृत करोगी अपनी इस रोचक शब्दावली को।"

"वाह! तुम्हारा भी हिन्दी ज्ञान कुछ कम नहीं है। स्वीटहार्ट, पर मेरी बात को गम्भीरता से सुनो—मैं संसार सागर तुम्हारे ही सहारे पार करना चाहती हूँ। ऐसा न हो कि हम मझधार में डूब जाएँ और तुम लग जाओ किनारे।" पूनम ने गम्भीर स्वर में कहा।

"नहीं, नहीं ऐसा कदापि नहीं होगा पूनम। मेरे मन प्राण रहने तक, मैं ऐसा कभी भी न होने दूँगा। तुम दोनों मेरे संग-संग दरिया के दो किनारों तुल्य बहोगी। कहाँ धरा पर तुम उतर आईं सितारों जड़ित आकाश को छोड़।" हेमन्त भी भावना में बहने लगा।

मन्द-मन्द मुस्काती पूनम खिलखिलाकर हँसकर कहने लगी, "मैं सितारों जड़ित

नभ को त्याग केवल तुम्हारे लिए ही धरती पर आई हूँ। मेरे हेमन्त," आगे वह स्वप्निल स्वर में बोलती चली गई, "तुम्हारा नाम कितना सुन्दर है हेमन्त? मैंने सोचा था अपने प्रियतम का नाम 'हेमन्त' ही रखूँगी पर तुम तो हो ही हेमन्त न।"

"मैं भी आज से तुम्हारा नामकरण करता हूँ। नूतन नाम है–पूर्णिमा! है न पसन्द?" हेमन्त की दृष्टि नीले अम्बर पर छाती ऊदी घटाओं पर लगी हुई थी व स्वर स्वप्नलोक से आता हुआ प्रतीत हो रहा था।

दूसरी सन्ध्या हेमन्त व पूनम 'सम्राट होटल' में बैठे थे। दोनों आइसक्रीम खा रहे थे व वार्तालाप में मग्न थे कि पूनम की दृष्टि अकस्मात् निकट केबिन में प्रवेश करते हुए एक युगल पर पड़ी। अर्धनग्न युवती के संग उसका अग्रज दिवाकर लिपट-लिपट जा रहा था तथा वह युवती बत्तीसी दिखाते हुए उन्मुक्त कण्ठ से हँस रही थी। उन पर दृष्टिपात होते ही पूनम का मुखानन विदीर्ण हो गया। उसने अपना आँचल भली प्रकार मुख के चहुँओर लपेटा, हेमन्त को बाहर चलने का संकेत कर, तीव्र गति से पग रखती हुई बाहर चली गई। हेमन्त भी 'बिल' चुका अबेर किए बिना बाहर आ गया।

उसने आश्चर्यपूर्ण स्वर में कहा, "क्या हुआ पूनम? तुम बाहर क्यों आ गईं?"

"हेमन्त, जो प्रेमी युगल अभी आकर हमारे निकटवाले केबिन में बैठा था, वह पुरुष कोई और नहीं अपितु हमारे पूज्य भ्राता श्री दिवाकर सिन्हा हैं। हूँ! घर में लम्बे-चौड़े भाषण देता है। मुझे अँगुली पकड़ चलना सिखाता है और स्वयं क्या है यह निर्लज्ज! कैसे दिशाज्ञान भूल दोनों अभद्रता से हँस व बोल रहे थे। कितने दर्पपूर्ण स्वर में मुझे यह कह रहा था कि अगले मास जब तेरा वेतन मिलेगा पूनम तो उसमें से तीन हज़ार रुपये मैं लूँगा। मुझे उर्वशी को सोने का हार लाकर देना है न। हाँ, तू सावधान रहना। कहीं कोई ऐसा कर्म न कर बैठना जो हम सबकी नाक काट दे। मैं यदि खिड़की से बाहर भी झाँकती हूँ तो मातेश्वरी कहती है किस यार को देख रही है तू? और पुत्र कोई भी गुल खिलाए कोई अन्तर नहीं पड़ता। हे देव! क्या पाप किए थे मैंने?" रुदन व क्षोभ से पूनम का कण्ठ अवरुद्ध हो गया। स्तब्ध से हेमन्त ने गाड़ी का द्वार खोला। पूनम अगली सीट पर हेमन्त के निकट बैठ गई। आँचल अभी भी उसके मुख के चहुँओर लिपटा था। पूनम का दायाँ हाथ कोमलता से हेमन्त की जाँघ को सहलाने लगा। गाड़ी जैसे ही पूनम की कॉलोनी के निकट पहुँची तो पूनम को अपना रक्त शरीर की समस्त शिराओं में जमता हुआ प्रतीत हुआ क्योंकि उसका मँझला भाई प्रभाकर व अनुज शशि सड़क के मध्य में खड़े अपनी चण्डाल चौकड़ी का तत्परता से संचालन कर रहे थे। प्रभाकर वृषभ सा खड़ा अपने डेढ़ पसली के मित्र नरेन के दुर्बल कन्धे पर अपना हाथ मार-मारकर अपनी वीरता का बखान कर रहा था और शशि अपनी पुष्ट हथेली से अपनी कदली स्तम्भ तुल्य जाँघ पर थाप दे-देकर अपने दुर्वासी क्रोध का प्रदर्शन कर रहा था। हर आने-जानेवाले को असुविधा हो रही

थी पर उस चौकड़ी की बला से! प्रभाकर व शशि की शौर्य गाथाएँ अन्य मित्र मण्डली मन्त्रमुग्ध सी तन्मयता के साथ सुन रही थी। मित्र मण्डली उनके काल्पनिक आल्हा-ऊदली शौर्य पर तन-मन से न्यौछावर हो-हो जा रही थी। पूनम ने हेमन्त से कहा, "गाड़ी तीव्र गति से इस चौकड़ी के निकट से निकालकर ले जाओ। इस मण्डली में मेरे दोनों सहोदर भी खड़े हैं।" हेमन्त ने पूनम की इच्छानुसार गाड़ी तीव्र गति से आगे निकाल ली। पूनम ने गाड़ी से उतरते हुए कहा, "मैं कल प्रातः घर आऊँगी।" और फिर बिना उत्तर की प्रतीक्षा किए शीघ्रतापूर्वक अपने गन्तव्य की ओर चल पड़ी। लौटते समय हेमन्त ने देखा मित्र मण्डली की सभा सड़क के मध्य से विसर्जित हो चुकी थी।

दूसरे दिवस प्रातः आठ बजे के लगभग हेमन्त के मित्र यतीनदास उसके घर आ गए। वह बंगला साहित्य के ख्यातिप्राप्त कथाशिल्पी व एक जानेमाने कवि थे। कुछ-कुछ श्याम वर्णीय तनिक क्षीण काया, बुद्धि प्रदीप्त तीक्ष्ण दृष्टि लिए विशाल लोचन, तीखी नासिका व मधुर वाणी का अद्‌भुत संगम था उनके व्यक्तित्व में। उनके स्नेह में एक विशेष प्रकार की प्रगाढ़ता व विलक्षणता थी जो दर्शक का ध्यान बरबस अपनी ओर आकृष्ट कर लेती थी। स्निग्ध स्नेह के अटूट बन्धन में बँधे हुए थे दोनों मित्र।

कहवा पीते हुए यतीन ने लक्ष्य किया कि हेमन्त किसी समस्या में उलझा पड़ा है। उसने मधुर स्वर में हेमन्त से कहा, "क्या बात है? मित्र, आज कौन सी उलझन तुम्हें उलझाए हुए है।"

"हाँ यतीन, मैं एक आत्मद्वन्द्व में फँसा पड़ा हूँ। सम्पूर्ण रात्रि हो गई उस चक्रव्यूह में फँसकर।" हेमन्त ने विचारमग्न उत्तर दिया।

"ऐसी कौन सी जटिल गुत्थी थी जो सुलझ नहीं पा रही थी!" यतीन ने विनोदी स्वर में प्रश्न किया। पूर्व इसके कि हेमन्त अपनी समस्या के विषय में कुछ बताता श्रीमती यतीनदास का 'फोन' आ गया। उसने दूरभाष पर अपने पति को बताया कि शीघ्र घर आ जाएँ क्योंकि उनका उड़ीसा वाला भानजा भुवनेश्वर से देहली आया हुआ था। और वह यतीन से शीघ्र मिलना चाहता था। यतीन ने उठते हुए कहा, "अभी तो मैं जा रहा हूँ हेमन्त, क्योंकि पिंटू अभी मिलना चाहता है। कल सन्ध्या समय 'कॉफी हाउस' में मिलेंगे और तभी तुम्हारी समस्या का कोई न कोई समाधान खोजेंगे।" यतीन के जाते ही हेमन्त स्नान करने चला गया व ज्योत्स्ना घर की साज सफाई में लग गई। कुछ समय पश्चात् पूनम भी आ गई।

"अरे दी! आज तो पूरी मेम लग रही हो, पूरी मेम।" पूनम ने पर्स को शैया पर रखते हुए प्रशंसात्मक स्वर में कहा।

"नहीं नहीं! बस यूँ ही यह छोटा गाऊन पहन लिया। सोचा पहले सफाई कर

लूँ फिर स्नान करूँगी।" गाऊन को नीचे खींचने का प्रयत्न करते हुए ज्योत्स्ना ने झेंप भरे स्वर में कहा।

"अरे! मैं ठीक कह रही हूँ दी, इस छोटे से गाऊन में आप वास्तव में ही अति सुन्दर लग रही हैं। हाँ, 'वो' कहाँ हैं?" 'वो' शब्द के उच्चारण के संग ही मुट्ठी भर गुलाल पूनम के कपोलों पर बिखर गया। यह सत्य ज्योत्स्ना के नयनों ने लक्ष्य किया।

" 'वो' कौन?" ज्योत्स्ना ने अनजान बनने का अभिनय करते हुए कहा।

"अब इतनी हृदयहीन न बनो दी, किसी के मन के साथ खिलवाड़ करना आप जैसी भद्र महिला को शोभा नहीं देता।" पूनम ने भी नाटकीय स्वर में उत्तर दिया।

"अच्छा, तुम्हारा संकेत हेमन्त की ओर है। वह तो..." शेष शब्द ज्योत्स्ना के कण्ठ में ही रह गए। शुभ्रवसन धारण किए हेमन्त का सद्यःस्नाता रजत वर्णीय देह सौष्ठव देख पूनम दिशाज्ञान सब भूल उसी में लीन हो गई। यूँ निर्निमेष पूनम को निहारते देख हेमन्त इस आयु में भी गन्धर्व किन्नर सम लजा गया। उसकी सुदीर्घ देह परिमल के सुहास में लवलीन हो गया पूनम का तन-मन।

हेमन्त के विशाल वक्षस्थल पर अपना मुख रख पूनम को एक स्वर्गीय सुख का भान होता। 'विधाता ने पूर्ण मनोयोग से गढ़ी है मेरे प्रियतम की यह प्रिय प्रतिमा, बहुधा पूनम ऐसे सोचा करती थी। हेमन्त ने जब पूनम को मुग्ध नायिका तुल्य स्वयं को निहारते हुए देखा तो कृत्रिम आश्चर्य के साथ कहा, "कब आई तुम?"

"मैं...मैं... हाँ अभी कुछ देर पहले ही आई हूँ।" पूनम ने गहन निद्रा से जागते हुए कहा।

"आप पहले पूजा कर लें तब तक मैं हम तीनों के लिए जलपान लगाती हूँ।" ज्योत्स्ना ने रसोई घर की ओर जाते हुए कहा।

"दी, मैं कुछ सहायता करूँ?" पूनम ने कहा।

"नहीं, तुम मेरी अलमारी में से कोई पुस्तक निकाल कर पढ़ो तब तक मैं अभी आई।" ज्योत्स्ना ने मधुर स्वर में उत्तर दिया।

पूनम ने अलमारी खोलकर देखा तो चकित सी रह गई। अलमारी में बंगला साहित्य शिरोमणि गुरु रवीन्द्रनाथ ठाकुर से लेकर शरतचन्द्र, बकिमचन्द्र चटर्जी, आशापूर्णा देवी इत्यादि ख्यातिप्राप्त कथाशिल्पियों के संग-संग हिन्दी के भी साहित्य नक्षत्रों की ख्यातिप्राप्त पुस्तकें सुसज्जित थीं। इन कथाकारों की अमूल्य रचनाओं के साथ ही साथ एक ओर सूर, तुलसी, रहीम, रसखान इत्यादि की सुप्रसिद्ध काव्य रचनाओं से लेकर जयशंकर प्रसाद, सूर्यकान्त त्रिपाठी 'निराला', सुमित्रानन्दन पन्त इत्यादि की काव्याकाश पर आलोकित रचनाएँ भी अतिशय व्यवस्थित ढंग से लगाई हुई थीं। दुविधा में पड़ी पूनम अलमारी के निकट खड़ी थी कि कौन सी पुस्तक का चयन करे पढ़ने निमित्त कि इतने में ज्योत्स्ना जलपान लिए आ पहुँची। हेमन्त भी शिव उपासना कर निवृत्त हो चुका था। ज्योत्स्ना ने पनीर के पराँठे, पपीते की फाँकें व

मक्खन, चाय इत्यादि सम्पूर्ण खाद्य पदार्थ मेज पर सजा दिए। हेमन्त, पूनम व ज्योत्स्ना तीनों मिलकर जलपान करने लगे।

"पराँठा बहुत स्वादिष्ट बना है दी," पूनम ने प्रशंसात्मक स्वर में कहा।

"चाय भी कुछ कम नहीं।" हेमन्त का नाटकीय स्वर गूँजा। हास-परिहास में तीनों लीन जलपान कर ही रहे थे कि हेमन्त को कार्यालय से 'फोन' आ गया। उसे कार्यालय जाना पड़ा। पूनम व ज्योत्स्ना जलपान समाप्त कर शयनकक्ष में शैया पर आ बैठीं। दोनों वार्तालाप में मग्न थीं कि अकस्मात् ही पूनम बोल उठी, "दी, पूनम व ज्योत्स्ना का अर्थ एक ही है न—चाँद की किरणें या चाँदनी। चाँद किरण कितनी शीतल होती है न। कैसे शीतल शशि अपनी शीतल ज्योत्स्ना पूनम को फैलाता है। दूर पर्वतों के पेड़ों पर, लता कुंजों की शाखाओं पर उनींदी चाँदनी सम्पूर्ण रात्रि को ही स्वप्निल बना देती है। हृदय सिन्धु असीम उल्लास से हिलोरें लेने लगता है। उसकी गगनचुम्बी तरंगें तीव्रगति से इन्दु को छूने हेतु दिशाज्ञान भूल मचल पड़ती हैं। चन्द्र एक चन्द्र किरणें अनेक वैसे ही...वैसे ही..." एकाएक पूनम मौन हो गई।

"कहो, पूनम आगे भी सुनाओ शुभ्र ज्योत्स्ना की, पुलकित यामिनी की तन-मन को महकाती हुई रोचक कथा। शशि का शाश्वत धर्म है अपनी दुग्ध धवल किरणों द्वारा वसुन्धरा पर शीतलता बरसाना सो वह मुक्तकरों से उस शीतलता को धरा पर बरसाता है। जैसे रवि एक अनेक कमलों को जीवन प्रदान करता है वैसे ही चन्द्र अनेक किरणों द्वारा..." ज्योत्स्ना अपनी ही धुन में मग्न कहती जा रही थी कि पूनम ने उसे मध्य में ही टोक दिया, "मेरा तात्पर्य कुछ और भी है दी।"

"और क्या तात्पर्य है तुम्हारा?" एक अबोध बालक सी अम्लान हँसी हँसते हुए ज्योत्स्ना ने पूछा।

"अब दी, जानकर अनजान न बनो। मैं जो कहना चाहती हूँ—मैं जिसकी कामना करती हूँ—मेरा जिस ओर संकेत है, वह आप अनकहे ही समझ जाएँ। मेरे अनकहे प्रश्न का उत्तर मुझे कृपा कर के दीजिए। दी, नहीं तो...नहीं तो मैं पागल हो जाऊँगी।" विक्षिप्त सम ही पूनम प्रलाप करने लगी।

जिसकी तुम कामना करती हो, जिसकी तुम्हें आकांशा है, वह सब मैं भली प्रकार जानती हूँ। पर उसे पाना इतना सरल नहीं है। शून्य में निहारते हुए ज्योत्स्ना ने स्वतः कहा। स्तब्ध सी ज्योत्स्ना पुनः विचारधारा में बह चली, यह बित्तेभर की छोकरी क्या चाहती है? हेमन्त के संग सात फेरे लेना चाहती है। नवीन प्रणयसूत्र में समाज के सम्मुख दृढ़ता से गाँठ बाँधना चाहती है। अनेकों बार इसे हेमन्त समझा चुका कि उसका इसके संग विवाह करना सम्भव नहीं है पर न जाने यह किस मांस-मज्जा से निर्मित है कि इसका हृदय है कि मानता ही नहीं। इसने हेमन्त की कामना की, उसे पूजा, पर विवाह कैसे सम्भव है! ज्योत्स्ना विचार जाल में उलझी पड़ी थी कि पूनम ने उसकी तन्द्रा भंग की, "दी, किस जहाँ में खो गई हो? मैं आपके

मन की दशा का अनुमान लगा सकती हूँ। कृपया मेरी बात ध्यान से सुनो—मैं..." पूनम को टोकते हुए ज्योत्स्ना ने कहा, "पूनम जो तुम चाहती हो, वह कठिन ही नहीं अपितु असम्भव भी है।"

"दी, मेरी बात तो सुनिए, नेह को जाति का बन्धन, आयु, समाज, ऊँच-नीच, कोई भी बन्धन बाँधने की शक्ति नहीं रखता। यह निर्मल नीले पर्वत से उतरी वह धारा है जो हर ऊबड़-खाबड़ मार्ग को पार कर द्रुतगति से बहती हुई अपने प्रियतम में समा, अपना अस्तित्व उसमें विलीन कर ही रुकती है। यह वह अनुभूति है जो मन-प्राण को अभिभूत करके रख देती है। इससे हृदय आलोड़ित हो उठता है। मैं आपके सम्मुख यह सत्य हृदय की गहराइयों से स्वीकार करती हूँ कि मैं हेमन्त की पत्नी बनना चाहती हूँ। सम्पूर्णता को पाना चाहती हूँ। हेमन्त यदि मेरे से बहुत बड़े भी हैं तो क्या अन्तर पड़ता है? आयु तो परमपिता परमात्मा के अधीन है या उस अनजान अनदेखे भविष्य के। कभी तो किसी नवौढ़ा के करतल की मेहँदी भी नहीं छूटती कि उसे श्वेत परिधान धारण करना पड़ता है और पत्थर पर हाथ पटक-पटक उसकी रंग-बिरंगी चूड़ियाँ तोड़ी जाती हैं और कभी नाती-नातिन के बच्चे भी वयोवृद्ध दादी नानी को सुहाग के जोड़े में चिता पर चढ़ते हुए देखते हैं।" पूनम की निर्दोष चावनी के भँवर जाल में फँसती हुई ज्योत्स्ना अपने विशाल लोचन उस पर टिकाए उससे ज्ञानोपार्जन में लगी हुई थी।

"पर पूनम, हेमन्त न केवल विवाहित है अपितु एक युवक का पिता भी है।" फिर भी ज्योत्स्ना ने उसे राह सुझाई।

"कोई अन्तर नहीं पड़ता।" पूनम का उत्तेजित स्वर गूँजा।

"और समाज।" ज्योत्स्ना ने कहा।

"समाज मानव द्वारा बनाया गया है, मानव के भले निमित्त। और दूसरा विवाह कोई नूतन कृत्य नहीं है। इस समाज में मानव तो अनादिकाल से ही बहुविवाह प्रथा में विश्वास रखता आया है। चलो, नारी की अत्यधिक दुर्गति के कारण यह प्रथा समाज में प्रायः समाप्त हो गई पर फिर भी लुप्त नहीं हुई चाहे भारत सरकार ने भी वैधानिक रूप से पुरुष के द्वितीय विवाह पर बंदिश लगा दी तो भी। आपकी दूसरी आपत्ति है कि हेमन्त का युवा पुत्र भी है। यदि है भी तो क्या हुआ? क्या सन्तान के युवा होने के पश्चात् मानव की स्वयं की कोई आकांक्षा नहीं रहती? ये सब बातें गौण हैं। असली बात यह है कि हेमन्त पिता बाद में हैं पहले वह आपका पति है। उस पर आपका सम्पूर्ण अधिकार है और मैं आपके अधिकार में प्रवेश करने की अनधिकार चेष्टा कर रही हूँ। मैं हृदय से क्षमाप्रार्थी हूँ दी," पूनम के दोनों नेत्रों से अविरल अश्रुधारा बह रही थी व कण्ठ अवरुद्ध हो चला था। स्तब्ध-सी ज्योत्स्ना पूनम का प्रलाप सुन रही थी। उसने मौन रहना ही श्रेयस्कर समझा। एक-एक क्षण ऐसे बीत

रहा था मानो एक-एक युग बीत रहा हो। पूनम कातर दृष्टि से ज्योत्स्ना को निहार रही थी।

"पूनम यह कैसे सम्भव है एक पत्नी के रहते हेमन्त दूसरा विवाह करें? तुम मुझे अनुजा तुल्य प्रिय हो। मैं तुम्हारी और हर इच्छा पूर्ण कर सकती हूँ पर यह..." ज्योत्स्ना को मध्य में ही टोकते हुए पूनम ने कहा, "दी, मेरी अच्छी दी, तुम चाहो तो मेरी यह इच्छा भी पूर्ण कर सकती हो। मैं तो बिन फेरे ही हेमन्त की हूँ। ऐसे भी तुम दोनों के संग रह सकती हूँ पर मेरे वे तथाकथित परिजन...वे...वे लोग मेरी मज्जा तक खींच डालेंगे। पर जब मैं हेमन्त की वैधानिक पत्नी बन जाऊँगी तो मेरा वे कुछ भी न बिगाड़ सकेंगे।"

"मैं फिर किसी दिन विचार करूँगी इस समस्या पर।" ज्योत्स्ना को राह नहीं सूझ रही थी।

"नहीं, मुझे तो आज ही आपका निर्णय सुनना है।" मुँह लगे बालक सम पूनम ने ठुनकते हुए कहा।

"पूनम, तुम इतनी शीघ्र उस शिखर पर पहुँच गईं कि तुम्हें चहुँओर हेमन्त ही हेमन्त दिखाई देने लगा और सब कुछ तुमने विस्मृति के गर्त में डाल दिया। कुछ तो विचार करो!" ज्योत्स्ना को वितृष्णा सी हो रही थी।

"दी, मेरी धृष्टता के लिए मैं क्षमाप्रार्थी हूँ। प्रणय प्रथम दृष्टि में ही हो जाता है और यह किया नहीं जाता अपितु हो ही जाता है। आप मुझे इनके चरणों में रहने की आज्ञा दे दीजिए। मेरे जीवन में तो पहले ही चहुँओर अँधेरा-ही-अँधेरा है। मेरे रिक्त आँचल को आप चाहे तो सुवासित सुमनों से भर सकती हैं। मैं वचन देती हूँ, आप जैसे चाहेंगी मैं वैसे ही रहूँगी। मुझे दो जून एक-एक मुट्ठी भात (चावल) चाहिए खाने को और पहनने को जो देंगी पहनूँगी केवल इनके निकट रहने की आज्ञा चाहती हूँ मैं। मुझे निराश न करें। आप एक विशाल हृदय नारी हैं। आपने मुझे अनुजा कहा है अब इस अनुजा को अपने संग रहने की अनुमति दे दो, नहीं तो...नहीं तो अपने इन्हीं हाथों से मुझे मृत्यु दण्ड दीजिए। मैं उफ़ तक न करूँगी। दी, जीवन दो या मृत्यु..." इतना कहते हुए पूनम ने अपना मस्तक ज्योत्स्ना के चरणों में रख दिया। उस दीन-हीन याचिका की करुण पुकार से ज्योत्स्ना का हृदय द्रवित होने लगा।

"पूनम...पूनम..." केवल इतना कहकर पुनः मौन हो गई ज्योत्स्ना।

"कुछ तो कहो दी, यह अपराधिन हर दण्ड भुगतने को तैयार है। चाहो तो मेरी प्रार्थना ठुकरा दो चाहो तो मुझे सौभाग्य भिक्षा में ही दे दो। हाँ, यदि आपने 'हाँ' नहीं कही और अपने हाथों से मुझे मृत्यु दण्ड भी नहीं दिया तो मैं स्वयं ही यहीं अपने प्राण दे दूँगी पर फिर भी मेरी एक कामना शेष रहेगी। मेरी अर्थी हेमन्त की पत्नी के रूप में ही उठे।" दिशाज्ञान सब भूलभाल पूनम उच्च स्वर में रुदन करने लगी। करुणा क्रन्दन के मध्य उसकी देह पल्लवी पत्ते सम काँप-काँप कर जा रही थी। वह धरा पर

प्रायः मूर्छित हो गिर पड़ी। उसकी शोचनीय दशा देख ज्योत्स्ना का हृदय हाहाकार कर उठा।

"उठो, पूनम, अपने को इतनी दीन-हीन याचिका न समझो। मैं तुम्हें वचन देती हूँ आज से जो कुछ मेरा है वह सब तुम्हारा भी है। सब कुछ का अर्थ है—सब कुछ मेरी बहन!" पूनम को उठाने की चेष्टा करते हुए ज्योत्स्ना ने व्याकुल स्वर में कहा। ज्योत्स्ना के ऐसा कहते ही पूनम के हृदय का कमल खिल उठा। मृत प्रायः शरीर में नूतन प्राण भर गए। फिर भी वह अविश्वास की स्थिति में थी।

"पहले मुझे चिकोटी काटो दी, तब मैं उठूँगी। मुझे अपनी श्रवण शक्ति पर ही भ्रम हो रहा है। क्या वह सच है जो मैंने अभी सुना है!" हर्षातिरेक से आह्लादित हो उठा पूनम का मन। उसने पुनः मस्तक रख दिया ज्योत्स्ना के चरणों पर।

"हैं! यह क्या करती हो पूनम? जो मैंने कहा वह शत प्रतिशत सत्य है। मैं वचनबद्ध हूँ अब। प्राण दे सकती हूँ मैं पर वचन भंग नहीं होगा।" ज्योत्स्ना ने दृढ़ स्वर में कहा।

"मैं तो पहले ही जानती थी कि दी मेरा दुःख देख नहीं सकती। वह अवश्य द्रवित हो उठेगी। ओह दी! तुम्हें मेरा लक्ष-लक्ष प्रणाम..." मन मयूर नाच उठा पूनम का।

"पर एक समस्या है छुटकी," नए से सम्बोधन से पूनम को पुकारते हुए ज्योत्स्ना ने शंकालु स्वर में कहा।

"क्या समस्या है दी?" मानो पूनम के प्राण अधरों पर आकर अटक गए।

"तुम्हारे परिजन," ज्योत्स्ना ने कहा।

"उनसे अपेक्षा भी किसे है दी, न भी मानें तो किसे अन्तर पड़ता है? माँ के रक्तिम नयन हर समय मेरा पीछा करते हैं। पिताश्री की शंकालु दृष्टि तन-मन आहत किए रहती है हर समय और वे वीर भ्रातागण नगाड़े सा पीटकर मुझे रख देने में ही अपने शौर्य का प्रदर्शन करते हैं।" वितृष्णा से भर उठा पूनम का मन। आगे उसने शान्त स्वर में कहा, "आपने अब आज्ञा दे दी है तो अन्य कोई प्रलोभन या अत्याचार नहीं परिवर्तित कर सकता, इस मन्दिर में मेरे रहने के निर्णय को। जीवन दान दे अब मृत्यु दण्ड न देना। अमृत घट पिला अब हाला न देना मेरी प्यारी दी," विभोर हो उठी पूनम।

पूनम ने पुनः ज्योत्स्ना से वचन ले लिया। वाह रे नारी! तेरे अन्तर्मन की महिमा तो कदाचित् तेरा रचयिता भी नहीं जान पाया। कभी तो मिट्टी की सौतन भी सहन नहीं कर सकती और कभी स्वयं ही सौतन को लाने के निमित्त वचनबद्ध होती है। नारी का कोमल करुणाजनक हृदय सम्भवतः कभी-कभी इतना अधिक द्रवित हो उठता है कि वह विवेक को तज मूर्खतापूर्ण निर्णय ले बैठती है। पूनम उसकी सौतन बन आती है या नहीं—इसका निर्णय तो भविष्य के गर्भ में है।

2

मस्तक पर छाए हुए केशों को झटककर पीछे करते हुए नीलिमा सप्तम स्वर में चिल्ला उठी, "अरे! मम्मी बहरी है क्या? सुनती क्यों नहीं? मुझे दो सौ रुपये चाहिए और हाँ, मेरे मामले में टाँग मत अड़ाया करो अब मैं बच्ची नहीं जिसे तुम अँगुली पकड़ चलना सिखाओगी।"

"तुझे बात करने की तमीज नहीं है क्या? नीलू की बच्ची, पहले माँ से बात करना सीख।" अमिता का क्रोध भी सातवें आसमान पर था।

"मुझे भी देर हो रही है। जल्दी से पचास रुपये दे मम्मी।" लालिमा भी चिल्ला उठी।

"क्यों गला फाड़ रही है?" अमिता ने रूखे स्वर में कहा।

"तू फड़वा रही है मैं फाड़ रही हूँ।" क्रोधित लालिमा के रक्तिम नयन कपाल पर चढ़े प्रतीत हो रहे थे! वह कर्कश स्वर में बोलती चली गई, "खूसट बुढ़िया सारा पैसा छाती पर रखकर ले जाएगी। हमें एक-एक पैसे को तरसाती है।" अपमान से अमिता का मुख विदीर्ण हो उठा। उसने पचास रुपये लालिमा के व दो सौ रुपये नीलिमा के करतल पर रख दिए।

"रात दरवाजा खोलकर रखना। मै बारह बजे रात आऊँगी।" आदेशात्मक स्वर में इतना कह नीलिमा तीर सी बाहर निकल गई।

स्तब्ध सी बैठी ज्योत्स्ना सम्पूर्ण काण्ड देख रही थी। अमिता उसकी प्रिय सखी थी। दोनों की मित्रता बहुत ही पुरानी थी। एक लम्बे अन्तराल के पश्चात् आज ज्योत्स्ना अमिता के पंचशील में बने आवास पर आई थी। अमिता के पति का निज का व्यवसाय था। लक्ष्मी की अति कृपा थी अतः उन्होंने पंचशील में एक भूमिखण्ड ले उस पर भव्य भवन का निर्माण करवाया था।

अमिता व्यवहार कुशल वाक् पटु नारी थी। अथाह धन कमाने में ही अमिता के पति नरेन्द्र नाथ सेठ की रुचि थी। पीना व कमाना दो ही काम उसे विशेष प्रिय थे। सन्तान पालन व उन्हें अच्छे आचार-विचार देने में कभी भी सेठ दम्पती ने रुचि न ली। सन्तान की हर उचित-अनुचित इच्छा करतल पर ही पूर्ण करना वे अपना परम सौभाग्य समझते थे। बहुधा अमिता दर्पपूर्ण स्वर में कहा भी करती थी, "भई, हम तो बच्चों को कभी भी डाँटने में विश्वास नहीं रखते। उनकी हर इच्छा कहते ही पूरी की जाती है।" सो सन्तान अंकुश विहीन तो थी ही, धृष्टता, अप्रिय बोल, असभ्यता की मित्र वह और बन गई। जब नयन जल मर जाता है तो हृदय की कोमलता भी नष्ट हो जाती है और भाव भी। सो ही दशा सेठ दम्पती की सन्तान की थी। घर परिवार से उनका सम्बन्ध केवल अधिक-से-अधिक सुविधा भोग करने का व जनकगण से धन ऐंठने का था।

सेठ कन्याओं का मर्यादाहीन आचरण देख ज्योत्स्ना का हृदय क्षोभ से भर उठा, “क्या आज की शिक्षा-दीक्षा बच्चों को केवल जनकगण पर आघात पर आघात करने को प्रेरित करती है? कौन उत्तरदायी है इस मर्यादाहीन आचरण के लिए? क्या दम्भी जनकगण स्वयं ही नहीं बबूल के वृक्ष रोपते व फिर उन शूलों की चुभन से क्यों तिलमिलाकर चीत्कार कर उठते हैं! पर जो भी हो अन्ततः जननी तो जननी ही होती है न!” ज्योत्स्ना के सान्त्वना भरे स्पर्श ने हर वट वृक्ष को बाढ़ आई नदिया सम तोड़ दिया। अमिता हिलक-हिलक कर करुण क्रन्दन करने लगी, “देख रही है न जाया तू, मेरी कोख जाई सन्तति का हाल! उन्हें केवल धनोपार्जन से ही सम्बन्ध है। मेरी ये कपूत सुनते ही नहीं जैसे तीनों बहनें मेरी छाती पर मूँग दलती हैं वैसे ही सपूत निरुपम दलता है, मैं क्या करूँ? कहाँ जाऊँ? मेरी व्यथा कोई नहीं समझ सकता।”

जाया कहना तो चाहती थी कि सुव्यवस्थित घर व आज्ञाकारी सन्तान बनाने के लिए जान लड़ानी पड़ती है पर उसने मौन रहना ही श्रेयस्कर समझा।

तीसरे दिवस ही ज्योत्स्ना को अमिता की कनिष्ठ कन्या की दुर्घटना स्थल पर ही मृत्यु का दुःखद समाचार मिला। अन्ततः तीव्र गति से गाड़ी चलाने की अभिलाषा ने सन्ध्या के प्राण हर ही लिए। असीम सन्ताप व शोक में डूब गई अमिता। ज्योत्स्ना ने सेठ परिवार की इस विपत्ति वेला में भरपूर सहायता की। एक मास व्यतीत होते-होते सेठ सन्तति ने तो यह विस्मृत भी कर दिया कि उनकी एक कनिष्ठ भगिनी और भी थी और सेठ साहब लीन हो गए लक्ष्मी आराधना में। अमिता और अधिक पूजा अर्चना में समय व्यतीत करने लगी। एक वर्ष पंख लगा उड़ गया। अब अमिता भी सहज हो जीवन जीने लगी।

“अमिता, अरे अमिता, कहाँ हो भई?” श्रीमती फूलवती ने हाँफते हुए अमिता के मुख्यद्वार से अतिथि कक्ष में प्रवेश किया। फूलवती वास्तव में ही फूलवती थी पर ‘गोभी’ की जाति के फूल की। गजदन्ती घोर श्यामवर्णी जब अपनी कदली स्तम्भ तुल्य पुष्ट जाँघ पर पुष्ट करतल से थाप दे-देकर बात करती तो सुनने वाले को भ्रम हो जाता कहीं यह असल घी खाने वाली, पुष्प बदना उसकी भी रुई सम धुनाई न कर दे। नाभि प्रदर्शित साड़ी उसकी काया को अत्यधिक हास्यास्पद बना देती व बिन माँग का कसकर बाँधा गया जूड़ा मुख को ऐसी भाव भंगिमा प्रदान करता मानो झाँसी की रानी तुल्य रणक्षेत्र में कूद शत्रु के दाँत खट्टे कर देगी। अत्यधिक ऊँचे मस्तक पर अत्यधिक लघु नयन उभरे हुए कपोल, कन्धों से जुड़ी हुई ग्रीवा—कुल मिला फूलवती का विशाल विचित्र व्यक्तित्व छोटे-मोटे मानव को तो वैसे ही सहमा कर रख देता। चाहे जब कालोनी के किसी भी द्वार पर थाप दे, आसन जमा बैठ जाती वह सुकुमारी। अब इतनी क्षमता किस प्रतिवेशनी में थी कि उसका अनादर करती। अनादर कर क्या उसने अपनी सात पीढ़ियों का श्राद्ध करवाना था! फूलवती की पुकार सुन अमिता भागी आई, “क्या बात है फूल बहन?”

'फूल' सम्बोधन सुन पुलक-पुलक जाता फूलवती का रोम-रोम। वह लाड़ पूर्ण स्वर में बोली, "चलो, अमि, तेरे शयनकक्ष में ही चलते है।"

"आइए," अमिता ने शयनकक्ष का द्वार खोल शैया पर बैठते हुए कहा। फूलवती के शैया पर धम से बैठते ही अमिता ने 'हाय! मैं मरी', कहा।

"क्या हुआ तुझे?" अचम्भित स्वर में फूलवती ने कहा।

"कुछ नहीं, केवल मेरा पैर," अमिता पीड़ा से व्याकुल स्वर में बोली।

"क्या हुआ तेरे पैर को?" फूलवती ने आश्चर्यचकित स्वर में उठते हुए कहा।

"कुछ नहीं, तनिक दब गया था।" अमिता ने पैर को मलते हुए कहा जो फूलवती की स्तम्भ जैसी जाँघ के नीचे दब गया था।

"मालती चाय व नमकीन ला।" अमिता ने गृह सेविका को पुकारा।

"अरे! अमि, क्या जलपान के समय केवल नमकीन ही खिलाओगी। भई, हम तो तेरे हाथ के बने गोभी के पराँठे खाएँगे।" पुष्ट करतल ने जाँघ पर थाप दी। फिर एक के पश्चात् एक, पाँच गोभी के पराँठे उदरस्थ कर, कड़े वाला गिलास चाय पी, असीम तृप्ति की डकार मार फूलवती ने अमिता की प्रशंसा में धरती आकाश एक करते हुए उसके घर से प्रस्थान किया। खाते-खाते भी अपनी काली भुजंग मदरासन प्रतिवेशनी की निन्दा करना न भूली वह सुकुमारी। पराँठे खाते समय फूलवती आधे पराँठे का एक ग्रास बना मुख में रखती और चालू कर देती निन्दापुराण, "भई, हम उस तनेजिन जैसी थोड़ी न हैं कि खुद चार पराँठे भकोस दूध का गिलास डचककर बैठ जाएँ। हम तो सारा समय अपने साब की सेवा में लगाते हैं। उनकी चिन्ता हमें चौबीसों घण्टे खाती रहती है।" जबकि 'उनके साहब' सींक सलाई से थे। "अमिता भई, जरा मिर्च और तेज डाल अगले पराँठे में स्वाद आ जाए।" अब ततैया के छत्ते में किसकी क्षमता थी हाथ डालने की। जाते-जाते फूलवती अमिता को बता गई कि अब वह वेणु के घर पुष्पवर्षा करने जा रही है। अमिता ने दर्द निवारक औषधि खाई व शैया पर जा लेटी । तनूजा को फूलवती 'तनेजिन' कहती थी। उस अकिंचन घोर श्यामवर्णी पर फूलवती का क्रोध अकारण ही फूट-फूट पड़ता था।

सुख चैन कोसों दूर था अमिता के हृदय से। निरुपम एक सुन्दर युवक था। डाक्टर बनने के स्वप्न देखता था। बारहवीं कक्षा भली प्रकार उत्तीर्ण कर प्रतियोगिता परीक्षा में बैठा। धन के उत्कोच ने देहली से दूर दक्षिण भारत के एक प्रसिद्ध नगर में उसे प्रवेश दिला दिया।

उस सुरम्य नगर के मन को मदमस्त कर देने वाले वातावरण में निरुपम भविष्य निर्माण का विचार त्याग परिवार निर्माण पर विचार करने लगा। हर दिवस निरुपम अन्य व्यापारी पुत्र रत्नों के संग, जो अपने जनकगणों द्वारा अर्जित द्वितीय श्रेणी के धन को व्यय करने के सदुपयोग में लगे रहते थे, स्वयं भी वह सदुपयोग में लगा रहने लगा। अंग्रेजी गीतों की कनफौड़ा धुनों पर थिरकना, सिगरेट के कश लगाना, मदिरा

के मद में मदमस्त होकर किसी रूपसी की क्षीण कटि को करबद्ध कर आवारा बादल सम घूमना व उच्च श्रेणी के होटलों में अटरम-पटरम खा, बड़े-बड़े बिल चुका, स्वयं को गौरवान्वित समझने लगा—यही दिनचर्या थी यौवन के उच्चतम सोपान पर खड़े सेठ पुत्र की तथा भारत के अन्य भावी भविष्य निर्माता युवक समुदाय की। तीन-तीन वर्ष तक एक-एक कक्षा में रहने का कीर्तिमान स्तम्भ स्थापित कर, पिता द्वारा अर्जित धन का सदुपयोग कर निरुपम जी पाँच वर्षों पश्चात् वापस लौट आए। खोटे सिक्के सम लौटे पुत्र पर भी अमिता न्योछावर हो-हो जाती थी। उसी माँ को वह जब तक घर पर बना रहता, अपने समृद्ध शब्दकोश से चुन-चुन कर अलभ्य शब्द सुनाता रहता। यदि वह इच्छा से धन नहीं देती तो बल प्रयोग द्वारा हथिया लेता। पुनः वही सद्कार्य आरम्भ हो जाता—पीने पिलाने का, सुरा-सुन्दरी संग रहने का और मध्य रात्रि तक इधर-उधर वृषभ सा घूम घर लौटने का। म्लान मुख अमिता पुत्र की ही नहीं अपितु अपनी अति आधुनिक कन्यारत्नों की भी, अर्गला बन्द कर, मध्य रात्रि तक प्रतीक्षा करती। प्रथम तो उसके पति भी मध्य रात्रि से पूर्व नहीं लौटते यदि लौट भी आते तो सुरा-सुन्दरी से मन बहला, भोजन उदरस्थ कर स्वप्नों के संसार में खो जाते। यदि भूलवश भी वह सन्तान के विषय में पूछते तो अमिता सदा मिथ्यावचन ही बोलती कि बच्चे अपने-अपने शयनकक्ष में विश्राम कर रहे हैं। झपकियाँ लेती हुई अमिता को कभी-कभी निद्रादेवी दया कर अपने आँचल तले ढक लेती। ऐसे ही चलायमान था कालचक्र।

3

निरुद्देश्य ही क्षमा जोगलेकर कभी एक कक्ष से दूसरे कक्ष में जाती और कभी इस प्राचीर के निकट खड़ी होती तो कभी उस प्राचीर के निकट। आज वह अत्यधिक उद्विग्न थी। माँ की कर्णकटु बातें अभी तक उसके हृदय में विष घोल रही थीं। वक्र भृकुटी, रक्तिम नयन लिए तीक्ष्ण बैन बोलती माँ अकस्मात चमुण्डा देवी लगने लगी थी। क्रोध इतना निम्न श्रेणी का आवेग है कि सुन्दर मानव को भी पल क्षण में असुरी स्वरूप प्रदान कर देता है। क्षमा को आश्चर्य होता था, इतना क्रोध था लक्ष्य लखनपाल पर माँ को, इतना रोष था उस पर उसे। लक्ष्य का दोष ही क्या था? वह क्यों अपराधी था श्यामली की दृष्टि में? क्योंकि वह क्षमा के साथ प्रणयसूत्र में बँधा था। उसका अटूट अपरिमित नेह था क्षमा पर और क्षमा का उस पर। पर श्यामली को यह प्रणय प्रसंग सर्वथा अनुचित लगता था क्योंकि लक्ष्य पंजाबी था। श्यामली पंजाबियों से घृणा करती थी। उसकी दृष्टि में महाराष्ट्रियनों तुल्य कोई अन्य प्रान्त का मानव नहीं था। हूँ! यह विचार हैं एक शिक्षित महाराष्ट्रियन महिला के। क्या लक्ष्य अशिक्षित असभ्य

है, कटुभाषी है, उच्छृंखल अंकुश विहीन खल कामी कपटी है! एक योग्य शिक्षित सभ्य मृदुभाषी आचार-विचार से पूर्ण, उज्ज्वल भविष्य के निर्माण निमित्त कार्यरत मानव से घृणा कैसी या क्रोध कैसा? एक ज्वाला से दग्ध होने लगा क्षमा का तन-मन। पुनः विचारधारा के प्रवाह में बह निकली क्षमा, अभी तो लक्ष्य उच्च कुल वंशीय ब्राह्मण परिवार से सम्बन्धित है यदि न भी होता तो क्या अन्तर पड़ता? मानव को उच्च वंशीय बनाते हैं उसके आचार-विचार, सभ्यता, मानव मूल्यों को परखने की क्षमता व अपने से निर्बल प्राणी के प्रति दया ममता कर्तव्य की भावना। कब तक निरंकुश साम्राज्य चलता रहेगा पुरातन सड़ी-गली संकीर्ण मनोवृत्ति वाले माँ की पीढ़ी के लोगों का भावी पीढ़ी पर? कब तक घृणा, हेयदृष्टि की चाबुक मार-मारकर मांस मज्जा उधेड़ते रहेंगे यह दर्पपूर्ण, भारत को रसातल में ले जानेवाले कर्णधार, निरीह प्राणियों की प्रान्त विशेष से सम्बन्धित न होने के कारण? कब तक जातिवाद की तुंग हिमालय तुल्य प्राचीर खड़ी रहेगी भारत के भविष्य निर्माण में बाधा बनकर? वह दिन अवश्य आएगा व शीघ्र आएगा, जब यह जातिवाद की प्राचीर भरभराकर रेत के महल तुल्य धूलि धूसरित हो जाएगी व वह दिवस भी शीघ्र, अति शीघ्र आएगा जब मानव का मानव की मानवता के संग ही भाईचारा रह जाएगा। न कि उसकी जाति विशेष के संग। मैं विवाह करूँगी तो केवल लक्ष्य लखनपाल के ही संग अन्यथा जीवन पर्यन्त कुमारी रहूँगी क्षमा ने भीष्म प्रतिज्ञा कर डाली तो उसका हृदय शान्त बहती हुई सुर सरिता की निर्मल जलराशि तुल्य शीतल शान्त हो गया।

बाईस वर्षीय बूटे से कद की गौरांगी, भूरे विशाल लोचन, तीखी नासिका व रक्तिम अधरों की स्वामिनी, क्षमा अतिशय चंचल चपल मुखरा भाव की युवती थी। आशा-आकांक्षा से परिपूर्ण हृदय मार्ग के हर कंटक को ठोकर मार मार्ग को निष्कंटक करने में सक्षम था। उसके शब्दकोश में नेपोलियन बोनापार्ट के शब्दकोशतुल्य 'असम्भव' शब्द ही नहीं लिखा हुआ था। हर परिस्थिति में जीने की कला में मानो वह घुट्टी पी, पारंगत हो ही पैदा हुई थी।

बसन्त जी जोगलेकर थल सेना में कार्यरत थे। बीस वर्ष पूर्व शिमला में एक घर चार तल्ला, आठ कक्षों वाला उन्होंने केवल मात्र तीन सौ रुपये किराए में एक रमणीक स्थल पर लिया था। दो वर्ष पश्चात् मकान मालिक ने उनसे विनय कर द्वितीय व तृतीय खण्ड स्वयं ले लिए थे। उनके विशाल हृदय की विशालता का बखान बार-बार उन्होंने जब गृहस्वामी से किया तो अपने विशाल हृदय की आर्द्रता के वशीभूत हो गृहस्वामी ने दो तल्लों का किराया केवल मात्र सौ रुपये ही कर दिया।

श्यामली महाराष्ट्रियपन के मद दर्प में चूर रहनेवाली महिला थी। भारत के अन्य प्रान्तों के वासी, सब उसकी दृष्टि में निम्न श्रेणी के पात्र थे। क्षमा तारा हाल में पढ़ती थी। वह कुशाग्र बुद्धि थी। सदा अपनी कक्षा में प्रथम स्थान पर आसीन रहती। वैसे ही कुशाग्र बुद्धि परिश्रमी मेधावी उसका अग्रज निर्झर जोगलेकर था। हर

सोपान पर सफलतापूर्वक पग धरता हुआ वह छात्रवृत्ति लेता आ रहा था। एक दिवस स्वप्न साकार हो उठे। प्रथम श्रेणी में प्रथम स्थान पर इंजीनियर श्री निर्झर जोगलेकर खड़े मधुर मुस्कानों से हर घर आनेवाले अतिथि का स्वागत कर रहे थे।

दो वर्ष बीतते न बीतते जर्मनी की एक बहुराष्ट्रीय कम्पनी में, उन्हें मोटे उत्कोच के वेतन का चुग्गा खींच जर्मनी ले गया। सारांश यह कि भारत का एक और योग्य इंजीनियर अपनी भारत भूमि को, अपनी सेवा से वंचित कर, विदेश को धन्य-धन्य करने चला गया। जोगलेकर दम्पती के पग धरती पर नहीं पड़ रहे थे। जोगलेकर बसन्त जी नम्रतापूर्वक बन्धु बाधवों की शुभकामनाएँ स्वीकार कर रहे थे व श्यामली दर्पपूर्ण प्रशंसा सुमन बटोर रही थी। जब लता ने उसे बधाई दी तो उसका दर्प फुंकार उठा, "हाँ बहन, मेरा बेटा है ही लाखों में एक। अब तुम्हारे सपूत की तरह थोड़ी न है कि दसवीं में दस वर्ष लगाता।" लता म्लान मुख घर लौट गई। जबकि वास्तविकता यह थी कि गनेश 'मोतीझिरा' के कारण केवल इस वर्ष ही परीक्षा नहीं दे पाया था।

निर्झर धन अर्जित कर करके माँ की अंजलि व आँचल दोनों ही भरता रहता था। सुयोग्य कन्याओं के जनकगण करबद्ध श्यामली की अभ्यर्थना में खड़े थे। अत्यन्त सावधानीपूर्वक भावी कुलवधू का चुनाव किया गया। झुमकी गवास्कर हर दृष्टिकोण से सुयोग्य कन्या थी अतः निर्झर एक पखवाड़े में ही विवाह सूत्र में बँध गया। वैभव से लदी-फदी झुमकी को श्यामली ने निःसंकोच ही सौभाग्यवती घोषित कर दिया। अमेरिका से अधिक धनराशि के उत्कोच ने निर्झर को जर्मनी छोड़ अमेरिका जाने पर विवश कर दिया। इधर झुमकी के 'वीजा' निमित्त भागदौड़ की जा रही थी। अतः सात मास पश्चात् नयनों में इन्द्रधनुषी स्वप्न लिए झुमकी ने भारत से प्रस्थान किया। यह विवाह बम्बई में हुआ था। आजकल जोगलेकर दम्पती बम्बई में वास कर रहे थे।

"माँ आज मुझे कुछ अति आवश्यक पुस्तकें लेने जाना है।" क्षमा ने तीन तारी चाशनी पगे स्वर में कहा।

"कौन सी अति आवश्यक पुस्तकें चाहिए अब तुझे?" वक्र दृष्टि पुत्री पर डालते हुए श्यामली ने तीखे स्वर में कहा।

"ओह माँ! आजकल क्या तीखा अधिक खाने लगी हो जो तीखा बोलती हो?" क्षमा ने लाड़ पूर्ण स्वर में माँ को आलिंगन करते हुए कहा। श्यामली की काक दृष्टि को पुत्री की निर्दोष चावनी में किसी छलकपट की लवलेश मात्र भी गन्ध नहीं आ रही थी। उसने अपने आपको पूर्ण आश्वासित करने के लिए कहा, "यदि तुझे जाना भी है तो मल्हार को साथ ले जा।" मल्हार श्यामली के सहोदर का पुत्र था। मल्हार को दूरभाष पर बात कर बुलाया गया और तब दोनों को साथ जाने की अनुमति दे दी गई। दोनों ने शीघ्रतापूर्वक मुख्य पथ पर आ एक 'टैक्सी' किराये पर ली। न्यायालय के मुख्य द्वार पर ही लक्ष्य खड़ा उनकी प्रतीक्षा कर रहा था।

"भैया, बहुत देर कर दी।" लक्ष्य ने कहा।

"हाँ भवानी को सन्तुष्ट भी तो करना था।" मल्हार बोला।

"कैसी हो क्षमा?" लक्ष्य ने कहा।

"देखो हँस रही हूँ।" मधुर मुस्कान के साथ क्षमा का मुखानन खिल उठा। शीघ्रतापूर्वक न्यायालय के अन्दर जा विवाह निमित्त क्षमा व लक्ष्य ने आवेदन पत्र भरे और उन्हें जमा करवा तीनों बाहर आ गए। जलपान करने हेतु तीनों एक जलपान गृह में गए।

"क्या खाओगे भैया?" लक्ष्य ने कहा।

"जो तुम" मल्हार बोला।

"और क्षमा, तुम" लक्ष्य बोला।

"जो तुम" क्षमा ने कहा।

"अरे वाह! आज तो हम ही हम हैं।" लक्ष्य ने हर्षातिरेक से कहा। तीनों ने आनन्दमय वातावरण में चाय पी व पावभाजी खाई। खाद्य सामग्री उदरस्थ करने के पश्चात् तीनों सागर के किनारे आ बैठे। मल्हार पान लाने के बहाने उन्हें एकान्त उपलब्ध करवा चला गया।

"कैसी हो क्षमा?" अनुराग पूर्ण स्वर में लक्ष्य ने कहा।

"ठीक हूँ लक्ष्य," कोमल स्वर में क्षमा बोली।

"क्या मैं इतनी दूर से केवलमात्र यही सुनने आया हूँ।" मीठे कटाक्ष से क्षमा को घायल करते हुए लक्ष्य ने कहा।

"अधीर क्यों होते हो—अपनी कहने को भी बहुत है और तुम्हारी सुनने को भी, पर तनिक सी देरी होने पर माँ अग्नि बाण छोड़ेगी।" दीर्घ उच्छ्वास छोड़ते हुए क्षमा ने भारी स्वर में कहा।

"ओह माँ! माँ का इतना भय।" कृत्रिम आश्चर्य से लक्ष्य ने कहा।

"होना ही चाहिए। अन्ततः वह जननी है।" क्षमा ने मधुर हास्य बिखेरते हुए कहा।

"क्षमा, तुम इतनी उदास क्यों लग रही हो?" गम्भीर स्वर में लक्ष्य ने कहा।

"मैं और उदास! नहीं यह बात नहीं है। जैसे इतना समय व्यतीत हो गया वैसे प्रतीक्षा की ये घड़ियाँ भी समाप्त हो जाएँगी। मुझे तो हर बाधा पारकर तुम्हें ही वरण करना है—चाहे वह बाधा माँ डाले या समाज। क्षमा का मुखानन दृढ़ संकल्प की दीप्ति से दीप्त हो उठा। इतने में मल्हार पान खाता हुआ आ गया।

"ठीक एक मास पश्चात् लक्ष्य हमें न्यायालय के मुख्य द्वार पर मिलना।" मल्हार बोला।

"यह भी कोई कहने की बात है भैया। मैं तुम्हें फोन भी अवश्य करूँगा देहली से।" लक्ष्य ने कहा।

"ठीक है पर चार बजे के पश्चात् करना।" मल्हार बोला।

"लक्ष्य, अपना ध्यान रखना। समय पर भोजन करना। कोई चिन्ता न करना। यदि हम दृढ़ प्रतिज्ञ हैं तो कोई बाधा हमारा मार्ग अवरुद्ध नहीं कर सकती। मैं तुम्हें पत्र लिखती रहूँगी पर तुम उत्तर न देना।" क्षमा ने तनिक से अधीर स्वर में कहा।

"क्षमा, तुम अधीर क्यों हो रही हो?" लक्ष्य बोला।

"मुझे एक माँ की आशा आकांक्षा व एक पिता के हर्ष-उल्लास का स्मरण हो आया।" क्षमा ने व्यथित स्वर में कहा।

"मैं समझा नहीं।" मल्हार बोला।

"भैया, लक्ष्य के माता-पिता।" क्षमा का अधीर स्वर गूँजा।

"क्षमा हम विवश हैं। मैं जानता हूँ, माँ के लिए यह आघात सहन करना कि उनका एकाकी पुत्र स्वयं ही विवाह कर ले, कितना कष्टकर होगा। पापा के हृदय पर क्या बीतेगी! पर मैं क्या करूँ, क्या करूँ?" आहत स्वर में लक्ष्य ने कहा।

"लक्ष्य, मैं जानती हूँ--हम एक ममतामयी माँ व स्नेही पिता के स्नेह पर डाका डालने जा रहे हैं। एक जननी क्या स्वप्न सँजोती है पुत्र के विवाह निमित्त। पिता कितना गर्वित व हर्षित होता है एक पुत्र के विवाह के समय जब वह बैंड बाजा ले पुत्र को सुसज्जित बरात संग ब्याहने जाता है तो। एक अनुजा कैसे न्यौछावर हो-हो जाती है भैया के दूल्हा बनते समय व नववधू भाभी को पालकी से उतारते समय। पर यहाँ तो माँ ने चित्र ही उलट दिया है। वधू स्वयं जाएगी अपने प्रिय के द्वार। बराती घराती होंगे न्यायालय के कर्मचारी व मल्हार भैया। बैंड बाजे के स्थान पर मिलेगा न्यायालय के कर्मचारियों की सूनी दृष्टि का सूना-स्पर्श।" कण्ठ अवरुद्ध हो गया क्षमा का पीड़ा के वेग से। मल्हार मूकदर्शक बना कभी क्षमा को निहारता तो कभी लक्ष्य को। मल्हार उठकर कुछ दूरी पर जा कर खड़ा हो गया।

"क्षमा, इतनी अधीर क्यों होती हो? मेरी माँ का आँचल व हृदय इतना विशाल है कि उसमें घोर से घोरतम अपराध सिमटकर रह जाएगा। वह ममता की मूरत तुम्हें समस्त पीड़ा व्यथा विस्मृति के गर्त में डाल अपने हृदय से लगा लेगी। हम इस समय, समय की पुकार के अनुसार चलने के लिए विवश हैं।" अनुरागपूर्ण नेत्रों से क्षमा को निहारते हुए लक्ष्य ने उसके कोमल कर को कोमलता से दबाकर कहा।

"अच्छा, तो अब मैं जाती हूँ लक्ष्य।" क्षमा ने मल्हार की ओर जाते हुए कहा। मल्हार कुछ दूरी पर खड़ा लहरों पे लहर जो उदधि में उठ रही थीं उन्हें गिनने का असफल प्रयत्न कर रहा था। लक्ष्य ने मल्हार के निकट जाकर विदा ली और चल दिया।

"अब बुआजी को कौन सी पुस्तकें दिखाएगी?" मल्हार ने मार्ग में क्षमा से कहा।

"कोई भी नहीं।" क्षमा बोली।

"तब तो तुम्हारी देवा सम पूजा होगी।" मल्हार ने कहा।

"क्यों सताते हो भैया?" क्षमा बोली।

"अरे भई, हम सता नहीं बता रहे हैं।" मल्हार ने कहा।

"तब मेरे बचाव का कोई उपाय सोचा महाराज।" नाटकीय स्वर में क्षमा बोली। मल्हार की चुहल से क्षमा के तिमिराच्छादित हृदय में से अन्धकार चोर सम भाग गया था और छा गया था मनोहारी उजाला हृदयपटल पर।

"उपाय सोचने की क्या आवश्यकता है? आज तो गणपति सा पूजन होने दो।" स्मित हास्य बिखेरा मल्हार की ध्वनि ने।

"हाँ जी, मैं आपकी सगी बहन थोड़ी न हूँ। मैं ठहरी फुफेरी बहन।" मुँह फुलाते हुए क्षमा ने कहा।

"अरे...रे...रे। ओह मेरी फुफेरी भगिनी अपने ममेरे भैया का अब कमाल देखना। कैसे बनाता हूँ बुआ को—वह हाल देखना।" गर्व से वक्ष तान चलते हुए मल्हार ने हास्य रस बिखेर दिया चहुँओर।

नीले नभ पर उन्मुक्त पंछी सी उड़ान भरती काली कजरारी मेघ मालाएँ उमड़ती-घुमड़ती आ रही थीं। विद्युन्माला मेघों संग कल्लोल करने में मस्त हो गई, और व्यस्त हो गई। पवन पगली क्यों पीछे रहती। वह भी उन्मादनी भई पूर्ण वेग से लता कुंज वृक्ष को झकझोर धरा से उखाड़ फेंकने को उद्यत थी। निशा अपना आँचल लहराती हुई सन्ध्यारानी की अवज्ञा कर धरा पर उतर आई। ऐसे समय में मल्हार क्षमा को अपने घर जो कि सागर के निकट ही था ले गया। वहाँ श्यामली को दूरभाष पर अपनी विपदा की ऐसी काल्पनिक कथा सुनाई कि वह अधीर हो गणपति को कोटि-कोटि धन्यवाद देने लगी बच्चों के प्राण बचाने हेतु।

4

शरद ऋतु की सन्ध्या अपने पूर्ण यौवन पर थी। ठण्डी हवाएँ लहरा के आ रही थीं। ऐसे लग रहा था कि पूर्ण वातावरण ही यौवनमय हो उठा हो। ऐसे समय हेमन्त व ज्योत्स्ना को कहीं जाना था। हेमन्त ने प्रातः ही पत्नी को अपने कार्यालय सन्ध्या समय आने के लिए कह दिया था। जब ज्योत्स्ना हेमन्त के कार्यालय पहुँची तो हेमन्त के सहकर्मी श्री कृष्ण खन्ना, अजय कौल, अनुपमा शेखर व जयललिता अय्यर एवं तापसी मुखजी इत्यादि ज्योत्स्ना को अनुरोध पूर्वक अपने संग चाय पिलाने लाउंज ले गए। हेमन्त भी निमन्त्रित था वहाँ। नन्हा शरद ननिहाल गया हुआ था। ऐसे सुहावने समय में चाय के संग, हेमन्त के सहकर्मी, गढ़ित अनगढ़ित कई कथा-गल्प ज्योत्स्ना को गर्मागर्म परोसने लगे।

तापसी मुखर्जी कुछ अधिक ही मुँहज़ोर थी। वह नाटकीय ढंग से बोली, "ऐ मिसेज पाल, आप तनिक भी चिन्ता न करें। मैं हेमन्त का बहुत ही ध्यान रखती हूँ। क्या मजाल किसी छोकरी को उसके निकट फटकने दूँ।"

कृष्ण खन्ना ने विनोदी स्वर में कहा, "यह क्या ध्यान रखेगी मिसेज पाल हेमन्त का। न जाने क्यों सारी की सारी गोपियाँ इस कान्हा के चारों ओर ही मँडराती हैं। मैं तो भई इस कृष्ण कन्हैया से तंग आ चुका हूँ। मैं तो..." उसे मध्य में ही टोकते हुए अजय कौल ने कहा, "हाँ भई, तुम्हारा तो सारा का सारा समय इसी ताक में रहता है—कोई तो हो जो शून्य हृदय में डेरा डाले। हर समय अपने बड़प्पन का बखान करते रहते हो। आप मियाँ फसीयत औरों को नसीयत। मैंने ठीक कहा है न मिसेज पाल।" अजय ने अपने कथन का समर्थन चाहा ज्योत्स्ना से पर ज्योत्स्ना ने मौन रहना ही श्रेयस्कर समझा। वह मन्द-मन्द मुस्काती रही।

तापसी ने कहा, "न जाने क्यों सब रूपसियाँ अपने-अपने कटाक्ष के वार से हेमन्त को घायल करने पर कटिबद्ध हैं। वह क्या जाने यहाँ तो वज्र सम कठोर हृदय पर उनके प्रत्यंचा से चले तीर से कटाक्ष स्वयं ही छिन्न-भिन्न होकर रह जाएँगे, बिखर जाएँगे। हेमन्त तो एकदम 'जेण्टलमैन' है ज्योत्स्ना।" तापसी अपनी ही धुन में कह गई।

अनुपम शेखर जो गल्प गोष्ठी में आयु में सबसे बड़ा था, ने कृत्रिम गम्भीरता ओढ़ते हुए गम्भीर स्वर में कहा, "बच्चा लोग ज्यास्ती डींगें नहीं। हेमन्त को तंग करने का नहीं। आप चिन्ता न करें श्रीमती पाल, यहाँ अपनु जैसा महारथी बैठा है। जब चिड़िया उड़ती है तो उसकी उड़ान से पहले ही अपनु उसके पर गिन लेता है और उस उड़ती चिड़िया को हेमन्त के पास भी नहीं फटकने देता।" इतना कहने के साथ ही बेसुरे स्वर में हो-होकर हँस उठा शेखर।

जयललिता ने जलकर कहा, "मिसेज पाल, पितामह ठीक कहते हैं। उनकी शरण-स्थली में हेमन्त पूर्ण रूप से सुरक्षित हैं।"

"पर हेमन्त ने किया ही क्या है?" हठात् ज्योत्स्ना के मुख से निकल गया।

"लगता है ज्योत्स्ना, तुम्हें कुछ मालूम ही नहीं है। अभी कुछ दिन पूर्व ही तो प्रतीक्षा हाथ धोकर हेमन्त के पीछे पड़ी हुई थी।" मुखरा तापसी ने क्षणांश में उत्तर दिया।

"मुझे मालूम है।" एक मन्द मुस्कान इतना कहते हुए ज्योत्स्ना के अधरों पर थिरक गई।

"हैं! यह क्या कह रही हैं आप?" आश्चर्यचकित स्वर में अनुपम शेखर बोला। हेमन्त के अन्य सहकर्मी भी विस्मित से बैठे देखते रहे गए।

"मैं जाया से कुछ भी नहीं छुपाता।" सलज्ज मुस्कान के साथ हेमन्त ने ज्योत्स्ना के स्थान पर उत्तर दिया।

"हाँ, हेमन्त ने मुझे प्रतीक्षा के विषय में बताया था। एक दिन प्रतीक्षा मेरे घर भी आई थी। मैंने उसे समझाया तो वह समझ गई। पति-पत्नी यदि केवल पति-पत्नी न होकर अच्छे मित्र भी हों तो जीवनयात्रा सुगम हो जाती है। किसी भी प्रकार का दुराव-छुपाव सम्बन्धों को खटाई में डालता है। अतः हम इससे कोसों दूर रहते हैं। हेमन्त की चिन्ता आप सब न करें। हेमन्त स्वप्न में भी छल नहीं कर सकता फिर आप सब क्यों अपना स्वास्थ्य हेमन्त की चिन्ता में घुला रहे हैं।" ज्सोत्सना ने दृढ़ पर नम्र स्वर में कहा। ज्योत्स्ना को ओछे प्रेम प्रसंगों के आद्योपान्त वर्णन में कभी भी रस नहीं आता था। मधुर मुस्कानों के साथ आदान-प्रदान हुआ शुभकामनाओं का और फिर गल्प गोष्ठी विसर्जित हो गई। समय भी हो चुका था अतः हर प्राणी चल पड़ा अपने गन्तव्य की ओर।

मार्ग में ज्योत्स्ना नें हेमन्त को कहा, "हेमन्त तुम्हारे साथी कैसी-कैसी चर्चाओं में लीन रहते हैं।" एक वितृष्णा का भाव था ज्योत्स्ना के मुख पर।

"जाया, (हेमन्त कभी-कभी प्रेमवश ज्योत्स्ना को जाया भी पुकारा करता था।) हर मानव अपने ढंग से जीवन व्यतीत करना चाहता है। उसे अपने हृदय उद्गार प्रकट करने का पूर्ण अधिकार है। फिर ये लोग ऐसे ही हँस खेल कर चाहे-अनचाहे बोझ व थकान से मुक्ति पा लेते हैं। यदि परस्पर भी हर समय शिष्टाचार का दुशाला ओढ़ कर रहें तो उसकी उष्णता से स्वयं ही मुरझाने लगेंगे। कोई भी संस्थान एक विशाल परिवार तुल्य ही होता है। जिसमें समस्त कर्मचारी भाई बन्धु जैसे अपनापन लिए प्रेमपूर्वक रहते हैं और असीम उत्साह से हर कार्य सम्पन्न करते हैं। कृत्रिम शिष्टाचार अपनेपन की भावना दूर रखता है और जहाँ अपनापन नहीं होता वहाँ कार्य क्षमता पर प्रभाव पड़ना अवश्यम्भावी होता है। हाँ, ये लोग अपने कर्तव्य के प्रति अति जागरूक हैं। काम के समय काम और विश्राम के समय विश्राम। हाँ, आवश्यकता पड़ने पर ये हर विश्राम को तिलांजलि दे, तन-मन से कार्य सम्पन्न करने में जुट जाते हैं। हास-परिहास से कोई निम्नस्तरीय नहीं बन जाता।" मृदु स्वर में हेमन्त ने अच्छा-खासा भाषण ही दे डाला।

"हेमन्त मैं क्षमा चाहती हूँ। मेरी बातों से तुम्हें अति कष्ट मिला है न। सम्भवतः मैं ही असंगत सोच में पड़ गई थी। मुझे क्षमा कर दो।" ज्योत्स्ना ने विनीत स्वर में कहा।

"अरे नहीं जाया, ऐसी कोई बात नहीं। तुम मेरी बातों को अन्यथा न लो।" हेमन्त ने कोमल स्वर में कहा। इतने में वे अपने मित्र के घर के निकट पहुँच गए और इस प्रसंग को अप्रिय जान ज्योत्स्ना ने उसे वही समाप्त कर दिया।

जीवन के समस्त रसों से अलंकृत वह अपनी आयु के चालीस वर्ष व्यतीत कर चुकी थी। नाम था ज्योत्स्ना पाल। ज्योत्स्ना मझोले कद की, तीक्ष्ण नख-शिख वाली, चम्पई वर्णीय महिला थी। उसकी काया बताती थी कि कभी वह भी लावण्यमयी

रूपसी थी। जीवन की ऊबड़-खाबड़ डगर ने जो अँधेरे व उजाले से पूर्ण होती है उसका रूप लावण्य छीन लिया था। मानव मन में प्रभात का उजाला जहाँ नवजीवन की उद्दाम इच्छा जाग्रत् करता है वहीं विभावरी का कालिमापूर्ण रूप गहनतम अन्धकार के कक्ष, गवाक्ष में भटकाकर छोड़ देता है उसे। भावुक प्रकृति का मानव मन पग-पग पर छला जाता है। वह जीवन के अँधेरे उजाले संग तालमेल बैठाकर नहीं चल पाता। अन्ततः ऐसा प्राणी निरोगी काया की आहुति दे बैठता है। वही दशा अति भावुक ज्योत्स्ना की हुई। वह रोग के मायाजाल में भटककर रह गई। यदि लिखने-पढ़ने की तीव्र लालसा न होती उसे तो वह कभी की संसार से विदा ले चुकी होती। उसका अधिक समय साहित्य के दुर्लभ अमूल्य रत्न ढूँढ़ ढाँढ़ कर देखने-परखने के पश्चात्, उन्हें यत्नपूर्वक अपनी मंजूषा में सँजोने में व्यतीत हो जाता था। शेष समय वह अपने हृदय उद्‌गार पृष्ठों पर उतारने में बिता देती। हर नूतन उपन्यास का प्रकाशित होना हर लेखक व लेखिका को पुत्र जन्म सम आह्लादित कर देता है सो ज्योत्स्ना भी इसका अपवाद नहीं थी। अपने पाठकगण के स्नेहसिक्त पत्र वह अत्यन्त चाव के साथ पढ़ती। वे पत्र उसके लिए संजीवनी का कार्य करते। जब कभी वह विश्राम के क्षणों में वे पत्र पढ़ती तो उसका तन-मन पुलक-पुलक जाता।

हेमन्त भी जीवन के पैंतालीस वसन्त देख चुका था। इतना समय व्यतीत होने के उपरान्त भी हेमन्त के सागर से गहरे विशाल चक्षुओं में इतना आकर्षण था कि देखनेवाला मन्त्रमुग्ध सा उसे देखते ही रह जाता। प्रथम दृष्टि में तो दर्शक उसे नितान्त छोकरा ही समझता उसका देह सौष्ठव देखकर। उसकी देहयष्टि सिन्दूर मिले मक्खन सी कमनीयता की रंगत लिए थी। सागर से गहरे बुद्धि प्रदीप्त विशाल लोचन, तीखी नासिका, कर्ण प्रदेश को स्पर्श करता भृकुटि विलास, सुन्दर कटावदार चिबुक, निर्दोष मुस्कान तथा लम्बा ऊँचा कद चार चाँद लगाए था उसके पंजाब की मिट्टी से निर्मित देह सौष्ठव को। हेमन्त के सौन्दर्य सौष्ठव पर लक्ष-लक्ष बार न्यौछावर हो-हो जातीं कई रूपसियाँ। अब पूनम जाने अनजाने हेमन्त के कमल नेत्रों की गहराई में डूब गई तो इसमें हेमन्त का क्या दोष? सम्भवतः विधाता अपनी कुछ कृतियाँ बनाता ही इतने मनोयोग से है कि दर्शक जब भी उन्हें देखता है अनुराग से ही देखता है, स्नेह से ही देखता है व उन पर कई देखनेवाले आसक्त भी हो जाते हैं। देह शिल्पी ने हेमन्त को सूरत ही नहीं अपितु सीरत भी मुक्तकरों से दी थी। शील सौजन्य में कोई हेमन्त की समता नहीं कर सकता था। अपने कार्यालय में वह पिछले बीस वर्ष से कार्यरत था। अपने अथक परिश्रम, कर्तव्यनिष्ठा, मधुर व निष्कपट व्यवहार के कारण वह आज एक वरिष्ठ अधिकारी था अपने संस्थान में। कर्तव्य के सम्मुख हर सुख उत्सर्ग करनेवाले हेमन्त के जनकगण उसके कैशोर्यावस्था में पदार्पण करने से पूर्व ही यह भूलोक त्याग चुके थे। सर्वप्रथम माँ भगवती देवी उस अनन्त लोक की अनन्त यात्रा पर निकली और तत्पश्चात् पिताश्री भूपेन्द्र चन्द्रपाल निकले। जिस पुत्र को लक्ष-लक्ष

मनौतियों के उपरान्त पाल दम्पती ने पाया था, आज वह संसार सागर में निपट नितान्त एकाकी असहाय अवस्था में पड़ा था। मातुल शिवचरण तब कर थाम हेमन्त को बटाला से अमृतसर ले आए। मामा शिवचरण पूर्ण मनोयोग से हेमन्त के भविष्य निर्माण मैं जुट गए। सभ्य सुसंस्कृत परिवार से सम्बन्धित था हेमन्त। अतः उसने संयम की चाबुक मार-मारकर स्वयं को साध लिया तथा मातुल को कभी किसी उपालम्भ व आक्षेप का अवसर प्रदान नहीं किया। मातुल के उपकार तो वह मृत्योपरान्त भी विस्मृत नहीं कर सकता था—जिसने जीवन पथ पर अग्रसर होने के लिए उसे सुअवसर प्रदान किया, जिसने उसे अंगुली पकड़ उस पथ का पथिक बनाया जिस पर चल वह मानवता से भरपूर निपट नेक मानव बन सका।

बाईस वर्ष की अवस्था में शिवचरण ने हेमन्त के कार्यरत होते ही उसका विवाह अमृतसर के हीं एक व्यवसायी श्री मणिकलाल की मातृविहीना एकाकी सौन्दर्यमणि ज्योत्स्ना के संग धूमधाम से कर दिया। ज्योत्स्ना के हेमन्त के गृहांगन में प्रवेश करने के एक मास पश्चात् ही हेमन्त को देहली के इस अन्तर्राष्ट्रीय संस्थान में एक महत्त्वपूर्ण पद मिल गया। तत्पश्चात् हेमन्त निरन्तर प्रगति पथ पर अग्रसर होता चला गया। अकथनीय परिश्रम कर उसने अपनी तकनीकी योग्यता भी बढ़ाई और आज यह उस अकथनीय परिश्रम का ही पुरस्कार था कि वह अपने क्षेत्र में एक प्रसिद्ध तकनीकज्ञ जाना जाता था। जिससे कई अन्य राष्ट्रीय संस्थान व अन्तर्राष्ट्रीय संस्थान सुझाव लेते थे। देश-विदेश के नगरों, महानगरों में वह विशेष विषय पर भाषण देने जाता था व नवीन पदाधिकारियों के साक्षात्कार करने हेतु भी उसे अन्य कार्यालयों में बुलाया जाता था। पर यह भी नहीं था कि हेमन्त को जीवन में केवल पुष्प ही बटोरने के अवसर मिले थे अपितु शूल भी बहुत बिखरे हुए थे उसके जीवन पथ पर।

हेमन्त के विवाह के पाँच वर्ष के उपरान्त ही दस दिवस की रुग्णता ने स्नेही मातुल शिवचरण की छत्रछाया से हेमन्त को वंचित कर दिया था। रात्रिदिवस सेवा की रुग्ण्य मातुल की हेमन्त व ज्योत्स्ना ने। परम सन्तुष्ट मातुल लक्ष-लक्ष आशीर्वादों से हेमन्त परिवार को लाद-फाँद कर उस अनन्त लोक के सम्राट् के चरणों में सम्पूर्ण जीवन का लेखा-जोखा देने चले गए।

ज्योत्स्ना का सर्वांग दग्ध हो-हो जा रहा था अन्तर्मन की जलती ज्वाला से। निमेष भर में उसके समस्त स्वप्न धूलि-धूसरित हो चुके थे। उसकी आशाएँ-आकांक्षाएँ समस्त इच्छाओं को उसके स्वजाय सुत ने स्वकरों से धूल में मिला दिया था। पीताभ मुख ज्योत्स्ना किंकर्तव्यविमूढ़ सी बैठी पाषाण प्रतिमा तुल्य दिखाई दे रही थी। हेमन्त के संग विवाह के पश्चात् जिस शरद के जन्म ने उसकी वाटिका को मह-मह करके महका दिया था, उस शरद ने आज यह क्या कर डाला! क्यों पग तले रौंद दिया उसकी समस्त आकांक्षाओं को? अतीत के वातायन से चलचित्र तुल्य दिखाई देने लगा ज्योत्स्ना को बीता हुआ कल।

बीस वर्षीय शरद ज्योत्स्ना की एकाकी सन्तान थी। सुन्दर सजीला शरद मेधावी तीव्र बुद्धि पर हठीले स्वभाव का दर्प मद में चूर रहनेवाला युवक था। उसके जीवन में नित नई उमंगें व तरंगें तरंगित होती रहती थीं। अमेरिका में छात्रवृत्ति पर उच्च शिक्षा प्राप्त करने गया था शरद। वहाँ उच्च शिक्षा प्राप्त करते-करते वह अमेरिकी सौन्दर्य का भी अध्ययन करने लगा। शनैः-शनैः वह भूरी केश लटें सुलझाने में ऐसा उलझा कि सदा सर्वदा के लिए उनकी छाँव तले बैठने का निश्चय कर बैठा। आकण्ठ डूब गया शरद उन नीले नयनों के गहरे नीर में। विस्मृति के गर्त में डाल दिया उसने रुग्ण माँ की आशाओं-आकांक्षाओं को। बाट जोहती माँ बाट जोहती ही रह गई। चतुर विदेशी नार लोना ने एक आकर्षक पद व वेतन का चुग्गा डाल सदा सर्वदा के लिए अपने जाल में फाँस लिया एक अकिंचन भारतीय युवक को। और अधिक, भई, और अधिक की लालसा ने भारतभूमि, मातृभूमि की सोंधी सुगन्ध विस्मृत कर दी उस अविवेकी भारतीय युवक की। एक तार द्वारा लोना के संग अपने विवाह की सूचना दे अपने कर्तव्य की इतिश्री समझी उस मूर्ख मानव ने।

अविरल गति से बह रही थी अश्रु धारा ज्योत्स्ना के निराश नेत्रों से। हेमन्त स्तब्ध सा शैया पर पत्नी के निकट बैठा था।

"अवश्य ही मेरे लालन-पालन में कोई खोट होगी तभी तो मेरे पुत्र ने तरुवर से टूटे पत्ते सम नाता तोड़ लिया हमसे।" करुण क्रन्दन के मध्य ज्योत्स्ना ने पीड़ा पूर्ण स्वर में कहा।

"सम्भवतः शरद के अन्तर्मन में ऐसी ही कोई बात हो। पर हमने तो करतल पर उपलब्ध करवाई उसे वह वस्तु जो वह चाहता था। हर सुविधा दी उसे। क्या नहीं किया उसके लिए तूने व मैंने ज्योत्स्ना?" हेमन्त ने भी अवरूद्ध कण्ठ से कहा।

"मेरे हेमन्त बता, मैं क्या करूँ, क्या करूँ? मेरे से नहीं सहन होता यह वज्रपात। अपनी ही एकाकी सन्तान जिसे अपनी ही काया की मांस मज्जा से निर्मित किया, अंगुली पकड़ चलना सिखाया, आज इस योग्य बन गई कि जनकगण की उपेक्षा कर, अपने कर्तव्यों की आहुति दे एक विदेशी रमणी के सौन्दर्य जाल में स्वेच्छा से जा फँसी। क्या भारत में योग्य सुन्दर सुघड़ शिक्षित कन्याओं की कमी थी? ओह! यह असीम असहनीय वेदना मेरे प्राण लेकर ही मुझे छोड़ेगी।" विलाप करती हुई निराश जननी ऐसे कहते-कहते चेतना शून्य हो धरा पर कटे वृक्ष सम गिर पड़ी। अबेर किए बिना हेमन्त ज्योत्स्ना की निर्जीव सी काया को गाड़ी में डाल अस्पताल ले गया। समय पर सम्पूर्ण चिकित्सा उपलब्ध होने के कारण लौट आए ज्योत्स्ना के काया से निकलते हुए प्राण।

एक सप्ताह पश्चात् निस्तेज शक्तिहीन ज्योत्स्ना परिचारिका की सहायता से शैया पर बैठी मौसमी का रस पी रही थी कि इतने में डॉ. धर्मेश वासुदेव ने कक्ष में प्रवेश किया, "कैसी हो ज्योत्स्ना?"

"अब पहले से अच्छी हूँ डॉ.।" ज्योत्स्ना ने क्षीण स्वर में उत्तर दिया।

"भई वाह! तुमने तो हेमन्त को डरा ही दिया था।" डॉ. धर्मेश हो-हो करके मुक्त कण्ठ से हँस पड़े।

"डॉ. वो शरद...मेरा...मेरा बेटा शरद..." ज्योत्स्ना का कण्ठ अवरुद्ध हो गया।

"नहीं, नहीं ज्योत्स्ना, इतनी अधीर मत होवो और फिर शरद ने किया ही क्या है? विवाह ही न! विवाह करना कोई जघन्य अपराध नहीं है। अब वो समय कहाँ ज़ब भारतभूमि पर श्रवण कुमार पैदा होते थे! यह तो प्रकृति का नियम है पुराने पत्ते झड़ते हैं तो नए नवीन उत्साह से उनका स्थान ग्रहण करते हैं। यही होता आ रहा है युगों से, जो समयानुसार परिवर्तित हो जाता है। वही सुखी होता है इस धरती पर।" डॉ. धर्मेश ने वात्सल्यपूर्ण स्वर में कहा।

"आप ठीक कहते हैं डॉ." ज्योत्स्ना ने धीर धरते हुए कहा।

"यह हुई न बात!" डॉ. ने उल्लसित स्वर में बात आगे बढ़ाई, "कागज कलम लो और हृदय विचार लिख डालो उन पर। फिर देखो, कितना बड़ा बोझ हट जाएगा हृदय से। एक नवीन रचना का शुभारम्भ करो रचनाकार जी।" किसी विदूषक की भाँति डॉ. ने अपनी बात को समाप्त किया तो ज्योत्स्ना के अधरों पर मधुर मुस्कान खेल गई।

"आपका कहना मानूँगी मैं डॉ. और कल से ही लिखना आरम्भ कर दूँगी।" मधुर स्वर में ज्योत्स्ना बोली।

डॉ. धर्मेश व परिचारिका के कक्ष से बाहर जाते ही ज्योत्स्ना की विचारधारा बह निकली, 'शनैः-शनैः प्रेमवात्सल्य, नेह, आदर, सत्कार, हृदय उद्गार, हर भाव की व्याख्या का अर्थ परिवर्तित हो चुका है। हर वस्तु, हर भाव के मूल्यांकन करनेवाले के मनोभावों में धरती-आकाश का अन्तर आ चुका है। सन्तान के सम्मुख माता-पिता के अमूल्य स्नेह की नूतन परिभाषा अब यह है कि यदि माता-पिता ने स्नेहपूर्वक हमारा लालन-पालन किया है या हमें उच्च शिक्षा दिलवाई है तो कौन-सा बड़ा काम किया है? यह तो उनका कर्तव्य ही था। हमें पैदा किया था तो पालना भी तो था न। क्या कोई उपकार किया था?' आगे अग्रसर होते हुए ज्योत्स्ना स्वतः कहने लगी, 'मैं किस मोहपाश में जकड़कर रह गई? किस चक्रव्यूह में फँस गई? मैं लेखिका हूँ। कई पात्रों की रचना करती हूँ। उन्हें परिस्थितियों के अनुरूप चलने की, संघर्ष करने की क्षमता देती हूँ और जब सबसे अनुपम रचनाकार ने मुझे संघर्ष करने के लिए कहा तो मैं हताश अशक्त क्यों हो बैठी? सन्तान के मोहवश न। मैं इतनी अधिक उद्विग्न क्यों हूँ? क्यों व्यथित पीड़ित दुःखी हूँ? मैंने हर सुखसुविधा अपनी सन्तान को दी। इस योग्य बनाया कि वह विदेश में जाकर सफलता के सोपान चढ़ सके। यदि वह विदेशी युवती प्रदत्त मोह निद्रा में निमग्न है तो मैं क्यों व्यथित हूँ? जीवन उसका है। उसे अपनी इच्छानुसार जीने का उसका जन्मसिद्ध अधिकार है। मैंने ही उससे अत्यधिक

अपेक्षाएँ कीं। स्वयं व्यथित हुई, हेमन्त को व्यथित किया। नहीं, नहीं अब मैं और अधिक निर्बल नहीं बनूँगी। पर...पर यह हृदय है कि मानता ही नहीं... इन्हीं विचारों में मग्न ज्योत्स्ना निद्रा देवी के आँचल तले विश्राम करने लगी।

अब ज्योत्स्ना पहले की अपेक्षा अधिक स्वस्थ थी। उसके साथ वाले कक्ष में एक वृद्ध दम्पती ठहरा हुआ था। वृद्ध हृदय रोग से पीड़ित था। पहले की अपेक्षा उसकी दशा में भी सुधार था। निर्मला देवी ज्योत्स्ना को यदा-कदा देखने आ जाती थी। एक दिवस उसने ज्योत्स्ना की दुःखती रग पर हाथ रख दिया। जब निर्मला को ज्योत्स्ना की पुत्र प्रदत्त पीड़ा का भान हुआ तो वह फट पड़ी, "अरी बिटिया, किस छोरे की बात करती है! अरी, 'सात पूतों की माता सुखिया, रोए देख कठुरियाँ खाली' मैंने भी पाँच निर्लज्ज पुत्र जने। पाँचों को पाला, अलग-अलग व्यापार चला के दिए ब्याहा और अब वे पाँचों ही हट्टे-कट्टे निर्लज्ज सपूत छाती पर मूँग दलते है मूँग! समझी बेटी, 'साँझा बाप न पिट्टे कोई' बाप के मरने की बाट जोहते हैं जन्म जले। विपदा के बख्त कोई साथ नहीं आया। आई मैं बुढ़िया अकेली। उन सपूतों को तो केवल बाप का माल चाहिए माल।" इतना कहते न कहते निर्मला फूट-फूटकर बिलख उठी। जब कुछ क्षण उष्ण जल की बूँदें बहा चुकी तो पुनः बोली, "बाप की खराब हालत देख बड़ा सुत सुदेश, निर्लज्जता से बोला, पिताजी, यदि आपको कुछ हो गया तो हम कोर्ट कचहरी के धक्के खाएँगे। पहले वकील साहब को बुलाकर वसीयत कर दो और उससे छोटा लम्पट, जो जोरू की नज़र के चाबुक के इशारे पर उठता-बैठता है, खीसें निपोरते हुए बोला, हाँ, पिताजी बड़का ठीक कहता है पहले जायदाद हमारे नाम लिख दो।

"तीसरे बिगड़ैल शहजादे बोले, अरे! क्या लिख दो, लिख दो लगाई हुई है? पहले जाकर वकील साहब को बुला लाओ। पिताजी वसीयत लिख दें तो इनको हस्पताल ले जाएँ।

"चौथे सपूत वकील को बुलाने दौड़ पड़े तो पाँचवाँ दहाड़ा, मैं सदरवाली बड़ी दुकान लूँगा। वह पिताजी तुम मेरे नाम लिखना।

"बड़का चीख उठा, देखूँगा किसकी छाती पर इतने बाल हैं जो वह दुकान ले ले। मैं बड़ा हूँ, मैं लूँगा वह दुकान। बस जायदाद ने भाई को भाई का दुश्मन बना दिया। घर कुरुक्षेत्र बन गया। मूर्च्छित पड़े बाप की ओर किसी ने भी ध्यान नहीं दिया। बहुएँ भी अपना-अपना मोर्चा सँभाले थीं। भला हो उस रोशनलाल का जो मेरे साथ इन्हें हस्पताल ले आया। आँखों में आँसू भरे बिचारा रोशनवा बोला, अम्मा दुःखी न हो, मैं भी तो तुम्हारा बेटा हूँ न। मैं बाबूजी की सेवा करूँगा। उस दिन से वही रोशनवा ड्राइवर सारे काम कर रहा है। पूत तो एक भी हस्पताल एक रात भी नहीं रुका। बस झाँक कर चले जाते हैं कब बाप का दम निकले और कब वे सारी जायदाद खाएँ। इनकी हालत ठीक हो जाए तो अब मैं रोशनवा और ये अलग रहेंगे। जिसको चाहे अपनी जायदाद देंगे। जो हमारे दुःख का साथी संगी है वही सबसे बड़ा सपूत है

न। नहीं तो कपूतों की लाइन लगाकर क्या मिला?" ज्योत्स्ना स्तब्ध सी बैठी रह गई निर्मला की व्यथा कथा सुनकर। काले जल पर से काई फटती जा रही थी। ताल के सड़े हुए जल में पत्थर फेंकेंगे तो दुर्गन्ध ही आएगी व छींटे अपने पर पड़ेंगे। यदि हम बहती हुई नदिया के विषय में विचार करेंगे तो देखेंगे चलना ही जीवन है। निरन्तर बहता हुआ नदिया का नीर भी यही सन्देश देता है। मैं भी किस भूलभुलैया में भटककर रह गई हूँ। हर एक को जीवन में मनचाहा नहीं मिलता। पूर्ण आकाश किसने पाया है इस जीवन में इस धरा पर! क्यों मैंने इतनी अपेक्षाएँ, आशाएँ कीं शरद से? मैं क्यों विस्मृत कर चुकी कि पंछी अब उड़ान भरने के लिए सक्षम हो चुका है। क्या मैं पुत्र पालने का अपना कर्तव्य पूर्ण करने का पुत्र से प्रतिदान चाहती हूँ? नहीं, नहीं, कदापि नहीं। अब मैं शरद से कोई अपेक्षा नहीं करूँगी। जहाँ भी रहे, वह सुख से रहे। भगवती अनुकम्पा उसपे बनी रहे। यत्नपूर्वक रोकने पर भी दो अश्रु अकस्मात् बह निकले ज्योत्स्ना के पीताभ कपोलों पर। क्या कभी रक्त बन्धन तोड़ने से ही सहज में टूट जाते हैं।

पर दूसरा शाश्वत सत्य यह भी है कि समय बड़े से बड़े घाव भरने की क्षमता रखता है, यद्यपि अधिक संवेदनशील प्राणी के घाव भरना एक अत्यन्त ही असम्भव कार्य है। ऐसा ही कुछ ज्योत्स्ना के संग हुआ उसके घाव ऊपरी सतह पर तो भरे हुए प्रतीत होते थे परन्तु अन्दर से टीस मारते थे। ऊपर से ज्योत्स्ना सहज दिखती थी पर पुत्र की स्मृति मन-ही-मन उसे बहुधा व्याकुल किए रहती। शरद को पाल दम्पती ने भारत आने का निमन्त्रण भेजा था पर उसने कोई उत्तर नहीं दिया। दिन सप्ताह, सप्ताह मास व मास वर्षों में परिवर्तित होते चले गए। शरद को विवाह किए तीन वर्ष व्यतीत हो गए थे। यद्यपि ज्योत्स्ना और हेमन्त हर कार्य अपनी दिनचर्यानुसार ही सम्पन्न करते पर कहीं कुछ अधूरा था, शून्य था। सन्तान द्वारा दिया गया सन्ताप सहन करना कितना कठिन होता है यह तो कोई भुक्तभोगी ही जान सकता है। ज्योत्स्ना को रह-रहकर बाल्यावस्था में पिता द्वारा सुनाई गई एक कहानी का स्मरण हो-हो आ रहा था कि कैसे रामसुमेर को उसके पिता यत्नपूर्वक पालते हैं। एक बार बालक रामसुमेर न जाने, पिता से पचासों बार पूछता है, "वे कोन ए पिता ज, वे कोन ए पिता ज," और पिता पचासों बार उत्तर देते नहीं अघाते कि वह कौआ है बेटा, वह कौआ है बेटा। अब दृश्य परिवर्तित होता है रामसुमेर युवा हो जीवन के विभिन्न रसों का स्वाद ले रहा है और पिता वृद्ध है। मुख में दाँत नहीं और पेट में आँत नहीं। नयन ज्योति क्षीण, श्रवण शक्ति क्षीण, शरीर निर्बल। एक बार पिता ने तीन बार एक ही वस्तु के विषय में पूछ लिया तो रामसुमेर रोषपूर्ण स्वर में बोला, "क्या बार-बार तंग कर रहे हो? क्या एक बार में मेरे उत्तर देने से समझ में नहीं आया।" बेटे का रोष व तिरस्कार से भरा हुआ स्वर सुनकर पिता की आँखों से अश्रुधारा बह निकली। उसने व्यथित स्वर में कहा, "अपराध मेरा ही है बेटे, जो मैं बूढ़ा हो गया। न ढंग से

देख पाता हूँ और न ढंग से सुन पाता हूँ इसलिए ही तुम्हें बार-बार तंग कर रहा हूँ! पर मेरे बच्चे, जब तुम बचपन में पचासों बार एक ही वस्तु के विषय में पूछते थे तो मैं हर बार तुम्हें स्नेहपूर्वक ही उसके विषय में बताता था।" ठीक कहते हैं—एक पिता दस सन्तान भी पाल सकता है पर दस सन्तानें मिलकर एक पिता को नहीं पाल सकतीं—यहीं अन्तर होता है पिता व पुत्र में। असहाय बालक पुत्र को पिता यत्नपूर्वक, प्रेमपूर्वक पालता है और बलवान पुत्र असहाय वृद्ध पिता का तिरस्कार करते हैं। माना कि सबकी सन्तान ऐसा अनादर करनेवाली नहीं होती पर श्रवण कुमार कहाँ पैदा होते हैं अब वसुन्धरा पर? जिस पुष्ट तरुवर की छाया में असहाय सन्तान निश्चिन्त होकर विचरण करती है, समय आने पर उसी जर्जर वृक्ष को छोड़ मुख मोड़ चल देती है। सम्भवतः यही जीवन चक्र है। प्रकृति का नियम है। हर मानव को अपने भाग्य या कर्मानुसार सुख-दुःख, धूप-छाँव इस भूमि पर उपलब्ध होते हैं। केवल इच्छा मात्र से ही पतझड़ वसन्त व ग्रीष्म श्रावण में परिवर्तित नहीं हो जाता। दीर्घ श्वास छोड़ते हुए ज्योत्स्ना शैया पर जा लेटी।

आजकल ज्योत्स्ना एक नवीन उपन्यास की रचना में व्यस्त थी। वह समय व परिस्थितियों के अनुसार पात्र रचना करती। उसका अधिकाधिक समय लेखन कार्य में ही व्यतीत होता था। अपने पात्रों के दुःख से द्रवित हो उनके दुःख हरण के उपाय सोचती और उनके सुख में पुलक-पुलक जाती। कितना सुख मिलता था उसे उनके सुख-दुःख में सम्मिलित होने से।

5

आज अमिता अत्यधिक उद्विग्न थी। उसने दूरभाष पर ज्योत्स्ना को अपने घर आने का निमन्त्रण दिया।

"जाया, आज मैं तेरी एक भी नहीं सुनूँगी। तुझे आज अभी मेरे घर आना ही होगा।" अमिता ने कहा।

"तुम्हीं आ जाओ अमि, मेरे घर। आज मेरे सिर में बहुत दर्द हो रहा है।" ज्योत्स्ना बोली।

"नहीं, जाया, आज तुम ही आ जाओ। मेरा मन बहुत दुःखी है।" अमिता ने कहा।

"क्यों ऐसी क्या बात है?" ज्योत्स्ना बोली!

"नहीं, नहीं ऐसी चिन्ता की कोई बात नहीं। तुम आ जाओ तो बताऊँगी क्या बात है।" अमिता ने कहा।

"अच्छा, मैं आधे घण्टे पश्चात् पहुँच रही हूँ।" ज्योत्स्ना बोली।

आधे घण्टे पश्चात् दोनों सखियाँ अमिता की छत पर धूप सेंकते हुए शरदऋतु का मेवा खा रही थीं। जाया को अमिता के मुख पर चिन्ता की रेखाएँ स्पष्ट दृष्टिगोचर हो रही थीं। जाया ने अमिता का मन हल्का करने के लिए विनोदी स्वर में कहा, "अमि, कुछ अपनी कहो, कुछ मेरी सुनो, क्या बोलना भूल गई।"

"जाया, तेरी भी सुनूँगी और अपनी भी कहूँगी। न सुनना भूली हूँ न कहना।" अमिता के मन पर जमी काई कुछ-कुछ फटने लगी थी।

"मेरे पास तो सुनाने को कुछ शेष नहीं है।" ज्योत्स्ना ने कहा।

"क्यों, क्या शरद से मुख मोड़ लिया?" अमिता बोली।

"अमि, यह क्या कह रही हो? क्या जननी भी स्वयं के जाये पुत्र से विमुख हो सकती है?" ज्योत्स्ना ने कहा।

"जाया दुःखी न हो। यह घर-घर की कहानी है। यहाँ तो तिगड़े ने नाच-नचाया हुआ है। सवेरे सेठ साहब की बात-बे बात पर फटकार सुनो। फिर उनकी सन्तान की अनापशनाप बातें सुनो व सहो। यदि मैं भी तेरी तरह भावुक होती तो मेरा भी वही हाल होता जो आज तेरे शरीर का है। आज तेरी काया मिट्टी में मिलती जा रही है। सन्तान द्वारा दिए गए तनाव के कारण न। मैं भी दुःखी होती हूँ अभी जब तुम्हें फोन किया तब भी बड़ी दुःखी थी पर अब मैं शान्त हूँ। क्या इन निगोड़ों के पीछे जीना छोड़ दूँ? चलो छोड़ो, ये अप्रिय प्रसंग। मैं तुम्हें साड़ियाँ दिखाती हूँ जो कल लाई हूँ। कुल आठ साड़ियाँ लाई हूँ। यह देखो बंगाल की बालोचेरी साड़ी पूरे दस हज़ार की आई है। असल बालोचेरी है। यह है टगाई, इसका तो जवाब नहीं जवाब! यह श्वेत राजहंस जैसी तनछुई साड़ी है जो सेठ साहब को भी बहुत पसन्द है। यह है पूरे चौदह हज़ार की। ये चारों साउथ इण्डियन सिल्क की प्रिंटिड साड़ियाँ हैं। ये चारों पूरे बारह हज़ार की हैं।" दर्पपूर्ण स्वर में अमिता ने ज्योत्स्ना को साड़ियाँ दिखाते हुए कहा। उसे अपने वैभव प्रदर्शन करने में असीम सुख का अनुभव होता था। ज्योत्स्ना को ऐसी बातें रुचिकर नहीं लगती थीं। पर वह शिष्टाचारवश मौन रहती थी।

"और जाया, ये देखो मेरे जड़ाऊ झुमके और ये कुन्दन सैट देख रही हो न पूरे साठ हज़ार का बना है साठ हज़ार का! है न कितना सुन्दर!" दर्प व हर्षमिश्रित स्वर में अमिता ने कहा। पूर्व इसके कि जाया कुछ उत्तर देती धड़धड़ाती हुई लालिमा वहाँ आ पहुँची और अग्निशिखा बनी माँ को दग्ध करने लगी, "सब कुछ तेरे लिए तो कमाते हैं सेठ साहब। हमारे लिए क्या है? हूँ! खुद तो अपने पर लाख-लाख रुपया खर्च करती है और हमें देने को पैसे नहीं।" अमिता भी मानो नयनों में तलवार खींच, युद्ध भूमि में युद्ध करने हेतु कूद पड़ी। उसने तिक्त स्वर में कहा, "हाँ, मैं जो चाहूँगी सो करूँगी। तू कौन होती है मुझे टोकने वाली, रोकने वाली?"

"हमें देते तेरी नानी मरती है।" लालिमा भी तलवार खींच पराक्रमी योद्धा सादृश्य रणक्षेत्र में कूद पड़ी। वह कर्कश स्वर में दहाड़ उठी, "मैं तुझे रोकूँगी भी और

टोकूँगी भी। तू क्या कर लेगी मेरा अनपढ़ गँवार औरत? निकाल दो हज़ार रुपये। मुझे साउथ एक्सटेंशन जाना है।"

"मुझे भी दे दो हज़ार रुपये। मुझे भी लाली के साथ जाना है।" नीलिमा ने छत पर आकर कहा। निरुपम भी कन्धे उचकाता नीलिमा के पीछे-पीछे छत पर आ गया। "मम्मी, मुझे तो पूरे पाँच हज़ार रुपये चाहिए। मुझे पैण्ट व कमीज लानी है।" निरुपम ने सपाट स्वर में कहा। अमिता की क्रोधाग्नि दावानल सी भड़क उठी। वह सप्तम स्वर में चिल्ला उठी, "मैं क्या दस-दस हज़ार रुपये लेकर तुम्हारे लिए घर में बैठी हूँ?"

"क्यों झूठ बोलती है? गला फाड़ रही है। चल, चल कर रुपये दे।" लाली ने रक्तिम नयन अमिता पर डालते हुए धृष्ट स्वर में कहा।

"भाग जाओ यहाँ से। मैं तुम्हें कुछ भी नहीं दूँगी।" अमिता पुनः चिल्ला उठी।

"क्यों नहीं देगी? कैसे नहीं देगी? हम लेकर जाएँगे।" तीनों भाई-बहनों ने जननी के विरुद्ध सम्मिलित रूप से मोर्चा सँभाला।

"तुम लोगों को शरम नहीं आती है? मेरी सहेली के सामने शोर मचाते हो। बेइज्जत करते हो।" अमिता का स्वर अवरुद्ध हो चला था।

"तू यदि इतनी शरमदार औरत है तो निकाल पैसे खूसट बुढ़िया।" लाल-पीली होती विवेकहीन लालिमा दहाड़ी।

"नहीं दूँगी, नहीं, नहीं, नहीं दूँगी, मैं तुम्हें एक पैसा भी नहीं दूँगी।" अमिता भी क्रोधित हो उठी।

"तेरी तो माँ..." अत्यन्त अशोभनीय शब्द मुख से निकालते हुए लाली ने दुहत्तड़ माँ की पीठ पर पूर्ण शक्ति से मारा। अपमान व लज्जा की पीड़ा से अमिता का मुख पीताभ हो गया। उसके नयनों से नीर बहने लगा। ज्योत्स्ना मूक दर्शक बनी सम्पूर्ण क्रियाकलाप देखती रही अमि की गुणी सन्तान का। वह चाहकर भी हस्तक्षेप न कर सकी क्योंकि एक बार वह मध्यस्थ बनने का फल चख चुकी थी। अमि के गुणी पुत्र व पुत्रियों ने हृदय खोलकर ज्योत्स्ना को अपमानित किया था। वह तो पग भी न धरती ऐसे कलहपूर्ण, अनीतिपूर्ण घर आँगन में पर अमि का स्नेह व चिरौरी उसे वहाँ आने पर विवश कर देते। यदि अमि में अवगुण एक-दो थे तो गुण भी तो बहुतेरे थे न। और फिर सोलह कला सम्पूर्ण कौन नर-नारी होता है? ज्योत्स्ना ने दीर्घ उच्छ्वास लिया और निर्लेप स्वर में कहा, "मैं जाती हूँ अमि, फिर कभी आऊँगी।"

"तू कहाँ जाती है जाया? यहीं बैठो मैं नीचे इन्हें पैसे देकर अभी आई।" बिना जाया के उत्तर की प्रतीक्षा किए वह धड़ धड़ाती हुई सीढ़ियाँ उतरने लगी। तीनों अमिता के नौनिहालों ने ज्योत्स्ना पर एक दर्पपूर्ण विजयी मुस्कान फेंकी और फिर उसी विजय मुद्रा में माँ के पीछे-पीछे नीचे उतर गए। अमिता ने अपने शयनकक्ष में जा पैसे ला अपनी गुणी सन्तान को दिए। पूरे दस हज़ार रुपये लेकर उन यमदूतों ने पीछा

छोड़ा अमिता का। अमिता भी अब सन्तान की धृष्टता व उच्छृंखलता के कारण उनसे विमुख होती जा रही थी।

जब सीढ़ियाँ चढ़कर अमिता छत पर आई तो उसके हाथों में चाय की ट्रे थी। जाया की ओर चाय का कप बढ़ाते हुए अमिता बोली, "देख लिया न जाया, कितनी दुर्गति करती हैं ये बिगड़ैल घोड़ी सी सुपुत्रियाँ व मुँहफट शहजादा मेरी। पूरे दस हज़ार लेकर गए हैं यमदूत।"

"एक बात कहूँ अमि," ज्योत्स्ना ने शान्त स्वर में कहा।

"कहो," अमिता ने जिज्ञासु स्वर में उत्तर दिया।

"अन्यथा तो नहीं लोगी न?"

"मैंने कभी तेरी बात का बुरा माना है?"

"नहीं, तुम बुरा जल्दी मान जाती हो।"

"अरे बाबा! कह दिया न कदापि बुरा नहीं मानूँगी।"

"आज जो भी तुम्हारी सन्तान की दशा है, उसके लिए तुम स्वयं उत्तरदायी हो।" ज्योत्स्ना ने कहा।

"मैं कैसे उत्तरदायी हूँ?" अमिता ने कुछ-कुछ रुष्ट स्वर में कहा।

"स्मरण करो इन बच्चों का बचपन और फिर इनके कैशोर्यावस्था की ओर बढ़ते हुए पग। तुमने बच्चों को कभी भी उचित-अनुचित का अन्तर नहीं समझाया। उन पर कोई अंकुश नहीं लगाया। बच्चे तो कच्ची मिट्टी होते हैं। कच्ची मिट्टी को हम मनचाहा आकार दे सकते हैं। यदि बच्चों को हम उचित-अनुचित का अन्तर आरम्भ से ही समझाना शुरू कर दें, उन्हें अनुशासन में जीना सिखाएँ, उनकी अनुचित माँगों व कार्यों पर अंकुश लगाएँ, गुरुजनों का आदर करना सिखाएँ तो कम-से-कम बच्चे इतने धृष्ट तो नहीं बनेंगे जितने ये बच्चे हैं। कुछ तो सीख पाते तुम्हारे ये नौनिहाल यदि तुम आरम्भ से ही सन्तान की उचित-अनुचित इच्छाएँ करतल पर पूर्ण न करतीं और उन्हें उचित शिक्षा-दीक्षा देतीं तो..."

"बस, बस जाया, तुम किसी सिरदर्दी में न पड़ो। बच्चे मेरे हैं, मैं उन्हें आज भी कुछ कहना पसन्द नहीं करती। यदि वे मेरे से पैसे नहीं माँगेंगे तो क्या पड़ोसियों से जाकर माँगेंगे? तू बता जाया, मैं ठीक कह रही हूँ न।" जाया को मध्य में ही टोकते हुए, विकृत अधर करते हुए अमिता ने कुछ-कुछ रुष्ट स्वर में कहा। इतने में दूरभाष की घण्टी टनटना उठी। अमिता दूरभाष पर बात करने चली गई।

"न जाने किस लफंगे का फोन था लालिमा के लिए।" मुख की भावभंगिमा विकृत करते हुए अमिता ने तीक्ष्ण स्वर में कहा।

"ऐसे मत कह अमि," जाया ने उसे समझाना चाहा।

"तो क्या पूजा करूँ इन बिगड़ैल घोड़ियों की। बड़े मियाँ सो बड़े मियाँ छोटे मियाँ सुभान अल्ला। बड़ी धींगड़ी को भी छोड़ गई है पीछे लड़कों के साथ घूमने में

छोटी। न जाने किन ताल तलैया किनारे, किस नन्दकिशोर के संग फिरती है निर्लज्ज। यदि कहती हूँ किसी अच्छे लड़के के संग शादी कर ले तो खीसें निपोर कर उत्तर देती है—मैं अभी शादीवादी बरबादी नहीं करूँगी। आनन्द नहीं लेने देती है हमें तू मम्मी। न बड़ी शादी करवाना चाहती है न छोटी। केवल आनन्द चाहती हैं आनन्द, आवारागर्दी। हूँ! अच्छा हुआ तीसरी मर गई नहीं तो वह भी छाती पर मूँग दलती।" अमिता ने हृदय की पूर्ण वितृष्णा उँड़ेल दी वाणी में।

"अमिता क्यों अनाप-शनाप बोलती हो। तनिक धीरज धरो। कुछ अपनी ओर भी ध्यान दो।" ज्योत्स्ना ने शान्त स्वर में कहा।

"मैं क्या धीरज धरूँ और क्या अपनी ओर ध्यान दूँ?" जाया पर प्रश्नसूचक दृष्टि डालते हुए अमिता ने पूछा।

"अभी कुछ समय पूर्व तुम बच्चों से कैसे बात कर रही थीं?" ज्योत्स्ना ने कहा।

"मैं कैसे कर रही थी?" अमिता बोली।

"अभी-अभी तुमने बच्चों के साथ अविवेकी बातें अधैर्यपूर्वक की। यदि तुम उनके संग स्नेहसिक्त स्वर में बात नहीं करोगी, उन्हें आदर मान नहीं दोगी, धीरजपूर्वक अपनी समस्याएँ नहीं बताओगी तो वे कैसे तुम्हें आदर प्रेम देंगे और अपनी समस्याएँ बताएँगे। तुम्हें चाहिए कि तुम बच्चों को अपनी समस्याएँ बताओ और फिर उनसे ही समाधान करने को कहो। बच्चों को इस बात में गौरव प्रतीत होगा कि वे भी किसी योग्य हैं। घर की समस्याओं का समाधान करने में सक्षम हैं। तुम्हारा स्नेहिल व्यवहार उनको आहत नहीं करेगा, आनन्द देगा। वे तुम्हारा व तुम्हारी सखी सहेलियों का मान आदर करने लगेंगे। अमि, बच्चे तो जानवर भी पैदा करते हैं। बच्चों को पैदा करना तो सरल है उन्हें अच्छे इनसान, अच्छे नागरिक बनाना भी असम्भव नहीं है। यदि हम जैसे ही बच्चों को अंगुली पकड़ चलना सिखाते हैं, अक्षर ज्ञान देते हैं या बारहखड़ी कण्ठस्थ करवाते हैं वैसे ही बच्चों को शिष्टाचार, सभ्यता व संस्कृति का ज्ञान दें तो कोई कारण नहीं कि हमारा परिश्रम व्यर्थ जाए। बच्चे जितने पैसे चाहते रहे तुम देती रहीं। तुमने आरम्भ से ही कभी भी यह जानने का प्रयत्न नहीं किया कि उन पैसों का वे क्या करते हैं जो तुम से लेते हैं। तुम्हें उन्हें पैसे की उपयोगिता समझानी चाहिए थी। जब वे कैशोर्यावस्था में पदार्पण कर रहे थे तो तुम्हें उन्हें ये भी समझाना चाहिए था पैसा कितनी कठिनता से अर्जित किया जाता है तो वे इतने अपव्ययी न बनते। तुम आरम्भ से ही साड़ियों व आभूषणों के संसार में खोई रहीं व सेठ साहब धन अर्जन करने में। सन्तान की ओर किसने कब ध्यान दिया? क्या मोटी फीस व ट्यूटर ही बच्चे को अच्छा भविष्य निर्माण करने में या मानव बनने में पर्याप्त योगदान दे सकते हैं? माता-पिता का स्नेह, उचित देखभाल और परिश्रम ही उन्हें जीवन की डगर पर सँभल-सँभल कर पग रखने में सक्षम बना सकते हैं। यदि आरम्भ से ही तुम उन्हें उनके अनुचित आचरण पर रोकतीं टोकतीं तो आज वे इतने अंकुश

विहीन न होते जब उच्छृंखल वेगवती वायु के थपेड़े खा-खाकर ये पौधे वृक्षों का रूप धारण कर चुके हैं तो तुम इन्हें मनचाहा आकार देना चाहती हो तो यह अत्यन्त दुरूह कार्य है। जब उन्हें मनचाहे ढंग से जीवन जीने की आदत पड़ गई तो तुम उन्हें रोकना चाहती हो, बदलना चाहती हो। जब आज तक तुम उनकी हर मांग बिना किसी विरोध के पूर्ण करती आईं तो आज तुम्हारा तनिक सा विरोध भी वे सहन नहीं कर पाते क्योंकि स्वेच्छाचारी आचरण की उन्हें आदत पड़ चुकी है। जिस दिन प्रथम बार उन्होंने अशोभनीय आचरण किया था तो तुम उसका विरोध करतीं तो कदाचित आज ये बच्चे ऐसा अप्रिय अभद्र व्यवहार न करते।" जाया ने भाषण ही दे डाला। और अमिता नतमुखी बैठी थी।

दीर्घ उच्छ्वास छोड़ते हुए अमिता ने कहा, "तू ठीक कहती है। जाया तूने आज मेरी आँखें खोल दी हैं। मेरे अनुचित लाड़प्यार ने और लापरवाही ने मेरे बच्चों को उद्दंड बना दिया। बचपन में बच्चे की हर उचित-अनुचित इच्छा पूर्ण कर हृदय असीम सुख पाता है। बच्चे यदि किसी बड़े को चपत भी लगा देते हैं या गाली भी दे देते हैं तो हम उनकी इन क्रियाओं को अन्यथा नहीं लेते हैं अपितु उसके तुतलाकर गाली देने पर प्रसन्न होते हैं और जब बड़ा होकर बच्चा वही हरकतें करता है तो हमारा पूर्व का असीम सुख, असीम दुःख में बदल जाता है। जब हम उसे सुधारना चाहते हैं तो देखते हैं समय हाथ से निकल चुका है। अब मैं क्या करूँ?" घोर निराशा में अमिता का स्वर डूब गया।

"इतनी निराश न हो अमि, बच्चों को स्नेहपूर्वक समझा।" ज्योत्स्ना ने उसे धीरज बँधाते हुए कहा।

"स्नेह की भाषा वे दुष्ट नहीं समझते जाया।" अमिता पुनः निराशा के अन्धकार में डूब गई।

"प्रयत्न करो अमि, हृदय में यह दृढ़ निश्चय लेकर चलो कि तुम अपनी सन्तान को राह पर लाकर छोड़ोगी।" ज्योत्स्ना ने उत्साही स्वर में कहा।

"नहीं जाया, कोई लाभ नहीं है। यदि मैं स्नेह भरे शब्द बोलती हूँ तो वे दुष्ट कहते हैं मैं नाटक करती हूँ नाटक। मेरा कड़ा व्यवहार उन्हें फिर भी कुछ सहमाता है।" अमिता ने अपनी विवशता बताई।

"एक मार्ग अभी शेष है।" ज्योत्स्ना ने कहा।

"कौन सा?" अमिता बोली।

"तुम उन्हें पैसे कतई न दो। कहो अपने पिताजी से ही पैसे लें। सेठ साहब को बच्चों की वास्तविकता बताओ। जब ये बारम्बार पिता से धन माँगेंगे तो वह अपने आप चेतेंगे। अपनी सन्तान के गुण-दोष सब जैसे माँ को मालूम होने चाहिए वैसे पिता को भी। कोई पिता नहीं चाहेगा कि उनके बच्चे इतने अधिक बिगड़ें कि जनकगण के मर्यादा मान पर हाथ डाल उन्हें समाज में अपदस्थ कर दें। सेठ साहब जब

वास्तविकता जानेंगे तो अवश्य ही सन्तान को राह पर लाने का कोई-न-कोई उपाय ढूँढ़ लेंगे।" ज्योत्स्ना ने अमिता को समझाते हुए कहा।

"मैं अब ऐसे ही करूँगी।" अमिता ने कहा पर अमिता की हर प्रतिज्ञा केवल कथनी तक निर्भर थी करनी तक नहीं।

"अमिता, ओ अमिता, कहाँ बैठी हो भई? यहाँ तो सीढ़ियाँ चढ़ते बैंड ही बज गया है।" फूलवती हाँफती हुई छत पर आई। उसके साथ निशा, उषा, मिसेज तनेजा इत्यादि उसकी अन्य प्रतिवेशनी महिलाएँ भी थीं। अमिता ने उठकर सबको सम्मानपूर्वक बैठाया व मालती को चाय बनाकर लाने को कहा।

"नहीं, नहीं मिसेज सेठ चाय फिर कभी पी लेंगे। आज जल्दी में हैं। आज हमारे घर कीर्तन है। आपने अवश्य आना है। आप भी अवश्य आना मिसेज पाल।" मिसेज तनेजा ने विनम्र स्वर में कहा।

"कीर्तन का समय क्या है?" अमिता ने पूछा।

"अरे वही तीन से पाँच अमिता।" फूलवती ने कहा।

पूर्ण भक्तिभाव से कीर्तन मण्डली कीर्तन में संलग्न थी। एक कदली स्तम्भ जैसी जाँघों वाली महिला पुष्ट हथेली की थाप दे-देकर ढोलक बजा रही थी। एक अन्य चौधरी सी दिखाई देनेवाली महिला ने नकिया स्वर में गाना आरम्भ किया, 'देखो माँ मेरी पई चूला चले...।' बस फिर क्या था तुरन्त स्वर सप्तम स्वर पर पहुँच गया। होड़ सी लग गई गला फाड़ने की। ढोलक झाँझ छैने हर एक का स्वर बेसुरा व कर्णकटु होता चला गया। हर स्त्री अधिक-से-अधिक कीर्तन में लीन होने का स्वांग करने लगी। कुछ समय पश्चात् 'मेरे हाथों में नौ-नौ चूड़ियाँ रे...' फिल्मी गाने पर एक अन्य स्थूलकाय महिला भाव-विभोर हो गाने लगी तो अन्य भक्तिनें भी आकण्ठ भक्ति रस में डूब अपने अगुआ के पीछे-पीछे वही शब्द दोहराने लगीं। इसी तरह 'कभी अँखियाँ मिलाऊँ कभी अँखियाँ चुराऊँ' या 'ये नीली-नीली आँखें' इत्यादि कोई भी फिल्मी गाना नहीं छोड़ा उस मण्डली ने जिस पर भजन बनाकर न गाया हो। ज्योत्स्ना को तो पूर्ण समय यहीं सुनाई पड़ता रहा–बिना पायल के ही बजे घुँघरू या तू है मेरी किरण तू है मेरी किरण... फिल्मी धुनों की क्या आवश्यकता पड़ गई? ज्योत्स्ना समझ नहीं पाई। 'क्या मीरा, तुलसीदास, सूरदास, रहीम, रसखान, कबीर इत्यादि के कम सुरीले हैं भजन व पद्य इत्यादि?' ज्योत्स्ना शिष्टाचारवश वहाँ बैठी रही। इतने में फूलवती ने ज्योत्स्ना की पीठ पर दुहत्तड़ मारते हुए कहा–भई, अब ज्योत्स्ना ही भजन गाएगी। ज्योत्स्ना के मस्तक पर स्वेदकर्ण लहरा आए, "मैं इन फिल्मी गानों पर...भजन... नहीं?" "अरे कोई बात नही तू कोई राग ही सुना दे।" व्यंग्यपूर्ण स्वर में एक सींक सलाई सी महिला बोली। ज्योत्स्ना ने तन्मय हो गाना आरम्भ किया, 'बन्दऊ श्री हरि पद सुखदाई, पद सुखदाई चरण सुखदाई। बहरो सुने, मूक पुनि बोले, अन्धेरे को सब कुछ दरसाई। बन्दऊ श्री हरि पद सुखदाई। पद सुखदाई, चरण सुखदाई। बन्दऊ श्री

हरि पद सुखदाई। पहले पहल तो कीर्तन मण्डली को आनन्द नहीं आया पर फिर वे भी सम्पूर्ण आनन्द के साथ ज्योत्स्ना के संग गाने लगीं। ज्योत्स्ना ने 'दर्शन दो घनश्याम दास मेरी अँखियाँ प्यासी रे जिधर को देखूँ जहाँ को देखूँ तू एक मुझ को दिखा रहा है, काली कमली ओढ़ के आए भक्तों के भगवान रे इत्यादि कितने ही भजन स्वर ताल में गाये। उसे भी कीर्तन में बहुत आनन्द आया। पर बाद में उसका हृदय कुछ-कुछ खिन्न भी था। जब एक स्त्री–'जादू तेरी निगाहें, खुशबू तेरा बदन..

फिल्मी गाने पर भजन गा रही थी तो ज्योत्स्ना ने देखा एक महिला ने दूसरी को कोहनी मारी। जिसे कोहनी मारी गई उसने मारने वाली महिला की ओर प्रश्नसूचक दृष्टि से देखा तो वह धीमे स्वर में बोली, "देख, देख इस फूलवती को! क्या चरित्तर रचती है? कहती है मेरे पर देवी आती है।"

"हाँ भई, मैंने भी ऐसे ही सुना है।" दूसरी स्त्री ने अन्यमनस्क सी कहा।

"प्रपंच रचती है यह छिनाल। अमिता को ठगती रहती है। यदि इस पर देवी आती है तो वह अमिता के बच्चों को क्यों नहीं सुधार देती?" पहली स्त्री रोषपूर्ण स्वर में बोली।

"सो तो है ही। इनको देखो। क्या फिल्मों की टाँगें तोड़ रही हैं। भई, मैंने बहुत प्रयत्न किया कि माँ की ओर ध्यान लगाऊँ पर आँखों के आगे श्री देवी ही नौ नौ चूड़ियाँ पहने नाचे है या माधुरी दीक्षित बिना पायल के घुँघरू बजावे है।" दूसरी ने पूर्ण ईमानदारी से कहा।

अब पुनः एक नया दौर आरम्भ हुआ– सारे बोलो...जय माता दी
मैं नई सुनया
जय माता दी
तूँ वी बोल
जय माता दी
सारे बोलो जी जय माता दी
जय माता दी। जय माता दी

जय माता दी, जय माता दी, ऐसे लगता था सम्पूर्ण कीर्तन मण्डली सन्निपात का शिकार हो गई थी।

जब सम्पूर्ण कीर्तन मण्डली गला फाड़कर थक गई तो उनकी कौतुकप्रिय दृष्टि चहुँओर ऐसे घूमने लगी जैसे बाड़े में आए नवीन जन्तु को खोज रही हो। ज्योत्स्ना के अतिरिक्त एक अन्य भद्र महिला ने भी मनमोहने वाले भजन गाए–

जन्म जन्म का दुखिया प्राणी,
आया शरण तिहारी, आया शरण तिहारी,
भगवन आया, मैं आया।
और

कुसुम कली सा मेरा मानस,
विकसित कर माँ विकसित कर।

भाव विभोर हो उस भद्र महिला ने जिसका नाम चूड़ामणि था दो भजन सुनाए। वह श्री अरविन्द आश्रम (अरविन्द मार्ग) रहती थी। वह श्री अरविन्द श्री माँ की परम भक्त थी। मिसेज तनेजा से उनका परिचय पाण्डिचेरी आश्रम में हुआ था। तब से दोनों में सहोदरा तुल्य स्नेह था अतः उसके ही अनुरोध पर वह कीर्तन में आई थी।

"भई भैण जी, बुरा ना मानना तुम्हारा भजन तो अच्छा है पर हमे न भावे बिना मंजीरें झाँझ के कीर्तन।" एक मुँहफट स्त्री ने कहा।

"तू ठीक कहती है भैण," एक अन्य भक्तिन ने उसके कथन का अनुमोदन किया, "भला ये छोरियाँ क्या जाने माँ को मनाना, उसकी पूजा करना। क्या कभी झाँझ बिन छेने ढोलक के भी माँ मानती है।" ज्योत्स्ना स्तब्ध सी रह गई इन स्त्रियों की अजीबो-गरीब बातें व विचार सुनकर, "क्या माँ बहरी है जिसे कनफोड़ा बेसुरा भजन सुना मनाना है।" ज्योत्स्ना ने सोचा। जब ज्योत्स्ना भजन गा रही थी तो कीर्तन मण्डली ने धीरे ही सही पर मंजीरे व झाँझ इत्यादि तो बजाए थे। पर चूड़ामणि ने तो स्पष्ट मना कर दिया—न मेरे संग कोई गाएगा, न कोई साज बजाएगा। इसलिए उसकी भर्त्सना कर रही थीं मूर्ख नारियाँ।

'यदि हम पूजा अर्चना में इतना समय अपव्यय न कर इसे किसी सत्कार्य में लगाते तो कितना अच्छा होता। मन्दिर में तो अधिकांशतः महिलाएँ एक तीर से दो-दो लक्ष्य भेदने जाती ही हैं—पहला भागवत कृपा पाना—दूसरा निन्दा पुराण द्वारा हृदय का बोझ हल्का करना। क्या ही अच्छा होता हम यदि भगवती पूजा श्रद्धा प्रसून चढ़ा और मन का दीप जला ही करते। सुर की गति मैं क्या जानूँ या हरी ओम शरणं, अनूप जलोटा, शर्माबन्धु इत्यादि द्वारा गाये हुए सुमधुर भजन गाते। उस अनुपम अलख निरंजन के पास तो पूर्ण लेखा-जोखा है हमारे कर्मों का। फिर उससे छल करने को क्यों तत्पर रहता है यह शूद्र हृदय? सम्भवतः मैं ही कलुषितमना हूँ जो इतना अधिक क्षुब्ध हो गई उन भक्तिनों का गान सुन। परम पिता परमात्मा, आप ही जानते हो अपनी अपरम्पार महिमा!' ज्योत्स्ना की विचारधारा भंग करी अमिता ने, "चलो जाया अब लौट चलें।" अमिता के इतना कहते ही ज्योत्स्ना आज्ञाकारी कन्या तुल्य पीछे-पीछे चल पड़ी अमिता के। मुख्य मार्ग पर आकर ज्योत्स्ना ने अमिता से विदा ली और अपने नीड़ की ओर चल दी। चूड़ामणि तो पहले ही जा चुकी थी।

चलते-चलते विचारधारा में स्नान करने लगा ज्योत्स्ना का मन, 'क्या फिल्मी धुनों पर तुकबन्दी करने के स्थान पर 'ऐ मालिक तेरे बन्दे हम, ऐसे हों हमारे करम नेकी पर चले या बदी से टले ताकि हँसते हुए निकले दम या इतनी शक्ति हमें देना दाता मन का विश्वास कमज़ोर हो ना' इत्यादि नहीं गा सकते। आज भारत की जड़ें खोखली कर रहे हैं असंख्य धर्म व सम्प्रदाय। क्या मानव का सर्वप्रथम धर्म यह नहीं

है कि वह उस माटी के ऊपर प्राण तक उत्सर्ग करने की भावना से ओत-प्रोत हो जिसमें उसने जन्म लिया हो। कहाँ गए भारत माता के वे सपूत जिन्होंने हँसते-हँसते प्राण न्यौछावर कर दिए जन्मभूमि पर जो ये गाते थे, 'सर फरोशी की तमन्ना अब हमारे दिल में है, देखना है ज़ोर कितना बाजुए कातिल में है।' आज की दिग्भ्रान्त पीढ़ी तो पश्चिम के कनफोड़ा संगीत पर टाँगें हिलाते हुए, मुख में चिंगम चबाते हुए, जनकगण की अथक परिश्रम से अर्जित की हुई धनराशि को स्वाह करने में ही असीम सुख का अनुभव करती है। हमारे कितने बच्चे जानते हैं कि चन्द्रशेखर आजाद, भगत सिंह, राजगुरु, तांत्या टोपे इत्यादि कौन थे व क्यों उन्होंने हँसते-हँसते अपना सर्वस्व व प्राण तक भी मातृभूमि की भेंट चढ़ा दिए? क्या ही अच्छा होता जो आज भारत की माताएँ उल्टे-सीधे भजन कीर्तन व ताश पार्टियों में समय नष्ट करने के स्थान पर भारत के भावी नागरिकों का तन्मयता से पथ प्रदर्शन करतीं, उन्हें अनुशासन में जीवनयापन करना सिखातीं व वास्तविक अर्थों में मानव मूल्यों को समझाते हुए उन्हें नेक इनसान बनने की प्रेरणा देतीं। जीवन सार्थक होता तब माँ व सन्तान दोनों का।' ऐसी ही विचारधारा में बहते-बहते जा पहुँची जाया अपने द्वार।

"ओ अमि, कहाँ मर गई है? मुझे देर हो रही है। शीघ्र नाश्ता दे। तुझे अच्छी तरह मालूम था आज मैंने आगरा जाना है।" नरेन्द्रनाथ सेठ ने चिल्लाते हुए कहा।

"देखो जी, आप गुस्सा होकर घर से न जाओ। नाश्ता तैयार है। आकर खा लो।" अमिता ने नाश्ता मेज़ पर रखते हुए मृदु स्वर में उत्तर दिया।

एक कोर पराँठे की तोड़कर जैसे ही नरेन्द्रनाथ ने मुख में रखी कि सप्तम स्वर में चिल्ला उठा, "ये नाश्ता है या तेरा सर है? पराँठे में नमक देखा कितना है! जहर है जहर, हरामजादी कुछ बनाना भी नहीं जानती।" इतना कह प्लेट उठा पूर्ण शक्ति से उसे सामने वाली दीवार पर दे मारा सेठ ने और अपना बैग उठा द्वार से बाहर बड़बड़ाता हुआ चला गया। अमिता स्तब्ध सी खड़ी अश्रुपूर्ण नेत्रों से सब देखती रही।

'कब तक मैं यह सब सहन करती रहूँगी, कब तक? सहन करने की भी कोई सीमा होती है। धनलोलुप माँ-बाप ने तो बड़ी आयु का जमाता ढूँढ़ढाँढ़, देने के स्थान पर उल्टा उसी से धन ऐंठ अपने कर्तव्य की इतिश्री समझ ली। ये सेठ अपने आपको मेरा अन्नदाता पालनहार समझता है। माना कि मुझे किसी वस्तु का अभाव नहीं। चाहे जो भी खरीदूँ, चाहे जो भी पहनूँ। पर यह अपमान तिरस्कार क्या कम है कि जब सेठ के मन में आए कुत्ते जैसे लताड़ दे या नगाड़े जैसे पीट दे? गालियाँ जब चाहे तो चुन-चुनकर दे और यदि मैं मुख खोलूँ तो मेरी धुनाई कर डाले। मैं यह घर छोड़ चली जाऊँगी पर जाऊँगी कहाँ? कभी माँ के पास चले भी जाओ तो कहेगी—बेटियाँ ससुराल में ही शोभा देती हैं चाहे उनकी वहाँ से अर्थी ही क्यों न उठे। पढ़ाया भी अधिक नहीं माँ-बाप ने।' एक दीर्घ श्वास छोड़ा अमिता ने। मन-मस्तिष्क को झटक उठ खड़ी हुई वह, 'हूँ! मैं क्यों पागल हो रही हूँ सोच-विचार में? सेठ का तो स्वभाव

ही ऐसा है। एक गुस्सा ही तो करता है न और तो कुछ नहीं कहता। सस्ता सौदा है यह—हर सुविधा के बदले केवल डाँटडपट।' मन-ही-मन यह निश्चय कर कि एक कान से सुन दूसरे से भविष्य में अमिता हर बात निकाल देगी, अति प्रसन्न हुई वह। उसने उठकर स्नान किया, मूल्यवान साड़ी पहनी, जड़ाऊ आभूषण पहन सजधज के मालती को द्वार बन्द करने के लिए कह, स्वयं अपनी एक मित्र के घर की ओर चल पड़ी।

"आज तो सवेरे ही सवेरे चाँद निकल आया।" नन्दनी ने द्वार खोलते हुए चुहल की अमिता के संग।

"अरे नहीं, सेठ साहब बिजनेस के चक्कर में आगरा गए तो मैंने सोचा अपनी प्रिय सखी को ही मिल आऊँ।" प्रसन्नवदना अमिता बोली।

"क्यों बाल गोपाल कहाँ हैं?" नन्दनी ने पूछा।

"उनको मेरी आवश्यकता ही क्या है?" अमिता ने तनिक व्यंग्यपूर्ण स्वर में कहा।

"आलू का पराँठा खाएगी?" नन्दनी ने विषय परिवर्तित करते हुए कहा।

"खा लूँगी," अमिता के मुख पर कुछ समय पूर्व हुई कलह का लवलेश मात्र भी न था।

"अभी बनाती हूँ गर्मागर्म।"

"और सुन," अमिता बोली।

"क्या?" नन्दनी ने पूछा।

"गर्मागर्म कॉफ़ी भी पिला।"

"वह भी बना कर लाई।"

"आज तेरी फत्तो दिखाई नहीं दे रही।" अमिता बोली।

"कौन फत्तो?" नन्दनी ने कहा।

"वही तेरी कलूटी कामवाली गन्दी सी छोरी।" अपनी ओर से अमिता मजाक कर रही थी।

"वह काले होने से ही गन्दी हो गई क्या?" हतप्रभ सी नन्दनी ने कहा।

"हम काले हैं तो क्या हुआ दिलवाले हैं।" उल्टा सीधा हँसी-मजाक अत्यधिक भाता था अमिता को।

"अमि, किसी का उपहास उड़ाना बुरी बात है?" नन्दनी ने कोमल स्वर में कहा।

"ये बातें तो केवल उपहास का बहाना मात्र हैं। मैं तो अपना हृदय हल्का करती हूँ इसी प्रकार की बातें करके। किसी का दिल दुःखाने से मेरा कोई सरोकार नहीं है।" अमिता ने तनिक गम्भीर स्वर में कहा।

"क्यों क्या हुआ अमि?" नन्दनी ने व्याकुल स्वर में पूछा।

"कुछ नहीं हुआ।" अमिता बोली।

"कुछ तो है तुम्हारे नयन मेल नहीं खा रहे तुम्हारे मुख के संग।" नन्दनी ने मधुर मुस्कान के साथ कहा।

"ऐसी कोई बात नहीं।" अमिता बोली।

"वैसी बात ही बता दो।" नन्दनी ने कहा।

"पहले जलपान कर लेते हैं फिर बताऊँगी।" अमिता बोली।

जलपान करते हुए अमिता ने प्रातः की घटना आद्योपान्त बता डाली सखी को। "नन्दनी, ऐसी ही उल्टी-सीधी बातें कर मन का सब सन्ताप भूल जाती हूँ। नहीं तो इतना अपमान, तिरस्कार सहन कर कोई नारी नहीं जी सकती।" अमिता ने जलपान समाप्त कर कुर्सी से उठते हुए कहा।

"पर अमि..." नन्दनी को मध्य में ही टोकते हुए अमिता बोली, "अरे, पर वर कुछ नहीं नन्दनी। वे लोग वो हैं जो कभी नहीं सुधरेंगे। मैं तो ऐसे ही अब एक कान से सुन दूसरे से निकाल हँसी मजाक में जीवन बिता दूँगी। अपना और सहारा कौन है? कहाँ जाऊँगी और मैं?"

एक दिवस नीलिमा अत्यधिक मधुर स्वर में अमिता के संग वार्तालाप में मग्न थी। साथ में थीं उसकी सखियाँ मदिरा, वनमाला व महुआ। एकाएक महुआ बोली, "आंटी, अब तो नीलिमा नौकरी करने हैदराबाद जाएगी।"

"क्या?" अमिता का मुख आश्चर्य से खुला रह गया।

"इसमें इतना हैरान होने की कौन सी बात है? जवान लड़की है। नौकरी करने बाहर जा रही है।" मुँहज़ोर मदिरा ने मदालस हँसी हँसते हुए कहा।

"मैं भी इसके साथ जा रही हूँ।" नवीना ने घुटने पर ऊँची स्कर्ट को खींचने का असफल प्रयत्न करते हुए कहा।

"मम्मी, हम आज डिनर पर बाहर जा रहे हैं। बाहर का दरवाज़ा खोलकर रखना। रात देर से आएँगे।" इतना कह नीलिमा द्वार खोल सखियों के संग बाहर चली गई। अमिता की मनःस्थिति की ओर किसी ने ध्यान देने का कष्ट नहीं किया।

"जब अपनी पुत्री ही कुपुत्री हो तो किसी और को दोष देना व्यर्थ है।" अमिता ने दीर्घ श्वास छोड़ा।

प्रातः जलपान करते समय नीलिमा ने पिता से कहा, "पापा, मैं नौकरी करने हैदराबाद जा रही हूँ।"

"क्यों, तुझे नौकरी की क्या आवश्यकता है?" सेठ ने आश्चर्यपूर्ण स्वर में पूछा।

"मैं आत्मनिर्भर बनना चाहती हूँ।"

"कितना वेतन मिलेगा?"

"चार हज़ार रुपये महीना।"

"तेरा क्या बनेगा चार हज़ार से?"

"मेरा सब कुछ बन जाएगा।" नीलिमा तनिक क्रुद्ध स्वर में बोली।

"सात-सात हज़ार रुपये तो मैं अपने नौकरों को वेतन दे देता हूँ। कहीं जाने की आवश्यकता नहीं है।" सेठ ने कहा।

"आप चाहे तो नौकरों को दस-दस हज़ार वेतन दे दें। पर मैं हैदराबाद अवश्य जाऊँगी।" नीलिमा त्रिया हठ पर उतर आई।

"तू नहीं मानेगी।" सेठ ने कहा।

"नहीं," हठी नीलिमा ने हठीले स्वर में कहा।

"मैं तेरी हड्डी-पसली तोड़ दूँगा।" सेठ दहाड़ा।

"हाथ तो लगा के दिखा बूढ़े, तेरे हाथ तोड़ दूँगी।" नीलिमा सप्तम स्वर में दहाड़ी।

"क्या कहा तूने!" सेठ विवेकहीन हो रहा था।

"बूढ़ा कहा और क्या कहती?" निरुपम मुस्कराया विद्रूप भरी मुस्कान।

"तेरी तो मैं खाल खींच लूँगा।" ऐसा कहते हुए सेठ ने प्लेट उठा नीलिमा की ओर फेंकी। नीलिमा झुक गई और उठकर द्रुतगति से बाहर भागी। उसके पीछे-पीछे सेठ भागा व सेठ के पीछे निरुपम व लालिमा भागे।

"अरे कोई पुलिस बुलाए। बूढ़ा मुझे मार देगा।" नीलिमा बुक्का-फाड़ रो पड़ी। सेठ के उठे हुए हाथ को निरुपम ने मरोड़ दिया। लालिमा लाल-लाल नेत्र दिखा बोली, "अरे शराबी बुड्ढे, तेरे जीवन में हम टाँग अड़ाते हैं जो तू हमारी जिन्दगी में जहर घोलता रहता है।"

"चल लाली, हम यह घर अभी छोड़ देते हैं। शराबी बुड्ढे के मुँह मत लग।" वितृष्णा से नीलिमा बोली व लालिमा का हाथ पकड़ चली गई। निरुपम भी रक्तिम नयन किए जनक को जी भर कोस चला गया। जनसमुदाय बिना टिकट के नाटक देख रहा था। अमिता द्वार पकड़ किंकर्तव्यविमूढ़ सी खड़ी थी। सेठ हारे हुए जुआरी तुल्य धीरे-धीरे चलकर अमिता के पास जा खड़ा हुआ और फिर दोनों ने निःशब्द द्वार बन्द कर लिया।

आज नीलिमा को हैदराबाद गए दो मास व्यतीत हो गए थे। लालिमा व निरुपम को तो अमिता चार दिवस पश्चात् ही उनके साँझे मित्र गौतम के घर से मनाकर अपने घर ले आई थी।

एक दिन गोधूलि वेला में दूरभाष की घण्टी टनटना उठी। अमिता ने रिसीवर उठाकर 'हेलो' कहा।

"मैं हूँ मम्मी," लाड़पूर्ण स्वर नीलिमा का था।

"कैसी है बेटी तू?" अमिता ने पुलक मन से कहा।

"मैं मज़े में हूँ माँ।"

"कुछ चाहिए बेटी?"

"हाँ माँ, मेरे कुछ कपड़े, गैस और बर्तन, बिस्तर भेज दो।" नीलिमा की आवाज थी।

"मैं स्वयं देने आ जाऊँगी।" अमिता ने कहा।

"कब आ रही हो?" नीलिमा बोली।

"शीघ्र ही। आने से पहले फोन करूँगी। हाँ, तेरे पापा बहुत याद करते हैं तुझे। तुझे तो मालूम ही है उनका गुस्सा सोडावाटर जैसे होता है। तू उनसे क्षमा माँग ले।" अमिता ने आगे बात बढ़ाते हुए कहा, "अपना फोन नम्बर भी लिखवा दे।"

"माँग लूँगी। पहले मेरा पता और फोन नम्बर लिख लो।" नीलिमा का स्वर था।

"लिखा नीलू," अमिता ने कहा।

तीन दिवस पश्चात् ही येन-केन-प्रकारेण सेठ को मना, अमिता लालिमा के संग नूतन डगर की ओर चल पड़ी। हैदराबाद में एक विशाल कोठी में नीलू ने द्वितीय खण्ड पर एक विशाल कक्ष नाममात्र के किराए पर लिया हुआ था। उस कोठी के स्वामी ए. के. देशमुख अत्यधिक शिष्ट, सभ्य व धर्मभीरु मनुष्य थे। वैसी ही उनकी पत्नी थी जैसे वह स्वयं थे। वे स्वयं जाई कन्या तुल्य स्नेह करते थे नीलू को। रात्रि भोजन नीलू उनके संग ही करती व दूरभाष का प्रयोग भी वह निश्चिन्त हो करती। नीलिमा भद्रता का मुखौटा हर समय लगा देशमुख दम्पती को मिलती। नीलू प्रसन्न थी कि समस्त सुविधापूर्ण आवास नाममात्र के किराए पर मिला हुआ है। देशमुख दम्पती प्रसन्न थे कि कुछ साथ तो मिला, चाहे अल्प समय के लिए ही मिला। अमिता वाक्पटु तो थी ही अतः देशमुख दम्पती उससे व उसकी दुर्वासा कन्या से भी प्रसन्न था क्योंकि लालिमा का क्रोध नयनों की गहराइयों में खोया हुआ था भ्रमण करते समय। इस प्रकार एक सप्ताह रह माँ बेटी प्रसन्नवदना लौट आईं।

पाँच मास पश्चात् पुनः अमिता व लालिमा हैदराबाद गईं। अब नीलिमा निपट एकाकी थी हैदराबाद में क्योंकि नवीना को नवीन नौकरी का मोटा चुग्गा बम्बई नगरी खींच ले गया था।

शनिवार व रविवार को नीलिमा का अवकाश होता था। एक दिवस अमिता व लालिमा उसके कार्यालय चली गईं। नीलिमा ने अपने विशिष्ट अधिकारी नरोत्तम नायडू से उन्हें मिलाया, "सर, ये मेरी मम्मी व सिस्टर हैं। देहली से आई हुई हैं।"

"अचा-अचा," नायडू अचकचाकर बोला।

"क्या मैं आज ऑफिस से जल्दी..." नीलिमा को मध्य में ही टोकते हुए नायडू ने कहा, "हाँ-हाँ तुम ज जा सकता है। नीलू, कल रात का डिनर हमारे सात।" महामूर्ख तुल्य आँखे झपकते हुए, हकलाते हुए नायडू ने कहा।

"सर क्या मैं ऑफिस की गाड़ी..." नीलिमा ने जान-बूझकर वाक्य अधूरा छोड़ दिया।

"हाँ-हाँ तुम जितने दिन चाहो ऑफिस गाड़ी में मिसेज सेठ और बहि-बहिन को घुमा सकता है।" दानवीर कर्ण बनते हुए नायडू ने कहा।

काला भुजंग नायडू जीवन के पचास वसन्त देख चुका था। जीवन का बहुमूल्य समय उसने अथक परिश्रम कर व्यवसाय को भली प्रकार जमाने में लगा दिया था। आज उसकी गिनती दक्षिण भारतीय नामी गरामी व्यवसायियों में की जाती थी। जब से नीलिमा उसके संस्थान में कार्य करने आई थी, उसके हृदय की सूखी बंजर भूमि में रस का अंकुर फूट पड़ा था। बंजर भूमि प्लावित हो चुकी थी प्रेम रस में। उत्तर भारत की इस कुमारी कन्या के अपार आकर्षण में बँध गए थे नायडू के मन-प्राण। नीलिमा लक्ष्य कर चुकी थी कि नायडू उस पर न्यौछावर हो-हो जाता है। अतः वह भी अकिंचन नायडू को मूर्ख बनाने में लगी रहती।

दूसरे दिवस भी नायडू की कृपा से गाड़ी में तीनों माँ-बेटियों ने जी भर भ्रमण किया। रात्रि भोज के लिए अब वे उसके द्वारे जा पहुँचीं।

"आइए...आ...आ...आइए..." अभ्यर्थना में दोहरा हो-हो जा रहा था नरोत्तम नायडू। मन्द मुस्कान के साथ अमिता लालिमा नीलिमा ने अभिवादन किया। अमिता तो ठगी सी रह गई उसकी विशाल कोठी को देख जिसे हैदराबाद के निजाम के किसी पुत्र से मुँह माँगे दाम पर खरीदा था नायडू ने। कक्ष गवाक्ष, कोष्ठ प्रकोष्ठ, संगमरमर की बनी हुई विशाल प्रतिमा, सलारजंग म्यूजियम के उस संगमरमरी सौन्दर्य से कम न थे। जिसे अमिता व लाली अपलक निहारते रह गई थीं। उस सौन्दर्यमयी के मुख पर झीना अवगुंठन पड़ा हुआ था जिसे शुभ्र झीना आँचल जान अमिता ने स्वकर से हटाने का प्रयत्न किया। 'पर ये क्या!' आश्चर्यचकित रह गई अमिता क्योंकि वह अवगुंठन संगमरमर से ही निर्मित था। नायडू के भव्य भवन की भव्यता देखते ही बनती थी। अति प्रसन्न हुई सेठ कन्याएँ व पत्नी उसके उच्च स्तरीय रहन-सहन से। वे विशाल उपवन के मध्य बनी हुई गुलाबी विशाल कोठी किसी ताल में खिले हुए गुलाबी कमल तुल्य लग रही थी। उसकी अनोखी आभा से नीलिमा भी बहुत प्रभावित हुई।

"ये ऊँचे मीनार, विशाल भवन देख, मेरा तो मन करता है हैदराबाद में ही बस जाएँ।" लालिमा ने लाल-लाल अधर खोल धवल दन्त पक्तियाँ दर्शाते हुए कहा।

"अ...अवश्य...अवश्य," नायडू पुलकित हो-हो जा रहा था। दर्जन भर नौकर चमचमाती वर्दी पहने शिष्ट सभ्य मुद्रा में खड़े थे। पहले बादाम के शरबत से अतिथियों का स्वागत किया गया। कुछ समय पश्चात् सेठ परिवार व नायडू भोजन कक्ष में था। विभिन्न प्रकार के व्यंजनों से क्षुधा को द्विगुणित करने वाली रुचिकर सुगन्ध उठ रही थी। चारों भोजन करने बैठे। हैदराबादी बिरयानी, कबाब, मुर्ग

मुसल्लम न जाने क्या-क्या बना हुआ था आमिष व निरामिष भोजन में। भोजन करते समय नायडू ने पूछा, "आज क्या-क्या देखा मिसेज सेठ?" सदा नहीं हकलाता था नायडू।

"चार मीनार, सलारजंग म्यूजियम।" अमिता ने बताया।

"कैसा लगा?" नायडू बोला।

"लाजवाब अंकल," लालिमा दुष्टता से मुस्कराई। 'अंकल' सम्बोधन से मानो नायडू के मुख पर राख पुत गई पर क्षणांश में उसने स्वयं को सँभाल लिया।

"एक रूमाली रोटी व कोरमा और लीजिए मिसेज सेठ।" नायडू ने कहा।

"नहीं-नहीं मिस्टर नायडू, अब और नहीं।" अमिता ने शिष्ट स्वर में उत्तर दिया।

"कल क्या देखने का विचार है?" नायडू बोला।

"गोलकुण्डा का किला व हुसैन सागर इत्यादि अभी देखना है।" नीलिमा ने उत्तर दिया।

''ऑफिस की गाड़ी ले जाना।" नायडू बोला।

"जी, थैंक्यू सर," नीलिमा ने सभ्य स्वर में कहा।

इस प्रकार हँसते-हँसाते सबने षड्रस भोजन का रस लिया। उनींदे नयनों के संग नीलिमा, लालिमा ने शुभ रात्रि कही, नायडू को। अमिता ने देहली आने का नम्र निवेदन किया अपने उदार अतिथि परिचारक को।

इस प्रकार दो दिवस पश्चात् अमिता व लालिमा वापस देहली लौट गईं। रात्रि व दिवस का चक्र अपनी पूर्ण गति से चलायमान था। शनैः-शनैः दो वर्ष व्यतीत हो गए नीलिमा को हैदराबाद में। हर पखवाड़े में एक बार माँ के संग मनभावन वार्तालाप कर नीलिमा स्वयं निमित्त तीन-चार हज़ार रुपये मँगवा ही लिया करती थी। प्रथम वर्ष तो जैसे-तैसे व्यतीत हो ही गया। पर तत्पश्चात् सेठ ने कहना आरम्भ कर दिया, "क्या यह सन्तान केवल पैसे की ही दोस्त है इनका तो ये हाल है कि तुमने हमें पैदा किया है तो क्या एहसान किया है? पैसे भेजते हो तो क्या एहसान करते हो? यह तो तुम्हारी ड्यूटी है, ड्यूटी। हूँ! सब ड्यूटी मेरी ही है उसकी कुछ नहीं। सदा दुःख दिया इस चुड़ैल ने। कोई पैसा भेजने की ज़रूरत नहीं इसे। इतनी ऐंठ है तो चलाए अपने खर्चे खुद।" बातें करते-करते सेठ का रक्तचाप बढ़ने लगता। अत्यन्त कठिनाई से अमिता उसे शान्त करती। अब अमिता का हृदय भी विदीर्ण हो चुका था पुत्री की कुटिलता देखकर। जब नीलिमा को धन की आवश्यकता होती तो अमिता उसकी पितुमात सहायक स्वामी सखा सर्वस्व होती और जब उसकी आवश्यकता पूर्ण हो जाती तो ऐसा शुष्क व्यवहार वह अमिता से करती मानो वह उसे संसार सागर में क्षणांश पूर्व मिली एक क्षुद्र प्राणी मात्र हो। अमिता का नीलिमा को एक पैसा भी भेजने को मन नहीं करता पर वह तो विवश थी। ऐसे ही रस रंग विहीन दिवस व रात्रि व्यतीत हो

रहे थे कि एक प्रातः एकाएक नीलिमा अमिता के सम्मुख अतिथि कक्ष में आन खड़ी हुई।

अचकचाकर अमिता ने पूछा, "तेरा सामान कहाँ है?"

"मेरा सामान मेरी सहेली के घर ग्रीन पार्क में है।" नीलिमा ने निर्विकार भाव से कहा। अवाक् सी अमिता उसे अपलक निहारते रह गई। कुछ पल ऐसे ही बीत गए। मानो गहन निद्रा से जागते हुए अमिता ने कहा, "क्या! क्या कहा तूने नीलू?" नीलिमा की बातों से कुछ दिवस पूर्व अमिता को लग रहा था कि वह नौकरी छोड़ देहली में आ जाएगी पर ऐसे आएगी, वह न जानती थी।

"मेरा सामान मेरी सहेली के घर ग्रीन पार्क में है।" मन्द-मन्द मुस्काते नीलिमा बोली।

"तो यहाँ क्या मेरी अर्थी को कन्धा देने आई है।" अमिता ने उत्तेजित स्वर में कहा।

"तुझे तो बात करने की भी तमीज नहीं है।" द्वार को खटाक से बन्द कर नीलिमा क्रोधित नागिन तुल्य फुकारती हुई वहाँ से चली गई। अमिता शून्य में निहारती रह गई। न जाने कितना समय व्यतीत हो चुका था कि लालिमा ने उसे झँझोड़कर उठाया, "ऐ मम्मी, तुझे मालूम है नीलिमा देहली आ गई है।"

"हाँ, मुझे मालूम है।" अवरुद्ध कण्ठ से अमिता ने कहा।

"तुम इतनी परेशान उदास क्यों हो?" निरुपम ने कन्धे उचकाते हुए कहा।

"दो वर्ष पश्चात् बेटी देहली लौटी, वह भी पराए घर में।" अमिता ने अश्रु पोंछते हुए कहा।

"तो क्या हुआ?" लालिमा ने आश्चर्य व्यक्त करते हुए कहा।

"अभी कुछ हुआ ही नहीं लाली!" अमिता बोली।

"कुछ नहीं हुआ। मम्मी, यदि नीलू को सहेली के घर रहना अच्छा लगता है तो रहने दो।" लालिमा ने कहा।

"मम्मी नो चिन्ता। नीलू वहाँ मज़े में है।" निरुपम ने जुगाली करते हुए कहा। पाश्चात्य देन चिंगम, चाकलेट का अत्यन्त रसिया था निरुपम।

"तू भी ऐसे कहता है निर्लज्ज! तेरी बहन दूसरे के द्वार पड़ी है।" अमिता ने उत्तेजित स्वर में कहा।

"इसमें लज्जा शरम की क्या बात है? जहाँ उसे अच्छा लगेगा रहेगी।" निरुपम ने निर्लेप स्वर में उत्तर दिया।

"क्या हैदराबाद में नहीं मर सकती थी? देहली में दूसरे के घर में रहकर बाप की नाक काटने आई है नीच, कमीनी।" अमिता का श्वास धौंकनी बन गया था।

"अरे माँ, कहा न कोई चिन्ता न कर। वह वहाँ मज़े में है।" लाली व निरुपम ने सम्मिलित स्वर में उत्तर दिया।

"मेरा एक काम करो बच्चो," हताश स्वर में अमिता बोली।

"क्या काम करना है?" निरुपम बोला।

"अपने पापा को कुछ नहीं बताना।" अमिता ने कहा।

"क्यों," नीरू व लाली वक्र भृकुटि करते हुए बोले।

"वह यह सन्ताप सहन नहीं कर सकेंगे कि एक ही शहर में रहते हुए उनकी बेटी दूसरे के घर में रहे।" अमिता ने आहत स्वर में कहा।

"हम पापा को कुछ नहीं बताएँगे।" नीरू बोला।

"मैं भी नहीं बताऊँगी।" लाली बोली।

"और मैं भी चुप रहूँगी।" अमिता ने दीर्घ श्वास छोड़ते हुए कहा।

शनैः-शनैः नीलिमा को देहली आए बीस दिवस बीत गए। एक रात्रि क्रोधित वृषभ सम हुंकारते हुए सेठ ने घर में प्रवेश किया। अमिता के प्राण कण्ठ तक आ गए। "तू कहाँ मर गई है हरा... ।" शेष शब्द क्रोध के कारण सेठ के कण्ठ में ही घुमड़ कर रह गए।

"मैं यहाँ हूँ जी, रसोई घर में।" प्राणप्रण से स्वर को मधुर बनाते हुए अमिता बोली।

"रसोई की बच्ची! तूने मेरे से यह क्यों छुपाया कि तेरी वह कमीनी बेटी अपनी सहेली के साथ अकेली रहकर गुल खिला रही है।" सप्तम स्वर में चिल्ला उठा सेठ।

"मुझे कुछ...कुछ नहीं मालूम," दीनहीन स्वर में अमिता बोली।

"फिर झूठ बोला तूने हरा...बेहया औरत, अपनी गन्दी औलाद को खुद ही बरबाद करने में सबसे आगे-आगे है। खा मेरी कसम कि तुझे नहीं मालूम तेरी बेहया लड़की देहली में गुलछर्रे उड़ा रही है।" सेठ ने विषैले स्वर में कहा।

अमिता नतमुखी मौन खड़ी रही। कैसे झूठी सौगन्ध खाए वह पति की?

"अब साँप क्यों सूँघ गया? बोल क्यों नहीं फूटते तेरे नीच औरत? तूने मेरे मुँह पर कालिख पोत दी। आज मेरे एक दोस्त ने मुझे यह बताया कि मेरी आवारा शहजादी सरेआम मेरी इज्जत उछालती एक आवारा से लड़के के साथ कनाट प्लेस में घूम रही थी।" आग्नेय नेत्रों से पत्नी को घूरते हुए सेठ गुर्राया।

"मैं क्या कर सकती हूँ? तुम ही बताओ, तुम क्या कर सकते हो? बेटा भी तुम्हारा और बेटियाँ भी तुम्हारी हैं, इस औलाद को पीछे से नहीं लाई हूँ मैं। जब खुद बाप ही शराब पीकर आधी रात के बाद घर आता है तो औलाद क्या सीखेगी? क्या ये धींगड़े तुम्हारा कहना मानते हैं? क्या ये तुम्हारे से डरते हैं? मैंने केवल इसलिए तुम्हें नहीं बताया था कि तुम्हारी तबीयत ज़्यादा खराब न हो। जैसे ही वह निर्लज्ज छोकरी घर आई थी, मैंने उसे अलग रहने के लिए डाँटा था। मेरी डाँट का यह असर हुआ कि वह उसी समय घर से चली गई। तुम हर समय मुझमें ही कीड़े डालते रहते हो। वह दिन भूल गए जब छोटे नीरू को तुम शराब यह कहकर कि यह बच्चे को 'हैल्दी'

करती है, लाड़पूर्वक पिलाते थे। अब वह भी तुम्हारी तरह पक्का पियक्कड़ बन चुका है। तुम्हारी मधु मक्खियाँ तो मुझे दूर से ही डंक मारती हैं। मैं क्या करूँ? मुझे मारना चाहते हो न, लो मार लो, मैं खड़ी हूँ तुम्हारे सामने। हूँ! आप मियाँ फसीहत औरों को नसीहत।" अपमानित नारी क्रुद्ध नागिन तुल्य फुँकार उठी। अमिता का सम्पूर्ण भय तिरोहित हो चुका था। सेठ ने आज एक नवीन रूप का ही दर्शन किया था अमिता में। सेठ को स्मरण हो आया कि पितामह कहा करते थे भूखी शेरनी, क्रुद्ध नागिन व अपमानित नारी से सदा बचना चाहिए। और फिर अमि कह भी कहाँ गलत रही है—ये गन्दी औलाद जो न करे सो थोड़ा है। मदमस्त सा सेठ शैया पर पसर गया। आधी रात के बाद उसने शीतल पाटी पर सोई हुई अमिता को जगाकर कोमल स्वर में कहा, "अमि कुछ खाने को दे। मैं बहुत भूखा हूँ और तू अपना खाना भी ले आ।" निःशब्द अमिता रसोईघर से एक थाली में भोजन परोस कर ले आई।

"तेरा खाना कहाँ है?"

"मुझे भूख नहीं है।"

"नहीं तू खाना लेकर आ। हम दोनों साथ-साथ खाएँगे।"

"नहीं, मुझे भूख नहीं।"

"यदि तू खाना नहीं लाएगी तो मैं भी नहीं खाऊँगा।"

"अच्छा, मैं लाती हूँ।"

"हाँ, अब मेरे पास अपनी थाली लेकर बैठ। खाना भी खाती जा और मेरी बात भी ध्यान से सुनती जा।"

"कहो, क्या बात है?" चावल में साग मिलाते हुए अमिता ने कहा।

"तू जानती है न—मैं बिजनेस करता हूँ।"

"यह भी कोई पूछने की बात है।" अमिता बोली।

"हाँ, यह भी पूछने की बात है। पहले हमें माल बनाना पड़ता है और फिर खरीदार ढूँढ़ना पड़ता है। माल बिक गया तो ठीक नहीं तो मिट्टी के मोल माल बेचना पड़ता है। एक व्यापारी की जिन्दगी 'टेंशन' से भरी होती है समझी न।"

"हाँ, मैं यह समझ रही हूँ।"

"तू जानती है मजदूर क्लास से काम लेना आसान नहीं है। उन्हें पीना पिलाना पड़ता है या कभी खरीदारों को भी खुश करना पड़ता है। दिन भर का थकाहारा मैं पी भी लेता हूँ तो क्या हुआ? अब यह आदत नहीं छूटने की। बता मैं बच्चों के लिए कहाँ से समय लाऊँ? घर का खर्चा, नौकरों का खर्चा, लड़कियों की शादी का खर्चा सिर पर खड़ा है, मैं अकेला क्या-क्या करूँ?" हताश स्वर में सेठ ने कहा।

"मैं तुम्हारी हालत समझ रही हूँ।" अमिता शान्त स्वर में बोली।

"माँ ही सन्तान को अच्छे-बुरे संस्कार देती है। चलो, छोड़ो, ये बातें। एक बार नीलू को और समझाओ।" सेठ बोला।

"कोई लाभ नहीं। वह घर रहने नहीं आएगी।" अमिता की बात सुन नरेन्द्र नाथ सेठ को कोई विशेष अचम्भा नहीं हुआ। वह अपनी बिगड़ैल धींगड़ी को पूर्ण-रूपेण जानता था, समझता था।

"एक काम करो अमि।" सेठ बोला।

"क्या करूँ? बताओ," अमिता ने निराश स्वर में कहा।

"पहले मेरी कसम खाओ।"

"क्यों?"

"जैसे मैं कहता हूँ वैसे ही करो।"

"अच्छा, मैं आपके कहे अनुसार चलूँगी।"

"नहीं, मेरी कसम खाओ," अड़ियल घोड़ी सम अड़ गया सेठ।

"अच्छा बाबा, तुम्हारी कसम खाती हूँ जैसे तुम कहोगे मैं वैसे ही करूँगी।"

"उस नीच लड़की को कभी एक पैसा भी न देना।"

"अच्छा नहीं दूँगी।"

"तू जानती है न यह बच्चे केवल माया के मित्र हैं माया के।" सेठ ने कहा।

"अब तो पूरी तरह से जान गई हूँ।"

"तो अब नीलू की बच्ची को मेरी कमाई की एक पाई भी न दे। हाँ, यदि वह विवाह करवा लेती है तो जो जी चाहे उसे दे।" सेठ बोला।

"करवाएगी शादी तब न। तुम्हें भी तो कैसा टका सा जवाब दे चुकी है वह मुँहफट।" हृदय की भड़ास निकालते हुए अमिता ने कहा।

"तू कहती तो ठीक है।"

"बोलो, अब मैं उसे क्या कहूँ?"

"अब कुछ कहना नहीं केवल देखना है, देखना।"

कभी आशा में, कभी निराशा में समय व्यतीत होने लगा अमिता का। नीलिमा एक विज्ञापन संस्थान में कार्यरत थी व पूर्ववत् ग्रीन पार्क में अपनी एक सखी के साथ रह रही थी। लालिमा का तीसरा या चौथा प्रेम प्रसंग चल रहा था। नीलिमा व लालिमा का परस्पर सम्बन्ध अच्छा ही था। नीलिमा तब कभी-कभार घर आ जाती जब सेठ देहली से बाहर गया होता। अमिता सन्तान से विमुख न हो सकी। सेठ की सौगन्ध के कारण वह लालिमा को पैसे देती व लालिमा नीलिमा को दे देती। निरुपम का साथ तो था ही दिल फेंक बिगड़े शहजादों का। सेठ परिवार की डगमग-डगमग डोलती नैया का खेवनहार केवल वह निपट एकाकी परम पिता परमात्मा ही था।

अमिता उस मिट्टी से गढ़ी हुई नहीं थी कि जो दूसरों के दुःख को या स्वयं की सन्तान के दुःख को ही सर्वोपरि माने। वह पहले जैसे ही सन्तान की धन से अभिलाषा पूर्ण कर अपने कर्तव्य की इति श्री समझती। अब और भी तो कई काम थे उसे—किट्टी पार्टियाँ, ताश खेलना, कीर्तन करना व सखी समुदाय पर अपनी समृद्धि

व अधकचरे ज्ञान का प्रभुत्व जमाना। वह अपनी कीर्तन मण्डली की अगुआ थी। ज्योत्स्ना जैसी सखी के संग रहने पर भी उसमें तनिक भी परिवर्तन नहीं आया था। ज्योत्स्ना ने भी तो उसे बहुत बार समझाया था कि सन्तान को व्यर्थ धन देकर न बिगाड़े पर अमिता को तो अत्यधिक गर्व प्रतीत होता था सन्तान को अत्यधिक धन देकर व अपने वैभव का प्रदर्शन करने से। अमिता के निकट स्वार्थी मित्रों की भरमार थी। आजकल उसकी विशेष कृपा पात्री थी श्रीमती नीरा निरूला जो हर समय अपने वैधव्य का रोना रोती रहती थी उसके सम्मुख। उस अकिंचन पर इतनी कृपा थी अमिता की कि पति से चोरी-चोरी नीरा की कन्या के विवाह में उसने रंगीन टेलीविजन दे दिया। अब उसको उदरशूल हो रहा था कि अपने इस उदार हृदय की विशालता का वर्णन किस के सम्मुख करे। नीरा ने तो उससे करबद्ध प्रार्थना की थी कि किसी भी प्रतिवेशनी महिला को वह यह न बताए कि नीरा की पुत्री के विवाह में उसने रंगीन टेलीविजन उपहार में दिया है। सो बिल्ली के भाग्य से छीका टूटा। एक दिवस जब ज्योत्स्ना अमिता के घर आई तो अमिता गल्पगुच्छ सजाने लगी उसके सम्मुख "अब तू ही बता, बेचारी नीरा कहाँ दे सकती थी बेटी को रंगीन टेलीविजन सो मैंने दे दिया।" दर्पपूर्ण स्वर में अमिता ने कहा।

"क्या रंगीन टेलीविजन दहेज में देना अति आवश्यक था?" ज्योत्स्ना ने आश्चर्य मिश्रित स्वर में पूछा।

"जरूरी क्यों नहीं था टेलीविजन देना?" अमिता ने महामूर्खा की भाँति आँखें झपकाते हुए कहा।

"अमि, हर जनकगण अपनी सामर्थ्यानुसार अपनी कन्या का विवाह करता है। धन का उत्कोच केवल नरनुमा भेड़िया ही ला सकता हैं योग्य वर नहीं।" ज्योत्स्ना ने संयत स्वर में कहा।

"टेलीविजन तो आजकल सब देते हैं जी।" अमिता पुनः मूर्खा की भाँति बोली।

"ठीक है यदि कुछ देना भी है तो दो। अब बखान करने से क्या मिलता है?" एकाएक ज्योत्स्ना के मुख से ये शब्द निकल गए।

"मैं बखान कहाँ कर रही हूँ? जाया, मैं तो तुम्हें केवल बता रही हूँ कि मैंने इतनी कीमती चीज़ दी है नीरा की बेटी को।" पुनः दर्प का फन फैल गया। कुछ क्षण पश्चात् अमिता पुनः बोली, "अजी दिल बिना नहीं दिया जा सकता किसी को और तू तो जानती है ना मेरे दिल को।"

ज्योत्स्ना ने मौन रहना ही श्रेयस्कर समझा। नीरा हर समय स्तुतिगान में लगी रहती अमिता के और अमिता उसकी हर स्तुति पर पुलकित हो-हो कुछ न कुछ दर्प के चूर में लिपटा हुआ उपहार उसके सम्मुख फेंकती रहती। ज्योत्स्ना को ये सब तनिक भी रुचिकर नहीं लगता था। वह कभी-कभार ही जाती थी अमिता के घर—वो भी उसके बारम्बार बुलाने पर। इसी प्रकार समयचक्र चलायमान था।

6

आज क्षमा जोगलेकर व लक्ष्य लखनपाल का विवाह हेतु न्यायालय में आवेदन पत्र देने का समय पूर्ण हो चुका था। मल्हार ने एक वकील का प्रबन्ध भी कर लिया था ताकि क्षमा व लक्ष्य का विवाह भली प्रकार सम्पन्न हो सके। मंगलवार चार बजे के लगभग विवाह हो जाएगा, ऐसा वकील ने मल्हार को बताया था। मल्हार ने दूरभाष पर लक्ष्य से रविवार प्रातः ही बात की।

"हैलो, लक्ष्य कैसे हो?"

"ठीक हूँ भैया, नमस्कार," लक्ष्य ने चहकते हुए उत्तर दिया।

"आज मैं अति प्रसन्न हूँ।" लक्ष्य को मल्हार ने भी प्रफुल्लचित्त कहा।

"वह क्यों?"

"बूझो तो जाने," मल्हार ने नाटकीय स्वर में कहा।

"अजी भैया, पहेलियाँ बूझने का काम हम कभी नहीं करते। हमें तो अब शीघ्र बता दो अपने प्रसन्नचित्त होने का भेद।" लक्ष्य ने जिज्ञासु स्वर में विनय का पुट देते हुए कहा।

"बताऊँ," मल्हार बोला।

"प्लीज, बता दीजिए न।" विनीत स्वर गूँज उठा लक्ष्य का।

"तो सुनो, मंगलवार तुम्हारा व क्षमा का विवाह होना निश्चित हुआ है न्यायालय में। तुम सोमवार प्रातः ही यहाँ पहुँच कर मुझे फोन करो।" मल्हार ने कहा।

"बहुत-बहुत धन्यवाद भैया, मैं आपका बहुत ही आभारी हूँ।" लक्ष्य के हृदय से यह उद्‌गार फूट कर निकले।

"यह तो मेरा कर्तव्य है लक्ष्य, आभारी होने की क्या बात है इसमें।" पुलकित स्वर में मल्हार बोला।

"भैया, भाभी व क्षमा सब ठीक हैं न।" लक्ष्य ने कहा।

"हाँ लक्ष्य सब ही मंगलमय जीवन व्यतीत कर रहे हैं।" मल्हार ने प्रसन्नचित्त कहा।

"अच्छा भैया, सोमवार बारह बजे के लगभग मैं आपको फोन करूँगा।" लक्ष्य बोला।

"अच्छा लक्ष्य," इतना कहकर मल्हार ने सम्बन्ध विच्छेद कर दिया।

लक्ष्य के नयनों से निद्रा देवी अति दूर थी। अतीत के वातायन से लक्ष्य को क्षमा के साथ उसका प्रथम मिलन चलचित्र की भाँति दिखाई दे रहा था। शिमला के मालरोड पर एक अति सुहावनी सन्ध्या अपना अनुपम सौन्दर्य चहुँदिक् फैलाकर स्मित हास्य बिखेर रही थी। भादों मास समाप्त हुए भी एक पखवाड़ा व्यतीत हो चुका था। पत्ता-पत्ता, बूटा-बूटा, लता वृक्षों की हरीतिमा, सब मनभावन लग रहे थे। नीलाकाश

भी मानो पुलक-पुलक कर जा रहा था। ऐसे मदमस्त समय लक्ष्य भी जीन्स की दोनों जेबों में हाथ डाले मस्ती में आकण्ठ डूबा मालरोड पर घूम रहा था। एकाएक प्रकृति प्रिया ने अपनी भृकुटि वक्र की। जाने कहाँ से गर्जन-तर्जन करता हुआ झंझाझकोर आ गया। नीरद माला भी शून्य नभ की नीलिमा को ढक चुकी थी। प्रकृति बाला का वक्र भृकुटि विलास देख, समस्त प्राणी अपने-अपने नीड़ों की ओर शीघ्रतापूर्वक जा रहे थे। क्षमा भी निपट एकाकी मालरोड पर घूम रही थी। उसकी प्रिय सखी ने उससे वहाँ मिलने को कहा था। सखी तो न आई आ गया वेगवती वायु संग अंधड़। क्षमा जैसे-तैसे मालरोड से उतरकर 'कार्ट रोड' पर आई तो मानो वह स्मृति भ्रष्टा बन गई। प्रकृति प्रकोप के कारण वह अत्यधिक भयभीत हो चुकी थी। ऐसे समय में धूमकेतु-सा लक्ष्य अधरों पर मधुर मुस्कान लिये उसके सम्मुख जब आन खड़ा हुआ तो वह क्षमा को एक देवदूत सम ही दिखाई दिया।

"क्या मैं आपकी कुछ सहायता कर सकता हूँ?" शिष्ट मृदु स्वर में लक्ष्य ने क्षमा से कहा।

"मैं कैसे अपने घर जाऊँ?" अबोध शिशु तुल्य क्षमा ने प्रश्न का उत्तर प्रश्न में ही दिया।

"यदि आप चाहें तो मैं आपको आपके घर छोड़ आता हूँ।" लक्ष्य ने मधु पगे स्वर में कहा।

"हाँ-हाँ चलिए, मुझे घर छोड़ने।" क्षमा ने अधीर स्वर में अधीरतापूर्वक आगे पग रखते हुए उत्तर दिया। अभी क्षमा एक ही पग चली थी कि वेगवती वायु संग शिलावृष्टि भी आरम्भ हो गई। लक्ष्य ने क्षमा का कर कोमलता से थाम निकट के 'बसस्टाप' में जाकर शरण ली। भयभीत मृगी सादृश्य क्षमा काँपते हुए खड़ी थी। दामिनी की दमक में रूपसी का कुम्हलाया हुआ मुख लक्ष्य ने स्पष्ट रूप से देखा। क्षमा पर दृष्टिपात करते हुए उसने कोमल स्वर में कहा, "यदि आप अन्यथा न लें तो एक बात कहूँ।"

"कहिए," क्षमा ने संकोची स्वर में उत्तर दिया।

"हमारा घर इधर निकट ही है। केवल पाँच-सात मिनट में हम वहाँ पहुँच जाएँगे। आप मेरे साथ मेरे घर चलिए। जैसे ही मौसम ठीक होगा, मैं आपको आपके घर छोड़ आऊँगा।" लक्ष्य ने शिष्ट स्वर में कहा।

"जी...पर..." क्षमा दुविधा में पड़ी थी।

"देखिए, मेरे घर में अर्थात् हमारे घर में माँ-पापा एक छोटी बहिन भी हैं। यदि आप वहाँ जाकर अपने घर फोन करना चाहें तो वह भी कर सकती हैं। अभी न जाने मौसम कब सुधरे।" लक्ष्य ने क्षमा को समझाते हुए कहा। प्रकृति प्रिया का नृत्य कुछ-कुछ शिथिल हो चुका था। शिलावृष्टि भी रुक-रुक थम-थम हो रही थी। क्षमा ने क्षणांश में निर्णय लिया और लक्ष्य को चलने के लिए कहा। उतराई भरे पथ पर

दोनों मूक-बधिर से जा रहे थे। तिमिराच्छादित रात्रि में क्षमा ठोकर खाकर गिरने लगी तो लक्ष्य के बलिष्ठ हाथ ने उसकी मृणाल सम भुजा को थाम लिया। वह सहमी सकुचाई-सी पलांश के लिए लक्ष्य के विशाल वक्षस्थल से लग गई पर जैसे ही उसके वक्षस्थल से लगी थी वैसे ही दूर हट गई। अब वे दोनों लक्ष्य के घर के निकट आ चुके थे। सम्पूर्ण घर गहनतम अन्धकार में डूबा हुआ था। इस समय चहुँदिक् अन्धकार का ही साम्राज्य था। कहीं भी 'लाइट' नहीं जलती दिखाई दे रही थी। 'कालबेल' बजाने का कोई औचित्य न था सो लक्ष्य ने द्वार की साँकल बजाई। साँकल बजने का स्वर सुन लक्ष्य की जननी ने हाथ में मोमबत्ती थामे द्वार खोला। जैसे ही लक्ष्य के संग एक रूपसी ने घर में प्रवेश किया तो जननी ने प्रश्नसूचक दृष्टि अपने पुत्र पर डाली। सद्यस्नाता-सी रूपबाला मुख उठा चकित मृगी-सी अतिथि कक्ष की हर प्राचीर को निहार रही थी। उधर प्रकृति प्रिया पुनः द्विगुणित वेग से नृत्य करने में लीन हो गई। सुदूर गगनचुम्बी पर्वत विशाल निशाचर तुल्य दृष्टिगोचर हो रहे थे थम-थम दमकती हुई दामिनी के प्रकाश में। लक्ष्य ने माँ का आशय समझ माँ को बताया कि इस कुवेला में यह लड़की निपट एकाकी कार्ट रोड पर असहाय-सी खड़ी थी तो वह उसे अपने साथ घर ले आया।

"क्या नाम है बेटी तुम्हारा?" कोमल स्वर में लक्ष्य की जननी ने पूछा।

"मेरा नाम क्षमा, क्षमा जोगलेकर है माँ।" क्षमा ने मधु पगे बैन बोले।

"कहाँ रहती हो?" पुनः लक्ष्य की जननी ने मृदु स्वर में पूछा।

"यहाँ से अधिक दूर नहीं है हमारा घर माँ," क्षमा ने बात आगे बढ़ाते हुए कहा, "मैं आप सबकी अति आभारी हूँ जो इस विपत्ति वेला में मेरी सहायता की है।"

"भैया, माँ, आप किसके साथ बातें कर रहे हो?" ऐसे कहते हुए प्रमदा ने अतिथिकक्ष में प्रवेश किया। जैसे ही उसकी दृष्टि आगन्तुका पर पड़ी कि वह हर्षातिरेक से चिल्ला उठी, "क्षमा! तुम? यहाँ कैसे पहुँच गई भई? अच्छा-अच्छा, ये नवलकिशोर भ्राता श्री तुम्हें यहाँ लाए होंगे।"

"वो बात ऐसी...." लक्ष्य को मध्य में ही टोकते हुए प्रमदा ने कहा, "हाँ हाँ, मैं समझ गई। क्षमा तुम तो पूर्ण स्नान करके ही आ रही हो। चलो, मेरे कमरे में वहाँ सबसे पहले अपने कपड़े बदलो फिर चाय पीते हुए बातें करेंगे।" प्रमदा को देख क्षमा की सम्पूर्ण अधीरता तिरोहित हो गई थी। उसने सहज स्वर में कहा, "प्रमदा, पहले घर माँ को फोन पर बता दूँ कि मैं यहाँ पर हूँ।"

"हाँ-हाँ, चलो, पहले फोन कर लो।" प्रमदा उसे फोन के निकट ले गई। क्षमा ने संक्षेप में माँ को पूर्ण स्थिति से अवगत करवा दिया और कह दिया मौसम ठीक होते ही वह घर आ जाएगी। तत्पश्चात् वह प्रमदा के संग उसके कक्ष में चली गई। लक्ष्य भी कपड़े बदल आ चुका था। लक्ष्य की जननी प्रभा ने सबको गर्मागर्म चाय पीने को दी।

"ले क्षमा, गर्मागर्म चाय पी और ठण्डी भुजिया खा।" प्रमदा को चुहल सूझ रही थी। चाय का प्याला कर में थामे लक्ष्मण लखनपाल, लक्ष्य के पिता भी वहाँ आ गए। संक्षेप में क्षमा के विषय में जान उन्होंने क्षमा से पूछा, "क्या काम करते हैं तुम्हारे पिताजी बेटी?"

"जी, वह थल सेना में कार्यरत हैं।" क्षमा ने शिष्ट स्वर में उत्तर दिया। कुछ समय तक इधर-उधर के वार्तालाप में मग्न रहे सभी। चाय पीने के पश्चात् प्रभा व लक्ष्मण अपने कक्ष में चले गए। लक्ष्य अभी वहीं बैठा था।

"भैया, तुम भी अपने कमरे में जाओ।" अपनी दुग्ध धवल दन्त पंक्तियाँ दर्शाते हुए प्रमदा ने कहा।

"क्यों, क्या मैं यहाँ नहीं बैठ सकता?" कृत्रिम आश्चर्य से लक्ष्य ने कहा।

"जी नहीं, भैया, क्षमा थकी हुई है। वह अब कुछ देर विश्राम करेंगी।" प्रमदा ने लक्ष्य की ओर देखते हुए तनिक रोषपूर्ण स्वर में उत्तर दिया।

"अरे नहीं, प्रमदा, मैं थकी हुई नहीं हूँ। बैठकर आराम ही तो कर रही हूँ।" लक्ष्य के उत्तर देने से पूर्व ही क्षमा बोल उठी।

"अच्छा जी, हमें तो मालूम ही न था कि आप बैठकर आराम कर रही हैं।" कुछ-कुछ परिहासपूर्ण स्वर में प्रमदा बोली।

क्षमा व प्रमदा एक ही महाविद्यालय में पढ़ती थीं। दोनों में मित्रता केवल कुशल क्षेम पूछने तक ही सीमित थी पर आज के झंझाझकोर गर्जन ने उन्हें अच्छी मित्र बना दिया। रात्रि के लगभग सवा दस बजे प्रकृति प्रिय क्लान्त तन-मन लिए शान्त होकर बैठ गई। लखनपाल परिवार के अनुरोध पर क्षमा भी उनके संग रात्रि भोजन कर चुकी थी। अतः जनकगण की आज्ञा से लक्ष्य क्षमा को छोड़ने उसके घर की ओर चल पड़ा। प्रमदा की दूसरे दिवस से परीक्षा आरम्भ थी सो वह क्षमा को छोड़ने न जा सकी।

झंझावात के पश्चात् रात्रि भीगी-भीगी लग रही थी। पूर्णेन्दु पर नीरद माला चपल चंचल नवयौवना सम कभी पग रखती और कभी पग उठा लेती। चन्दा की ज्योत्स्ना कभी मन्द-मन्द प्रकाश फैलाती और कभी अपने शीतल प्रकाश से चहुँओर उजियारा फैला देती। मन्थर गति से समीर बह रही थी। ऐसे मनभावन समय में क्षमा व लक्ष्य के हृदय में अनुराग का अंकुर प्रस्फुटित हो गया। अब माल रोड पर दोनों साथ-साथ घूमते। कभी 'बालजी' और कभी 'इण्डियन कॉफ़ी हाउस' में बैठकर दोनों चाय कॉफ़ी के संग-संग प्रेम रस भी पीते। चाहे मन्द-मन्द मुस्कराती ज्योत्स्ना वृक्षों की शाखाओं पर सोई होती या अम्बर पर ऊदी घटाएँ छाई होतीं, चाहे झर-झरकर गिरती श्वेत रुई जैसी बर्फ होती या सुहावनी गुनगुनाती धूप होती हर समय लक्ष्य व क्षमा एक साथ रहते। ऐसे में प्रणय कथा किससे छुपी रहती। जब जोगलेकर दम्पती के कर्ण द्वार तक पुत्री की प्रणय लीला का समाचार पहुँचा तो श्यामली, क्षमा की जननी दहाड़ उठी, "तू किस पंजाबी के चक्कर में पड़ी हुई है? उस लम्पट आवारा, हर समय

मोटर साइकिल पर सवार रहनेवाले के संग, तेरा रहना मैं तनिक भी सहन नहीं कर सकती। तेरी इस धृष्टता को मैं कभी क्षमा नहीं करूँगी। कभी भविष्य में चेष्टा न करना उस पंजाबी के संग मिलने की। समझी, मैं क्या कह रही हूँ?" इतना कह रक्तिम नेत्रों से क्षमा को भस्म करने की चेष्टा करते हुए श्यामली पग पटकती आँगन में चली गई। क्षमा स्तब्ध सी बैठी रह गई। हृदय में एक टीस उठी, "क्या पंजाबी प्राणी नहीं होते?"

दो दिवस पश्चात् पुनः श्यामली क्षमा के पीछे लग गई। क्षमा ने शान्त स्वर में कहा, "अच्छा माँ, अब कभी लक्ष्य से नहीं मिलूँगी।"

"सच कह रही है न पोरी?" श्यामली बोली।

"सच कह रही हूँ माँ," क्षमा ने कहा।

"खा मेरी सौगन्ध," श्यामली बोली।

"क्यों, सौगन्ध क्यों खाऊँ?" क्षमा ने कहा।

"इसका अर्थ है कि तू उससे पुनः मिलेगी।" श्यामली बोली।

"इसका यह अर्थ कदापि नहीं है।" क्षमा ने कहा।

"यदि मैंने किसी से सुन लिया कि तू उससे पुनः मिली थी तो तेरा पढ़ना-लिखना, विद्यालय जाना सब बन्द करवा दूँगी। तू समझती क्या है अपने को?" श्यामली का दुर्वासा क्रोध फूट पड़ा।

"मैंने कह दिया न मैं लक्ष्य से कभी नहीं मिलूँगी।" क्षमा ने दृढ़ स्वर में कहा।

"हाँ, अब ठीक है।" श्यामली बोली।

"एक बात पूछूँ माँ," क्षमा ने कहा।

"पूछ," श्यामली बोली।

"क्या आजकल तीखा अधिक खाने लग गई हो जो इतनी तीखी बातें करती हो?" तनिक विनोदी स्वर में क्षमा ने पूछा।

"हिश!" कुछ लजाते हुए श्यामली ने कहा।

"यह हिश क्या होता है? अच्छी माँ," पुनः विनोदी स्वर उभरा क्षमा का।

"तू तीखे कर्म करती है तो मुझे तीखा बोलना पड़ता है।" श्यामली ने कुछ-कुछ रोषपूर्ण स्वर में कहा।

दो दिवस पश्चात् अपराह्न वेला में, लक्ष्य व क्षमा चिनार के वृक्ष तले, चहुँओर के कोलाहल से अनभिज्ञ, अपनी ही धुन में बैठे थे।

"लक्ष्य, हमें अब कुछ सोचना ही पड़ेगा।" क्षमा ने कहा।

"किस विषय में सोचना पड़ेगा?" लक्ष्य बोला।

"अपने भविष्य निमित्त सोचना पड़ेगा।" क्षमा बोली।

"ऐसी क्या बात हो गई है?" लक्ष्य ने कहा।

“ऐसी ही कोई बात हो गई है। लक्ष्य, मेरी माँ को नहीं जानते तुम वह किसी भी विजातीय को किसी भी मूल्य पर सहन नहीं कर सकती।” क्षमा बोली।

“तो फिर?” हतप्रभ से लक्ष्य ने कहा।

“कुछ तो हमें निर्णय लेना पड़ेगा।” क्षमा बोली।

“तुम तो जानती हो अभी हम दोनों विद्यार्थी हैं।” लक्ष्य बोला।

“हाँ, मैं जानती हूँ अभी हम विद्यार्थी हैं, पर अपनी हठीली गर्वीली माँ का क्या करूँ? वह हर समय अपने महाराष्ट्रियपन के पीछे लट्ठ उठाए घूमती है। मुझे भय है कि वह हमारा कुछ अनिष्ट न कर दें।” क्षमा बोली।

“कोई भी नारी चाहे वह हठीली गर्वीली ही क्यों न हो, स्व की सन्तान का अनिष्ट नहीं कर सकती। फिर भी हमें अब सावधानीपूर्वक मिलना चाहिए।” लक्ष्य ने कहा।

“हाँ, यह ठीक है कि हम सावधानीपूर्वक मिलेंगे। जब हमारी पढ़ाई समाप्त हो जाएगी तो विवाह कर लेंगे।” क्षमा ने कहा।

“प्रिय प्राणेश्वरी, विवाह के पश्चात् एक घर होता है और उसमें समस्त सुविधा पूर्ण जीवन बिताने के लिए लक्ष्मी देवी की आवश्यकता पड़ती है सो हे भद्रे, हम तब विवाह करेंगे जब मेरी नौकरी लग जाएगी।” नाटकीय स्वर में लक्ष्य ने अभिनय करते हुए कहा तो क्षमा मुक्तकण्ठ से हँस पड़ी।

उसी रात्रि जब लक्ष्य घर पहुँचा तो उसकी जननी प्रभा ने कहा, “लक्ष्य, तेरे व क्षमा के प्रेम के चर्चे चहुँओर हो रहे हैं। क्या वह लड़की तेरे इतना मन भा गई है कि तू हर समय उसी के साथ घूमता है।”

“क्या तू उससे विवाह करना चाहता है?” सीधे सपाट स्वर में लक्ष्मण लखनपाल ने प्रश्न की तोप दाग दी।

“ओह हो! आप समझते क्यों नहीं मम्मी-पापा मैं अभी विवाह करने की सोच भी नहीं सकता।” लक्ष्य ने झुँझलाए हुए स्वर में कहा।

“क्यों भैया, तुम क्षमा को मेरी भाभी अभी नहीं बना सकते?” परिहास में कटाक्ष का पुट देते हुए प्रमदा ने कहा।

“तुम मध्यस्थ न बनो प्रमदा, हम लक्ष्य से पूछ रहे हैं।” गम्भीर स्वर में प्रभा ने कहा।

“मम्मी कल तो आपको परीक्षा लेनी है अपने विद्यार्थियों की और वह भी हिन्दी की और वह भी दसवीं कक्षा के विद्यार्थियों की।” लक्ष्य ने परिहासपूर्ण स्वर में वार्तालाप का विषय परिवर्तित करना चाहा।

“वे सब बातें छोड़ो, पहले हमें अपने विषय में बताओ।” गुरु गम्भीर स्वर में लक्ष्मण ने कहा।

“हाँ, मम्मी-पापा, मैं आपके सामने यह स्वीकार करता हूँ कि मैं क्षमा से ही

विवाह करूँगा पर पढ़ाई समाप्त कर नौकरी लगने के पश्चात्।" लक्ष्य ने दृढ़ स्वर में कहा।

"मेरे बच्चे, मुझे तुमसे यही आशा थी कि तुम लक्ष्मण लखनपाल का नाम धूल में नहीं मिलाओगे।" लक्ष्मण ने प्रफुल्लचित्त कहा।

लक्ष्मण लखनपाल एक विख्यात प्रवक्ता थे हिमाचल प्रदेश में। जीव विज्ञान पर कई पुस्तकों की रचना कर चुके थे। महाविद्यालय से लौटने के पश्चात् उनका अधिक समय पढ़ने-लिखने या फिर माल रोड पर घूमने में व्यतीत होता। प्रभा भी एक विद्यालय में हिन्दी की अध्यापिका थी। राष्ट्र भाषा से उनका विशेष लगाव था। बड़े चाव से पढ़ाती थी वह अपने इस प्रिय विषय को अपने विद्यार्थियों को। लखनपाल दम्पती जीवन रस की एक-एक बूँद अमृत जान घुटक रहे थे। घर बाहर दोनों स्थानों को तत्परता से सँभाल रखा था प्रभा ने। उस सुभाषणी साहसी नारी को व्यक्तित्व भी जगजननी ने लक्ष-लक्ष महिलाओं में एक दिया था। लक्ष्मण व प्रभा ने सन्तान को उचित-अनुचित में भेद करना सिखाया था। उचित लालन-पालन ने दोनों बच्चों को अच्छे संस्कार दिए थे। जब जनकगण सन्तान की समस्याओं को ध्यान से सुन उसका समाधान बताते हैं और उचित मार्ग दर्शन करते हैं तो सन्तान भी निःसंकोच अपने मनोभाव जनकगण को बताती है। सो लक्ष्य ने भी लेशमात्र भी नहीं छुपाया था जनकगण से।

दिवस सप्ताह में, सप्ताह मास में व मास दो वर्षों में व्यतीत हो गए। लक्ष्य 'ला' कर रहा था। यह उसका अन्तिम वर्ष था। और क्षमा के स्नातक होने में भी अभी एक वर्ष शेष था। दोनों अति सावधानीपूर्वक अपनी प्रणय नैया को खेते हुए ले जा रहे थे पर फिर भी सुगन्ध छुपाए नहीं छुपती। यदा-कदा श्यामली भी उनके मिलन के विषय में सुनती रहती, पर वह जब भी क्षमा से इस विषय में पूछती तो क्षमा येन-केन प्रकारेण माँ को सन्तुष्ट कर ही देती। लक्ष्मण लखनपाल ने परिस्थितियों पर पूर्णरूपेण विचार किया और इस निर्णय पर पहुँचा कि उसे स्वयं क्षमा व लक्ष्य के विवाह निमित्त जोगलेकर दम्पती से बात करनी चाहिए। अतः प्रभा से विचार-विमर्श कर एक प्रातः दस बजे के लगभग लक्ष्मण जोगलेकर के घर चला गया। द्वार बसन्त राव जोगलेकर ने ही खोला। अपना परिचय देते हुए लक्ष्मण ने कहा, "मेरा नाम लक्ष्मण लखनपाल है। लक्ष्य मेरा बेटा है। क्या मैं आपका कुछ अमूल्य समय ले सकता हूँ?"

"क्यों नहीं, क्यों नहीं, आप अन्दर आकर आराम से बैठिए तो बातें करेंगे।" बसन्त ने उत्साही स्वर में द्वार से एक ओर हटते हुए कहा।

"आप क्या पीना पसन्द करेंगे, ठण्डा या गर्म?" बसन्त ने मीठे स्वर में लक्ष्मण से पूछा।

"धन्यवाद, मैं अभी नाश्ता करके आ रहा हूँ। कुछ भी लेने की इच्छा नहीं है।" लक्ष्मण ने शिष्ट स्वर में कहा।

"नहीं जी, ऐसे कैसे हो सकता है? आप पहली बार हमारे घर आए हैं। कुछ तो पीजिए न।" अनुरोधपूर्ण स्वर में बसन्त ने कहा। जब लक्ष्मण को दुविधा में देखा तो पत्नी को पुकार दो कप चाय लाने के लिए कहा।

औपचारिक वार्तालाप के पश्चात् बसन्त ने चाय पीते हुए लक्ष्मण से कहा, "अब बताइए कैसे कष्ट किया यहाँ आने का?"

"लक्ष्य को तो आप जानते ही हैं। वह 'ला' कर रहा है। यह उसका अन्तिम वर्ष है। और एक मेरी बेटी है, जो क्षमा के संग ही पढ़ती है।" इतना कह संकोचवश लक्ष्मण मौन हो गए।

"हाँ-हाँ, कहिए, संकोच न कीजिए।" उत्साही स्वर में बसन्त ने कहा।

"लक्ष्य व क्षमा दोनों एक-दूसरे को चाहते हैं। जब बच्चे एक-दूसरे को पसन्द करते हैं तो माता-पिता का भी यह कर्तव्य बनता है कि उचित समय पर उचित निर्णय ले लें।" इतना कहकर लक्ष्मण मौन हो गए।

"आप कहना क्या चाहते हैं?" बसन्त ने प्रश्नसूचक दृष्टि लक्ष्मण पर डालते हुए कहा।

"यदि हम दोनों बच्चों का विवाह कर देते...।" लक्ष्मण ने सीधे सपाट स्वर में कहा। श्यामली अतिथि कक्ष के बाहर ही खड़ी थी। पूर्व इसके कि बसन्त कुछ बोलते वह धूमकेतु सी अतिथिकक्ष में प्रविष्ट हुई और कर्कश स्वर में लक्ष्मण से बोली, "आपने इतना सोच भी कैसे लिया कि हम अपनी पुत्री का विवाह एक विजातीय युवक के साथ करेंगे?"

"क्या विजातीय मनुष्य नहीं होते?" श्यामली की धृष्टता पर लक्ष्मण को भी क्रोध आ गया।

"होते होंगे, पर हमें अपनी पुत्री का विवाह विजातीय वर से नहीं करना। हमने उसके लिए महाराष्ट्रियन वर ढूँढ़ा हुआ है। लड़का अमेरिका में काम कर रहा है। अब आप जा सकते हैं।" बसन्त जो कुछ समय पूर्व चहक रहा था, पत्नी के सम्मुख भीगी बिल्ली बन बैठा रहा। अपमानित लक्ष्मण जोगलेकर दम्पती के द्वार से भग्नमन ले वापस अपने घर लौट गया। रात्रि समय सम्पूर्ण परिवार ने मन्त्रणा की कि अभी उचित समय नहीं इस समस्या को सुलझाने का। उचित अवसर की प्रतीक्षा करनी चाहिए।

उधर घायल शेरनी-सी श्यामली दहाड़ उठी थी। क्षमा को देखते ही दो तीन दुहत्तड़ उसकी पीठ पर मारे, केश पकड़ उसे झकझोरते हुए कहा, "नीच लड़की। तेरे कारण यह दिन देखना पड़ा। दो कौड़ी का फटीचर टीचर तेरा रिश्ता माँगने आया था। कैसे हिम्मत पड़ी उस पंजाबी के बच्चे की हमारे से सम्बन्ध करने की इच्छा व्यक्त करने की? सारी तेरी ही करनी है। तेरा विवाह वहीं होगा जहाँ मैं चाहूँगी। समझी? तेरी टाँगें तोड़ दूँगी अब पंजाबी के बच्चे से मिलने गई तो। कान खोलकर सुन ले। तेरे को ब्याहने इंजीनियर आएगा अमेरिका से। कहाँ वह मंगेशकर घराना और कहाँ

यह फटीचर! हूँ!" विषैले स्वर में श्यामली ने क्षमा को दुहत्तड़ मारते हुए कहा। इतना क्या कम था कि जोगलेकर होते हुए भी श्यामली मंगेशकर घराने में विवाह करने निमित्त कटिबद्ध थी।

"पर माँ, मैं..." क्षमा को मध्य में ही टोकते हुए पुनः दहाड़ी शेरनी, "मैं-मैं क्या है? हाँ, मैं...मैं क्या है? मैं तेरी एक बात भी नहीं सुनूँगी, मेरा अन्तिम निर्णय तू सुन चुकी है।" पैर पटकते हुए क्षमा को श्यामली ने आग्नेय नेत्रों से घूरा। क्षमा ने इस समय मौन रहना ही श्रेयस्कर समझा। कोई प्रतिवाद अग्नि में घृत का कार्य करेगा। ऐसा मार्ग निकालना चाहिए जिस पर चलकर मैं अपने लक्ष्य को पा लूँ। क्षमा ने मन-ही-मन निर्णय लिया।

अब क्षमा व लक्ष्य अत्यन्त सावधानीपूर्वक मिलने लगे। श्यामली अपनी विजय पर प्रसन्नचित्त थी। उसने अपनी अग्रजा को अमेरिका पत्र लिखा कि वह आगामी वर्ष के आरम्भ में ही अपनी प्रतिवेशी मंगेशकर बाई के सुपुत्र को क्षमा को देखने बम्बई भेज दें। कुछ मास पश्चात् क्षमा की पढ़ाई समाप्त हो जाएगी और वे लोग बम्बई चले जाएँगे। यदि मंगेशकर वर को लड़की भा गई तो शीघ्र विवाह भी कर देंगे। 'मंगेशकर धनवान है। समृद्धशाली होना ही सजातीय वर का सर्वप्रथम गुण है।' श्यामली सोचती थी।

7

हिमाचल प्रदेश में अरुणोदय की अपनी ही अनुपम छटा होती है। वेगवती वायु के संग झूमते हुए 'पाईनट्री' व अन्य वृक्ष। शिमला की ओर कालका जी से जाते हुए मार्ग में खिले हुए विभिन्न प्रकार के पुष्प तथा दूर-दूर तक फैली हुई पर्वत श्रेणियाँ, हर मोड़ पर नयनाभिराम सौन्दर्य प्रदान करते हुए लता कुंज अपने-अपने तरुवर के आलिंगन पाश में या उसकी छत्रछाया में मुख मोड़-मोड़ मुसकात जात नार जैसे ही मन को पुलकित करते हैं। वायु के संग अठखेलियाँ करते हुए जामुनी रंग के पुष्प पौधे इस मार्ग पर स्थान-स्थान पर दृष्टिगोचर होते हैं। मेघा दल एकाएक नीले नभ की नीलिमा को छुपा लेते हैं और वर्षा रानी अपना अनुपम जलतरंग बजाने लगती है। कोण के वृक्ष अन्य वृक्षों के सम्मुख पीताभ लगते हैं। उनका अपना रूप रंग है। कभी एक ओर अथाह गहराई लिए खाई आ जाती है और दूसरी ओर पर्वत राज, और कभी दूसरी ओर गहनतम खाई आती है और पहली ओर अभिमान से मस्तक ऊँचा किए पर्वत शिखर, इसी मन को महका देनेवाली दृश्यावली का अवलोकन करते हुए हेमन्त व पूनम शिमला जा पहुँचे। हेमन्त अपने कार्यालय की ओर से एक विचार गोष्ठी में सम्मिलित होने शिमला आए थे और उनके साथ कार्यालय से पूनम को भी भेजा गया

था। जिस अतिथिगृह में हेमन्त व पूनम के ठहरने का प्रबन्ध किया गया था, वह अँग्रेजी वास्तुकला का एक उत्कृष्ट नमूना था। मनभावन हरीतिमा लिए हरी-हरी दूब गलीचे जैसी बिछी हुई लग रही थी विशाल उद्यान में। लाल नीले-पीले नारंगी शुभ्रवर्णिए प्रसून प्रसन्नचित्त लह-लहकर लहरा रहे थे अपनी-अपनी क्यारियों में। छोटे-छोटे शुभ्र व स्लेटी रंग के गोल-गोल पत्थर बिछे पड़े थे अतिथि भवन की ओर जाते हुए पैदल पथ पर। रात्रि भोजन के पश्चात् शीघ्र ही हेमन्त व पूनम अपने-अपने कक्ष में जाकर विश्राम करने लगे। पूनम प्रातः भ्रमण निमित्त पाँच बजे अतिथिकक्ष से बाहर निकली। प्रकृति की अनुपम छटा को वह भाव-विभोर हो निहारने लगी। वह एक देवदारु के झुरमुट के निकट बैठकर प्रकृति प्रिया के सौन्दर्य रसपान में लीन हो गई। सुनहरी लालिमा लिए हुए आशुतोष की किरणें हर डाल-डाल, हर पात-पात का चुम्बन ले रही थें। 'ओह! क्या अपरिमित अनुपम रूप है प्रकृति देवी का!' हठात् ही पूनम के मुख से निकल पड़ा। समय तो द्रुतगति से भागा जा रहा था सो पूनम को उठकर दैनिक क्रियाओं से निवृत्त होना ही पड़ा।

विचारगोष्ठी में हेमन्त ने अपने कार्यालय की ओर से प्रतिनिधित्व किया। उसका भाषण अत्यधिक प्रभावशाली रहा। अन्य सदस्यों ने मुक्तकण्ठ से उसकी प्रशंसा की।

सन्ध्या समय हेमन्त व पूनम मालरोड पर घूम रहे थे। हेमन्त ने एक सुन्दर शाल ज्योत्स्ना के लिए खरीदा और पूनम ने एक लाजवन्ती शाल स्वयं के लिए पसन्द किया। जब पूनम शाल के पैसे देने लगी तो हेमन्त ने उसे अपना पर्स निकालते हुए मना किया।

"नहीं, मैं अपने शाल के पैसे दे देती हूँ न, आप मत दो।" पूनम ने मीठे बोल बोलते हुए कहा।

"नहीं, पूर्णिमा, मैं पैसे देता हूँ। ये तुम्हारा मेरा क्या होता है?" हेमन्त ने भी प्रेमरस में पगे हुए बैन बोले।

"भैण जी, एक ही बात है—आपने पैसे दिए या शाब ने दिए। पति-पत्नी के पैसे अलग थोड़ी न होते हैं।" दुकानदार ने असीम औदार्य से अपने ज्ञान का प्रदर्शन किया तो पूनम के कपोलों पर मुट्ठी भर गुलाल पुत गया और हेमन्त भी लजा उठा। शीघ्रतापूर्वक दुकानदार को पैसे दे हेमन्त शालवाली दुकान से बाहर निकल आया व पूनम भी उसका अनुसरण करते हुए दुकान से बाहर आ गई। मार्ग में चलते हुए पूनम ने अपने चित्तचोर पर एक मीठी चितवन डालते हुए कहा, "दुकानदार क्या अनाप-शनाप बक रहा था।"

"अरे! पूर्णिमा, कई दुकानदार अल्पबुद्धि होते हैं। ऐसे ही कुछ-न-कुछ कह देते हैं।" हेमन्त ने तनिक रुष्ट स्वर में कहा।

"अब ऐसा भी क्या अनुचित कह दिया था शालवाले ने?" हेमन्त पर वक्रदृष्टि

डालते हुए मिश्री मण्डित स्वर में पूनम बोली। हेमन्त पूनम के मनोभाव जान मुस्काने लगा अधरों ही अधरों में। प्रणय अंकुर तो कभी का प्रस्फुटित हो लहलहाती प्रणय पल्लंवी में परिवर्तित हो चुका था। कितना अन्तर था आज की पूनम और प्रथम साक्षात्कार देनें आनेवाली पूनम में। वह सहमी सकुचाई नयनों में अनिश्चित भविष्य की चिन्ता लिए पूनम थी और आज की पूनम, पूर्ण आत्मविश्वास व दृढ़ निश्चय से परिपूर्ण पूनम थी। भविष्य के सलोने स्वप्न उसके विशाल चक्षुओं में हिलोरें ले रहे थे। वह पग-पग पर हेमन्त का साथ देती थी। पूर्ण मनोयोग व परिश्रम से अपने कार्य को करती थी। हेमन्त निमित्त वह कुछ भी कर सकती थी। हेमन्त ने ही तो उसे नया जीवन दान दिया था। कहते हैं सुगन्ध व प्रणय छुपाये नहीं छुपते। हेमन्त आत्मविश्वासी, निर्भीक, सिद्धान्तों पर चलनेवाला कर्तव्यनिष्ठ प्राणी था। पूनम का अपरिमित अनुराग देख, निष्ठा देख वह भी उसी अनुराग के रंग में रँग चुका था। पर वह एक संयमी पुरुष था। उसने अपनी सीमा का उल्लंघन कभी भी नहीं किया था। पूनम तो लाख यत्न कर हार गई थी पर मेनका का हर बार निश्चेष्ट हो-हो जाता इस विश्वामित्र के सम्मुख। आज पूनम ने प्राणप्रण से निश्चय किया हेमन्त को पूर्ण रूप से पाने का।

"हेमन्त, एक बात कहूँ? स्वीट हार्ट," रात्रि को हेमन्त के कक्ष में बैठ पहाड़ी चाय पीते हुए पूनम ने अनुरागपूर्ण स्वर में कहा।

"कहो क्या कहना चाहती हो डार्लिंग?" हेमन्त ने भी कोमल स्वर में उत्तर दिया।

"चलो, जाने दो," पूनम बोली।

"कहो भी ना डार्लिंग, क्या कहना है?" हेमन्त बोला।

"तुम बिन कहे नहीं जान सकते क्या?" पूनम बोली।

"मैं अन्तर्यामी नहीं हूँ।" मन्द मुस्कान के साथ हेमन्त ने कहा।

"बनो मत," पूनम बोली।

"बनाओ मत जी," हेमन्त ने कहा।

"तुम जान भी जाओ हेमन्त मेरे मन की बात।" पूनम बोली।

"वह मैं जानता हूँ पूनम," एकाएक हेमन्त का स्वर गहन गम्भीर हो गया।

"क्या..." पूनम ने कृत्रिम आश्चर्य से कहा।

"हाँ, मैं जानता हूँ।" हेमन्त बोला।

"क्या जानते हैं आप? यही न कि मैं तुम्हारी कामना करती हूँ। तुम्हें अन्तर्मन की गहराइयों से चाहती हूँ। पर, मैं कुछ और भी चाहती हूँ—तुम्हारी पत्नी बनना—मिसेज हेमन्त पाल कहलाना। कहो, क्या मेरी यह साध पूर्ण होगी? क्या करोगे मेरे संग विवाह?" पूनम का सम्पूर्ण संकोच लज्जा तिरोहित हो चुका था।

"पूर्णिमा, यह सत्य है कि हम एक-दूसरे को बहुत चाहते हैं, पर इसके साथ-साथ एक और सत्य भी तो जुड़ा हुआ है—वह है मेरा विवाहित होना। एक पत्नी होते हुए मैं कैसे दूसरा विवाह रचा सकता हूँ? काम तो पूर्णिमा तुमने नासमझी का ही

किया है न—एक विवाहित पुरुष के संग जुड़कर। तुम ही बताओ मैं क्या करूँ?" हेमन्त ने निराशापूर्ण स्वर में कहा।

"हेमन्त, मेरे स्वीट हार्ट, मैं आरम्भ से ही जानती हूँ कि तुम विवाहित हो। तुम्हारा पुत्र मेरे से केवल पाँच वर्ष ही छोटा है। पर इन सबसे प्रणय का क्या सम्बन्ध है? ऐसा कोई कानून नहीं है कि विवाहित पुरुष प्रणय को स्पर्श नहीं कर सकता। प्रणय को कोई देशकाल आयु बन्धन नहीं बाँध सकता। कोई नियम ऐसा नहीं कि केवल युवा ही इसके अधिकारी हैं। प्रणय की जिस पर अनुकम्पा हो जाती है उसके चहुँदिक् एक तन-मन को मह-मह महकानेवाली सुगन्ध बिखर जाती है। इसकी शरण में जाकर तो संसार में कई राजे-महाराजों ने अपने राजपाट सब त्याग दिए। युग-युग से धरा पर इसका साम्राज्य चला आ रहा है। मैं हेमन्त तुम्हें ज्योत्स्ना को छोड़ने को नहीं कह रही। हम दोनों एक माँ जाई बहनों सम साथ-साथ रहेंगी। केवल तुम मेरे संग विवाह कर लो।" विनीत स्वर में पूनम ने कहा।

"पूर्णिमा, मैं कैसे ज्योत्स्ना को सम्बन्ध विच्छेद के लिए कहूँ? और फिर मैं आयु में भी तो तुमसे बहुत बड़ा हूँ न।" हेमन्त ने दुविधा में पड़ते हुए कहा।

"मेरे हेमन्त, आयु, वर्ण, जात-पाँत कुछ भी प्रणयी मन नहीं जानता। छोटी आयुवाले पति कई बार पत्नी को मझधार में छोड़ जाते हैं और बड़ी आयुवाले केवट बन उसे भवसागर से पार लगाकर जाते हैं। आयु का निर्णय क्या हम नश्वर प्राणी कर सकते हैं? यह केवल विधाता के हाथ में है। यदि तुम थोड़ी बड़ी आयु के भी हो तो इससे कोई अन्तर नहीं पड़ता। मैं आपकी, केवल आपकी कामना करती हूँ। आपको पाना चाहती हूँ और आपसे ही सदा अनुरागी मन जुड़ा रहेगा। आयु का इसमें कोई प्रश्न ही नहीं उठता।" पूनम ने दृढ़ स्वर में कहा।

"और समाज?" हेमन्त ने विकल स्वर में कहा।

"समाज मानव द्वारा मानव की भलाई निमित्त ही बनाया गया है और फिर यदि आप दूसरा विवाह कर भी रहे हैं तो समाज में यह कोई नूतनकृत नहीं है। अनादिकाल से पुरुष बहु-विवाह में विश्वास रखता आया है।" पूनम येन-केन-प्रकारेण हेमन्त को मनाने निमित्त कटिबद्ध थी।

"पूर्णिमा, मैं कोई देवता नहीं हूँ। मांस मज्जा मण्डित मानव ही हूँ। जिसके हृदय में भाव हैं और वे भाव तुम्हारे अनुराग की परिभाषा को भली प्रकार समझते हैं। पर मैं अपनी सदारुग्ण रहनेवाली पत्नी के संग विश्वासघात कर, उसके अटल विश्वास को तोड़ नहीं सकता। मेरे समाज के, घर के प्रति कई दायित्व हैं। मैं कैसे कर्तव्य विमुख हो जाऊँ? हमारे प्रणय के तो समस्त द्वार महाविनाश की ओर ही जाते हैं न पूनम। परिपक्व बुद्धि का पुरुष, हेमन्त कैसे अविवेकी निर्णय ले? विकट समस्या आन खड़ी उसके सम्मुख। अब वह क्या करे?" हेमन्त असीम दुविधा में फँसा था। पूनम ने अब मौन रहना ही श्रेयस्कर समझा।

शनैः-शनैः दो वर्ष व्यतीत हो गए। जितनी पूनम की कार्यक्षमता बढ़ती गई उतना ही हेमन्त के प्रति उसका अनुराग भी द्रुतगति से बढ़ता चला गया। हेमन्त जिस संस्थान में कार्यरत था, वहाँ प्रतिदिवस उसे कई-कई सभ्य सुसंस्कृत स्त्री-पुरुषों के संग मिलना पड़ता था। मिलनेवाली कई रूपसियाँ उसके प्रति आकृष्ट हो, प्रणय निवेदन करतीं पर हेमन्त वीतरागी सदासर्वदा प्रणय की घूम घमेरियों से दूर रह केवल निष्ठापूर्वक अपना कर्तव्य पालन करता। क्लान्त अशान्त निपट एकाकी प्रणयी नार स्वयं ही मुखमोड़ चल देती इस कंटकपूर्ण मार्ग को त्याग।

समय अबाध गति से चल रहा था। मानव आशा में हो या निराशा में, हर्ष में हो या विषाद में, रुग्ण हो या स्वस्थ कैसे भी हो, पर उसे समय के साथ तो चलना ही पड़ता है न! ज्योत्स्ना भी किसी सीमा तक पुत्र द्वारा दिया हुआ उपहार, विदेश में विदेशी युवती संग विवाह ग्रहण कर चुकी थी। अभी तक शरद अपनी नवौढ़ा को लेकर भारत नहीं आया था।

आज ज्योत्स्ना अति प्रसन्न थी। उसका मन ठुमक-ठुमककर ऐसे नाच रहा था जैसे सुहावने सावन में मयूरा उमड़ती-घुमड़ती काली घटाओं को देख प्रफुल्ल मन नृत्य करने लगता है। ज्योत्स्ना के नयनों में इन्द्रधनुषी रंग लहरा रहे थे व अधरों पर मधुरतम तान। शरद ने उसे पुत्र रत्न प्राप्त होने की सूचना दी थी। सरल हृदय नारी पुत्र द्वारा दिए हर सन्ताप को विस्मृति के गर्त में डाल मग्न मन थिरक उठी, 'युग युग जियो मेरे अंश, मेरे शरद के अंश।' उसका मन अनदेखे पौत्र को शत-शत आशीर्वादों से लादने-फाँदने लग गया।

आज सात ही नहीं बज रहे थे। हेमन्त प्रायः प्रतिदिवस सात बजे के लगभग अपने कार्यालय से घर आता था। जैसे ही द्वार पर खटका होता ज्योत्स्ना द्रुतगति से द्वार खोलने जाती, धत्! मैं भी बौरा गई हूँ। क्या हेमन्त आएँगे तो 'कॉलबेल' नहीं बजाएँगे? मन-ही-मन ज्योत्स्ना ने कहा। अन्ततः वह शुभ घड़ी आ ही गई जब हेमन्त घर आया। जैसे ही ज्योत्स्ना ने द्वार खोला तो उसके मुख की कान्ति व उल्लास देख, हेमन्त ठगा-सा रह गया।

"क्या बात है, आज अति प्रसन्न हो?" आश्चर्य से हेमन्त ने पूछा।

"बूझो तो जानूँ," ज्योत्स्ना ने मधुर-मधुर मुस्कराते हुए कहा।

"क्या प्रकाशक का 'फोन' आया था तुम्हारे नवीन उपन्यास के लिए?" हेमन्त ने कहा।

"नहीं," ज्योत्स्ना बोली।

"क्या शरद आ रहा है?" हेमन्त ने कहा।

"नहीं," ज्योत्स्ना बोली।

"क्या तुम शरद के पास जा रही हो?" हेमन्त बोला।

"नहीं, नहीं," ज्योत्स्ना ने कहा।

"तो फिर क्या है? क्यों सता रही हो? शीघ्र बताओ क्या बात है!" उत्कण्ठा से हेमन्त ने पूछा।

"आप दादा बन गए हैं दादा।" हर्षातिरेक से ज्योत्स्ना के नयनों में अश्रु आ गए।

"क्या कहा? मैं दादा बन गया हूँ और तुम दादी!" यह कह ज्योत्स्ना को उठा हेमन्त उमंग से भरा अपने शयनकक्ष में नाचने लगा। मन मयूरा झूम-झूम जा रहा था।

"ओहो! अब मुझे नीचे भी उतारो। मेरा दम निकल रहा है।" ज्योत्स्ना ने जैसे ही कहा हेमन्त ने धीरे-से उसे नीचे उतार दिया।

पाल दम्पती ने मुक्त करों से मिष्ठान फल इत्यादि बाँटे व खिलाये अपने प्रियजनों को। वर्षों पश्चात् हर्ष उल्लास छाया था हेमन्त पाल के घर में।

शरद के साथ ज्योत्स्ना दूरभाष पर वार्तालाप में मग्न थी, "शरद, कैसा है मेरा छुटका?"

"माँ बिल्कुल तुम्हारे व पिताजी पर गया है पर..." शरद एकाएक बात करते हुए मौन हो गया।

"क्या हुआ? बेटे," ज्योत्स्ना का अधीर स्वर गूँजा।

"कुछ नहीं माँ, अरे! चिन्ता क्यों करती हो? ऐसी कोई बात नहीं, केवल तुम्हारे छुटके के नयन अपनी माँ पर गए हैं।" समझाते हुए शरद ने कहा।

"अर्थात्," ज्योत्स्ना ने जिज्ञासु स्वर में पूछा।

"अर्थात् नीले-नीले नयन हैं तुम्हारे नवल किशोर के।" विभोर मन शरद ने कहा।

"अच्छा, तो क्या हुआ? पौत्र तो हमारा ही है न।" ज्योत्स्ना ने उत्साही स्वर में कहा।

"शरद छुटके का नाम 'ह' से निकला है उसकी कन्या राशि है, मैं उसका नाम हिमांशु रखूँगी। तेरे पापा का नाम भी 'ह' से व तेरे पुत्र का नाम भी 'ह' से।" ज्योत्स्ना की प्रसन्नता फूट पड़ रही थी। हेमन्त ने भी पुत्र के साथ मग्न मन वार्तालाप किया और उन्हें भारत आने का निमन्त्रण दिया।

दूसरी रात्रि ही हेमन्त की पुत्रवधू ने दूरभाष पर हेमन्त से बात की, "फादर-इन-ला, माई सन्स नेम इज हेनरी बिकाज माई फादर लाइक दिस नेम, अण्डर स्टैण्ड।" (ससुर, मेरे पुत्र का नाम हेनरी है, क्योंकि मेरे पिता को यह नाम पसन्द है) रूखे स्वर में इतना कह उसने 'रिसीवर' शरद को थमा दिया। हेमन्त किंकर्त्तव्यविमूढ़-सा रिसीवर लिए खड़ा था कि शरद का स्वर सुनाई दिया, "हलो, पापा छुटके का नाम उसकी माँ ने 'हेनरी' रखा है उसे हिमांशु नाम कतई पसन्द नहीं और फिर उसके नाना को भी हेनरी

नाम बहुत ही पसन्द है।" शरद उत्साहपूर्ण कह रहा था।

"ठीक है जो उन बाप-बेटी को पसन्द है वही नाम रख लो।" शुष्क स्वर में हेमन्त ने कहा।

"क्या कह रहे हैं आप?" ज्योत्स्ना ने अधीर स्वर में पूछा।

"बाद में बताऊँगा," हेमन्त ने संक्षेप में उत्तर दिया।

"और हाँ, पापा माँ से कह दो अभी हम भारत नहीं आ सकते।" शरद ने तनिक विवशता के साथ कहा।

"तो कभी मत आओ," इतना कहकर क्रोध से हेमन्त ने रिसीवर पटक दिया। क्रोधाग्नि से उसका हृदय दग्ध हुआ जा रहा था, "वाह रे पुत्र! कितना कर्त्तव्यनिष्ठ तू!! अपने माता-पिता के प्रति अपने कर्त्तव्य की पूर्ति कितने सुन्दर ढंग से की है तूने। अरे, कुछ तो विचार किया होता अपनी निरीह माँ के स्नेह का तूने।" हेमन्त बड़बड़ाने लगा।

"क्या हुआ हेमन्त?" व्याकुल स्वर में ज्योत्स्ना ने पूछा।

"हुआ यह कि आपके सपुत्र ने आपके पौत्र का नामकरण कर दिया है। हिमांशु नाम उसकी पत्नी को पसन्द नहीं इसलिए आपके पौत्र का नाम 'हेनरी' रखा गया है, क्योंकि यह नाम आपके सपूत की पत्नी व ससुर दोनों को पसन्द है।" व्यंग्यात्मक स्वर में उत्तर दिया हेमन्त ने।

"और देहली कब आ रहा है वह?" पुनः विकल स्वर गूँजा ज्योत्स्ना का।

"कौन आ रहा है? क्या आपका सपूत? वह कभी देहली नहीं आएगा। नीले नयनोंवाली के प्रेमसागर में आकण्ठ डूबा हुआ है वह, निर्मोही।" हेमन्त का व्यंग्यात्मक स्वर अब भीग चला था। ज्योत्स्ना चीत्कार उठी। उसके नयनों से वेगवती सरिता सम नीर बहने लगा। हेमन्त अपलक निहार रहा था ज्योत्स्ना को। "नहीं, जाय, तू एक अश्रु भी नहीं बहाएगी उस कपूत के लिए जिसकी धनलिप्सा ने हमारा सर्वस्व छीन लिया है। वो तो न जाने किस स्नेह के पलों के वशीभूत हो तेरे को उसने छुटके के जन्म के विषय में बताया अन्यथा क्या सम्बन्ध रखा है उसने हमारे साथ, अपने देश की सोंधी मिट्टी के साथ! नहीं, तुझे मेरी सौगन्ध, एक अश्रु भी और व्यर्थ न जाने पाये। इन अनमोल मोती की लड़ियों को धूल में मत मिलाओ। हम जीवित रहेंगे मरेंगे नहीं। हम भी जीना सीख लेंगे निर्मोही सन्तान के बिना। क्या जीवन का लक्ष्य एकमात्र यही होता है कि सन्तान से आयुभर आश्रय के प्रतिदान की अपेक्षा करो। नहीं, जाय नहीं, जीवन इससे भी कहीं आगे है। पक्षी तक अपने बच्चों के बड़ा होने पर उन्हें नीले आकाश में स्वच्छन्द उड़ान भरने देते हैं फिर शरद तो एक मानवपुत्र है। उसको उसका जीवन अपनी इच्छानुसार जीने दो और हम अपना जीवन अपनी इच्छानुसार जीएँगे। अरे! अब तो हम हर बन्धन से मुक्त हैं। जब भी चाहे, जहाँ जाना चाहे जाएँगे। तुम जो भी करना चाहो करो, मैं कभी भी तुम्हारा मार्ग अवरुद्ध नहीं

करूँगा।" इतना कह हेमन्त ज्योत्स्ना के निकट बैठ गया। ज्योत्स्ना के हृदय में कहीं अति गहरे पैठ गई असुरक्षा की भावना, आहत मातृत्व मौन हो गया।

जिस समय वृक्षों पर साँझ का सवेरा अवतरित हो रहा था, उसी समय एक दिवस पूनम आई ज्योत्स्ना के द्वार—

"नमस्कार दी," पूनम ने स्निग्ध स्वर में कहा।

"नमस्कार कैसी हो पूनम?" तनिक बुझे हुए स्वर में ज्योत्स्ना ने पूछा।

"क्या बात है? दी, आज अति क्लान्त अशान्त-सी दिखाई दे रही हो?" पूनम ने जिज्ञासु स्वर में पूछा। उसकी वाणी में लाड़ का पुट था।

"नहीं, कुछ बात नहीं," ज्योत्स्ना ने पूनम को टालते हुए कहा।

"कुछ तो अवश्य है नहीं तो हमारी गुलनारी दीदी पिलनारी न बनी होती।" मुख विकृत करते हुए पूनम ने कहा तो ज्योत्स्ना धीमे से हँस पड़ी। "यह हुई न बात अब कहो प्रिय प्राणेश्वरी, तुम्हें क्या कष्ट है?" नाटकीय स्वर में पूनम ने कहा तो ज्योत्स्ना अब मुक्त कण्ठ से पुनः हँस पड़ी। उसके हृदय ताल पर छाई काई फट गई।

"पूनम ऐसे ही शरद व छुटके के विषय में सोच रही थी।" ज्योत्स्ना ने शान्त स्वर में कहा।

"दी, क्यों विकल होती हो? अरे! शरद पक्षी बना नील गगन पर स्वतन्त्र हो घूम रहा है व संसार के सुरम्य कानन में मस्त है तो आप भी मस्त हो जाएँ मस्त। क्यों दी, ठीक है न? मैं जो हूँ तुम्हारे साथ, तुम्हारे हर सुख-दुःख की भागीदार, छोटी-सी बहना तुम्हारी जो तुम्हारे एक संकेत पर प्राण तक न्यौछावर कर सकती है।" मस्तक झुका करबद्ध विनीत स्वर में कहा पूनम ने।

"पूनम, मैं तुम्हारे लिए 'थम्सअप' लेकर आती हूँ।" उठने का उपक्रम करते हुए ज्योत्स्ना बोली।

"और स्वयं के लिए क्या लाएँगी?" पूनम ने कहा।

"चाय," ज्योत्स्ना बोली।

"तो आज हम भी चाय ही पीयेंगे।" पूनम ने कहा।

"पर तुम तो चाय नहीं पीतीं।" ज्योत्स्ना बोली।

"अरे! आपके लिए प्राण न्यौछावर करने का दम भरते हैं तो क्या चाय नहीं पी सकते?" सगर्व पूनम का तीन तारी चाशनी पगा स्वर गूँजा।

"अवश्य पी सकती हो बालिके," वैसे ही ज्योत्स्ना ने उत्तर दिया। चाय समाप्त होने के कुछ समय पश्चात् पूनम अपने घर वापस लौट गई।

रात्रि को भोजन करते हुए ज्योत्स्ना ने हेमन्त को बताया कि आज सन्ध्या समय पूनम आई थी। हेमन्त अपनी ही उलझनों में उलझा हुआ था। ज्योत्स्ना शयनकक्ष में जाकर शय्या पर लेट गई व स्वप्नों में खो गई। ज्योत्स्ना को स्वप्न में पूनम ने कहा—

"दी, दी..." पर यह कहते-कहते पूनम मौन हो गई।

"कहो न पूनम क्या बात है?" ज्योत्स्ना ने ऐसा कहते हुए पूनम को प्रश्नसूचक दृष्टि से निहारा।

"दीदी, आप अन्यथा तो नहीं लोगी न जो मैं कहूँगी उसको।" पूनम ने धीरे से धीमे स्वर में कहा।

"क्यों, क्या मुझ पर विश्वास नहीं?" ज्योत्स्ना ने तनिक आहत स्वर में उत्तर दिया।

"नहीं, नहीं, ऐसी बात नहीं। आप पर तो स्वयं से भी अधिक विश्वास है मुझको। आप ऐसे क्यों कहती हैं दीदी?" व्याकुल स्वर में पूनम बोली।

"तो कहो क्या बात है?" ज्योत्स्ना ने कहा।

"पहले अभयदान दो देवी," नाटकीय मुद्रा में पूनम ने मस्तक झुकाया।

"निःसंकोच कहो जो भी बात है।" ज्योत्स्ना ने जिज्ञासु स्वर में कहा।

"मैं व हेमन्त कल घूमने गए थे।" ऐसा कहते हुए पूनम ज्योत्स्ना को अपलक निहार रही थी।

"तो क्या हुआ? इससे क्या अन्तर पड़ता है?" सहज स्वर में ज्योत्स्ना ने कहा।

"अन्तर तो बहुत ही पड़ता है।" मधु पगे स्वर में पूनम बोली।

"क्या अन्तर पड़ा?" ज्योत्स्ना ने जिज्ञासु स्वर में पूछा।

"कल सन्ध्या समय पाँच बजे के पश्चात् मैं व हेमन्त दूर, अति दूर देहली के बाहर गाड़ी में गए। हेमन्त तीव्र गति से गाड़ी चला रहे थे। अब दी, तुम्हें क्या बताऊँ.. उस आनन्द कानन की बात। मैंने व हेमन्त ने दूर मुख्य पथ से हटकर देहली के बाहर एक सुरम्य एकान्त स्थली ढूँढ़ ली। वहाँ पहले हमने थर्मस में से चाय निकालकर साथ-साथ पी और संग में ताने-बाने बुने मैंने रुपहले भविष्य के तत्पश्चात्..." पूनम के नयनों में चंचल चपल मादकता छलक रही थी। वह जान बूझकर मौन हो गई।

"तत्पश्चात्," ज्योत्स्ना मानो प्रश्न रूपी तोप दाग रही थी वाणी व नैनों से।

"एकाएक हेमन्त के सागर जैसे गहरे नयनों में ज्वार उठने लगा दी। वे उमंगें, वे तरंगें मानो आकाश की चन्द्र किरणों को छूना चाहती थीं।" पुनः पूनम ने चुप्पी साध ली।

"फिर क्या हुआ?" मानो देह का सम्पूर्ण रक्त ज्योत्स्ना के मुख पर सिमटकर आ गया था। स्वर कम्पायमान था, तीव्र उत्कण्ठा से भरा हुआ था।

"अब दी, स्वयं ही समझ जाओ न। क्या यह भी मुझे बताना पड़ेगा—फिर क्या हुआ...नहीं मैं नहीं ब...ता...स...क...ती।" मधुर हास्य बिखेरते हुए पूनम आकाश में उड़ती हुई लोप हो गई।

ज्योत्स्ना चकित दृष्टि से चहुँओर निहार रही थी। उसका स्वप्न भंग हो चुका

था। क्या ही विचित्र स्वप्न है।...क्या...न जाने क्या-क्या सोचते हुए ज्योत्स्ना पुनः निन्दिया रानी की गलियों में विचरण करने लगी।

अगले दिवस ही रात्रि के सात बजे पूनम ज्योत्स्ना के घर आ गई। दोनों जन्म-जन्म की बिछड़ी सखियों सम मिलीं। अपने-अपने प्रिय पेय पीते हुए ज्योत्स्ना व पूनम वार्तालाप में मग्न थीं कि हेमन्त आ गया उसने आश्चर्यचकित हो कहा, "पूनम तुम्हें देर नहीं हो रही क्या? बाहर तो देखो, अँधेरा हो चुका है। रात पड़ चुकी है।"

"माँ, बाबा व भाई तो आज फरीदाबाद गए हुए हैं। रात दस बजे से पहले घर वापस नहीं आएँगे।" चहकते हुए पूर्ण बात बताई पूनम ने हेमन्त को।

"तो फिर भोजन करके ही चली जाना।" ज्योत्स्ना ने वात्सल्यपूर्ण स्वर में कहा। ज्योत्स्ना को तो न जाने विधाता ने किस मिट्टी से निर्मित किया था। जब से शरद ने उसकी उपेक्षा की और पूनम उसके जीवन में आई तो वह अपना समस्त वात्सल्य, स्नेह पूनम पर मुक्त करों से लुटाने लगी। पूनम को विभिन्न प्रकार के स्वादिष्ट व्यंजन बनाकर खिलाने में भी उसे असीम तृप्ति मिलती, सुख मिलता। वह स्वयं को पूनम बिन आधा-अधूरा समझने लगी।

"अच्छा, आप कहती हैं तो भोजन कर ही लेती हूँ।" पूनम ने मधुर हास्य बिखेरते हुए कहा। ज्योत्स्ना रसोईघर में जाकर भोजन गर्म करके भोजनकक्ष में सजाने लगी तो पूनम ने कहा, "दी, यहीं भोजन करते हैं। मैं आपकी सहायता करती हूँ भोजन लगाने में।"

"जहाँ तुम चाहती हो वहीं भोजन कर लेते हैं।" ज्योत्स्ना ने उत्तर दिया और तत्पश्चात् पूनम व ज्योत्स्ना ने एक मेजपोश बिछा शय्या पर ही भोजन के थाल रख दिए। पूनम का मनभावन रोगनजोश था साथ में कमल ककड़ी के कोफ्ते, खीरे का रायता व उबले हुए चावल। पूनम को आमिष भोजन अत्यधिक पसन्द था। वह हेमन्त को भी सदा कहती रहती, "स्वीट हार्ट फिश, ऐग या मीट तीनों में से एक चीज़ अवश्य खाया करो खाने में। भई मैं तो मांसाहारी हूँ। मैं घासफूस नहीं खा सकती।" ऐसा कहने के साथ ही हँस पड़ती पूनम। आज तो पूनम का मनभावन रोगनजोश था जो कि ज्योत्स्ना ने अपनी काश्मीरन प्रतिवेशनी दुलारी गंजू से बनाना सीखा था। हेमन्त को भी काश्मीरी रोगनजोश, यक्नी, कबरगा व गोश्ताबा इत्यादि ही नहीं अपितु दमआलू, दमगोभी व साबुत पत्ते की पालक का बना साग व अलयक्नी इत्यादि भी अति प्रिय थे। पूनम, हेमन्त व ज्योत्स्ना ने हास-परिहास करते हुए भोजन समाप्त किया।

"दीदी रोगनजोश बनाने में तो आप शत-प्रतिशत में से दो सौ प्रतिशत अंक लेती हैं।" पूनम ने परिहासपूर्ण स्वर में कहा।

"पूनम थोड़ा और रोगनजोश व चावल ले लो।" ज्योत्स्ना ने रोगनजोश पूनम की थाली में डालते हुए कहा।

“बस दी, बस, अब चावल नहीं लूँगी। हाँ, यह रोगनजोश का ‘पीस’ खा लेती हूँ।” भोजन समाप्त कर ज्योत्स्ना हेमन्त दोनों गाड़ी में पूनम को छोड़ने चल पड़े। पूनम ने ज्योत्स्ना के शाल को अपने मुख के चहुँओर भली प्रकार लपेट लिया। वह हेमन्त के निकट जा बैठी व ज्योत्स्ना पीछे की सीट पर बैठ गई।

‘स्वीट हार्ट’ तुम्हारी डार्लिंग तो पर्दे में रहती है।” स्मित हास्य बिखेरते हुए पूनम ने कहा।

“डार्लिंग, क्यों पर्दे में रहती है? क्या उसने कोई अपराध किया है? समाज के सम्मुख मुख छुपाकर बैठने की क्या आवश्यकता है?” हेमन्त के स्थान पर ज्योत्स्ना ने कहा।

“तुम नहीं जानतीं दी, मेरे भाई नहीं पूरे कसाई हैं, कसाई! मेरा सुख तो उनसे देखा ही नहीं जाता। आज वे तो नहीं मिलेंगे पर कोई और न मुझे देख ले इसलिए मैं पहले से ही सावधान रहती हूँ।” ज्योत्स्ना की ओर मुख कर पूनम ने कहा।

“पर्दे में ही रहो मेरी डार्लिंग, पर्दे में ही।” हेमन्त ने भी विनोदी स्वर में कहा। अपनी कॉलोनी के निकट बसस्टाप से लगभग आधा किलोमीटर पहले ही पूनम गाड़ी से उतर जाती थी व उतरने के पश्चात् वह भूले से भी पलटकर न गाड़ी की ओर देखती न अपने ‘स्वीट हार्ट’ हेमन्त की ओर।

रात्रि के समय शय्या पर बैठते हुए ज्योत्स्ना को पूर्व रात्रि में देखे स्वप्न का स्मरण हो आया तो उसे हेमन्त के साथ परिहास करने की सूझी, “हेमन्त...”

“कहो, क्या बात है जाय?” हेमन्त ने मृदु स्वर में कहा।

“क्या तुम दो दिन पहले पूनम के संग होटल में गए थे?” ज्योत्स्ना ने पति को निर्निमेष निहारते हुए पूछा।

“मैं पूनम के संग होटल गया था क्या?” हेमन्त ने घोर आश्चर्य से ज्योत्स्ना से ही प्रश्न कर डाला।

“हाँ, वहाँ क्या हुआ था?” ज्योत्स्ना ने पूछा।

“जाय, मैं तुमसे कभी झूठ नहीं बोलता। मैं कभी भी विश्वासघात करना पसन्द नहीं करता। मैं कभी-कभी पूनम के संग ‘सम्राट’ में चाय पीने अवश्य जाता हूँ। यह तो तुम्हें पहले से ही मैंने बताया हुआ है पर मैं दो दिन पहले नहीं गया था।” हेमन्त ने शान्त स्वर में कहा।

“विश्वास में ही तो विष का वास है। हेमन्त, क्या तुम यह नहीं जानते?” ज्योत्स्ना ने तनिक दार्शनिकता बघारी।

“वे और ही होते हैं जिनके विश्वास में विष का वास होता है। हेमन्त केवल विश्वास की मिट्टी से ही निर्मित है विष या घात की मिट्टी से नहीं।” हेमन्त ने तनिक तीखे स्वर में कहा।

“अब तुम हेमन्त चाहे झूठ समझो या सत्य तुम पूनम के संग दो दिन पूर्व होटल

में गए थे चाहे मेरे स्वप्न में ही गए थे।" मन्द-मन्द मुस्काते हुए ज्योत्स्ना आगे बोली, "अब होटल हो या एकान्त स्थली तुम्हें क्या अन्तर पड़ता है?"

"जाय, भविष्य में ऐसा परिहास कभी न करना।" हेमन्त के हृदय से मानो शिला तुल्य बोझ उतर गया हो।

"क्यों, इतना अधीर क्यों हो गए?" ज्योत्स्ना बोली।

"तुम्हारा बात करने का ढंग ही ऐसा था। आज तक तो कभी भी मैंने तुम्हारी आँखों में शंका की परछाइयाँ नहीं देखीं और आज जब देखीं तो मन व्याकुल हो गया। मैं शंकालु दृष्टि स्वप्न में भी सहन नहीं कर सकता।" हेमन्त ने उद्विग्न स्वर में कहा।

"ओहो! हेमन्त, मुझे तुम पर गर्व है। मैं जानती हूँ, तुम स्वप्न में भी मेरे संग कोई विश्वासघात नहीं कर सकते। वह तो मुझे स्वप्न ही ऐसा आ गया था।" ऐसा कहते हुए ज्योत्स्ना ने सम्पूर्ण स्वप्न हेमन्त को कह सुना दिया।

"तुम भी बस, जाय झूठी हो! स्वप्न एकान्तस्थली के देखती हो बात होटल की करती हो। अभी तक तो ऐसा कोई अवसर जीवन में नहीं आया। यदि भविष्य में ऐसा कुछ घटित हुआ भी तो निर्भय हो तुम्हें सब बताऊँगा।" हेमन्त ने मीठे स्वर में कहा।

"पर...हेमन्त...एक बात..." ज्योत्स्ना ने रुक-रुक थम-थम बरसती बरखारानी जैसे कहा।

"कहो, क्या कहना चाहती हो? यह संकोच कैसा?" हेमन्त ने ज्योत्स्ना को स्नेहिल स्वर में कहा।

"हेमन्त, कभी-कभी हृदय में शंका फन फैला उठती है। क्या पूनम इतना नेह भविष्य में सफलता के सोपान सुगमतापूर्वक चढ़ने के लिए तो नहीं कर रही तुम्हारे संग।" अन्ततः हृदय उद्गार जिह्वाग्र पर आ ही गए।

"हाँ जाय, कभी-कभी मुझे भी ऐसे भान होने लगता है कि सम्भवतः पूनम नेह का नाटक कर रही है। मैंने कई बार देखा व अनुभव से भी जाना है कि कई स्त्रियाँ इतनी अधिक महत्वाकांक्षी होती हैं कि महत्वाकांक्षा पूर्ण करने निमित्त निम्न-से-निम्न स्तर पर भी उतर आती हैं। पर यदि कोई अपकीर्ति पताका फहराने लगता है तो सम्पूर्ण दोष पुरुष के मस्तक पर मढ़कर स्वयं को निरीह, निर्दोष सिद्ध करने का प्रयत्न करती हैं।" हेमन्त ने अपने विचार व्यक्त किए। क्षणांश के मौन के पश्चात् हेमन्त पुनः बोला, "पर पूनम मुझे हृदय की अथाह गहराइयों के साथ भी चाहती है। मुझे ऐसा भी बहुधा आभास होता है और जब कोई किसी को अन्तर्मन की गहराइयों के साथ चाहता है तो उसे कभी धोखा नहीं दे सकता, उससे कभी छल नहीं कर सकता।" हेमन्त का स्वर कहीं दूर से आता हुआ प्रतीत हो रहा था ज्योत्स्ना को।

"तुम ठीक कहते हो हेमन्त, पूनम तुम्हें अन्तर्मन के अंतःकक्ष में बिठा आराधना करती है तुम्हारी। नहीं तो मैंने व तुमने इस पथ पर आगे न बढ़ने के लिए उसे कितना समझाया, कितना रोका पर वह अपने निश्चय पर अडिग रही। उसने तो

मेरे से एक वचन भी ले लिया है।" अकस्मात् ज्योत्स्ना के मुख से निकल गया।

"क्या वचन दिया है तुमने पूनम को।" प्रश्नसूचक दृष्टि से ज्योत्स्ना को निहारते हुए हेमन्त ने कहा। हेमन्त के तनिक कर्कश स्वर से ज्योत्स्ना चौंक गई। उसने अचकचाकर कहा, "कुछ विशेष वचन नहीं दिया।"

"तो भी, मैं भी सुनूँ–क्या वचन दिया है तुमने!" हेमन्त बोला।

"हेमन्त उसने मेरे से वचन..." एकाएक ज्योत्स्ना मौन हो गई।

"हाँ, हाँ कहो, निःसंकोच कहो जाय।" हेमन्त बोला।

"उसने मेरे से वचन लिया है कि वह मेरे जैसे ही इस घर में भविष्य में रहेगी।' ज्योत्स्ना ने नयन झुकाते हुए धीमे स्वर में कहा।

"तुम्हारे जैसे रहने से क्या तात्पर्य है तुम्हारा व उसका?" हेमन्त बोला।

"अर्थात् मेरे जैसे आपकी पत्नी बनकर।" ज्योत्स्ना ने कहा।

"जाय, तुम समझ रही हो, तुम क्या कह रही हो?" हेमन्त ने तीव्र स्वर में कहा।

"हाँ, हेमन्त, मैं समझ रही हूँ कि मैं क्या कह रही हूँ। पूनम तुम्हारी द्वितीय पत्नी के रूप में हमारे घर में रहेगी।" ज्योत्स्ना ने स्वर को सहज बनाते हुए कहा।

"द्वितीय पत्नी...वह कैसे बन सकती है? समाज व कानून, दोनों ही एक हिन्दू पुरुष को दो विवाह करने की अनुमति नहीं देते।" हेमन्त ने ज्योत्स्ना को समझाते हुए कहा।

"तो क्या वह तुम्हारी 'रक्षिता' बनकर रहेगी? नहीं मैं ऐसे कदापि नहीं होने दूँगी। मैंने उसे वचन दिया है कि वह मेरे सम ही तुम्हारे घर में रहेगी।" ज्योत्स्ना उत्तेजित स्वर में बोली।

"तुम जाय, इतनी सीधी, इतनी सीधी हो कि इतनी सीधी स्त्री को मूर्ख ही कहा जाता है। मैं अपने इतने जीवन में प्रथम बार यह सब अपने ही घर में देख रहा हूँ कि एक स्त्री स्वयं अपने ही हाथों से अपने ही पाँव पर कुल्हाड़ी मार रही है।" हेमन्त ने रोषपूर्ण स्वर में कहा।

"यदि पूनम तुम्हारी द्वितीय पत्नी नहीं बन सकती तो फिर उसे तुम्हारी प्रथम पत्नी ही बनना होगा।" ज्योत्स्ना बोली।

"वह कैसे सम्भव है?" हेमन्त ने कहा।

"उसे मैं सम्भव करूँगी।" ज्योत्स्ना बोली।

"वह कैसे?" हेमन्त ने कहा।

"तुम्हारे संग सम्बन्ध-विच्छेद करके।" ज्योत्स्ना बोली।

"क्या कहा! तुम मेरे संग सम्बन्ध-विच्छेद करोगी!!" हेमन्त विस्फारित नेत्रों से ज्योत्स्ना को निहारने लगा।

"हाँ, हेमन्त, यदि अन्य कोई मार्ग शेष नहीं तो मैं पूनम निमित्त, अपने वचन

की रक्षा निमित्त सम्बन्ध-विच्छेद करते हुए तनिक भी संकोच नहीं करूँगी।" ज्योत्स्ना की उत्तेजना पराकाष्ठा पर थी।

"तुम ऐसा नहीं कर सकतीं।" हेमन्त बोला।

"मैं ऐसा ही करूँगी।" ज्योत्स्ना ने कहा।

"क्या तुम्हें पूनम मेरे से अधिक प्रिय है।" हेमन्त बोला।

"नहीं, यह असत्य है।" ज्योत्स्ना ने कहा।

"फिर सत्य क्या है?" हेमन्त ने प्रश्न किया।

"देखो, हेमन्त पूनम ने मेरे चरणों पर मस्तक रखकर मेरे से एक भिक्षुणी तुल्य, एक विवश नारी तुल्य प्रार्थना की कि उसे मैं तुम्हारे साथ पत्नी रूप में इस घर में रहने की अनुमति दे दूँ। नहीं तो वह अपने प्राण त्याग देगी। हेमन्त, नेह बाँटने से कभी भी कम नहीं होता अपितु उसकी सुगन्ध चहुँदिक् फैलती है। मैं यदि सम्बन्ध-विच्छेद भी कर लेती हूँ तो इससे क्या अन्तर पड़ता है? रहूँगी तो तब भी मैं मिसेज पाल ही न—तुम्हारे ही संग, इस घर में तुम्हारी पत्नी के नाते ही। पूनम ने अभी जीवन में देखा ही क्या है? कितनी दुःखी रहती है वह निरुपाय लड़की। परायी व्यथा हर लेने से, दूसरों के घावों पर मरहम पट्टी करने से मानव की आत्मा सन्तोष का अनुभव करती है और फिर जो शरद ने मेरे तन व मन पर घाव किए हैं उनकी टीस तो अभी भी मन प्राण व्याकुल किए हुए है। पूनम के आ जाने से यदि संसार के रचयिता की अनुकम्पा होगी तो मेरे जीवन पर छाये हुए यह निराशा के निर्जीव बनानेवाले साये भी किसी सीमा तक दूर हो जाएँगे। पूनम ने एक नहीं अनेक बार, अनगिनत बार मेरे से याचना की है कि मैं उसे अपना लूँ। अब मैं भी तो मांस मज्जा निर्मित एक मानवी ही हूँ न, गैण्डे की खाल से निर्मित पशु नहीं हूँ, जिस पर किसी के करुण क्रन्दन का, किसी की विवशता का कोई प्रभाव ही न पड़े। मैं स्वयं को भी मिटाकर पूनम के तिमिराच्छादित जीवन को उषा की लालिमा से भर दूँगी तो कोई सन्ताप नहीं।" निर्णयात्मक स्वर में ज्योत्स्ना ने कहा।

"जैसी तुम्हारी इच्छा जाय।" दीर्घ श्वास छोड़ते हुए हेमन्त ने विवश स्वर में कहा। अधिक वाद-विवाद में पड़ना इस समय हेमन्त ने उचित नहीं समझा। उसने यह ही श्रेयस्कर समझा कि पहले पूनम से बात की जाए।

पूनम को कार्यालय में न आए हुए आज चतुर्थ दिवस भी व्यतीत हो गया था। हेमन्त अत्यधिक दुश्चिन्ताओं से घिरा हुआ था। लगभग एक सप्ताह पश्चात् पूनम ने कार्यालय में पग धरा, "क्यों पूनम क्या हुआ? इतने दिन ऑफिस क्यों नहीं आईं?" शान्तिप्रिया ने अपना पर्स सँभालते हुए पूनम से पूछा।

"मैं बीमार थी।" पूनम ने संक्षिप्त-सा उत्तर दिया।

"ऐसी क्या बीमारी थी कि ऑफिस एक 'फोन' भी न कर सकीं!" शान्तिप्रिया ने कहा।

"बस बीमार थी।" तनिक रूखे स्वर में पूनम ने कहा और हेमन्त के कक्ष की ओर चल दी। उसके समस्त सहकर्मी एक दूजे की ओर अधरों पर रहस्यमय मुस्कान लिए निहारने लगे।

"सर" अब कार्यालय में तो पूनम को मर्यादित व्यवहार ही करना पड़ता था न। उस समय हेमन्त कुछ पढ़ रहा था। उसने सिर उठाकर देखा तो पूनम पीताभमुख लिए ऐसे खड़ी थी मानो चिररुग्णा हो।

"क्या बात है पूनम?" हेमन्त ने संयत स्वर में कहा।

"सर...आज सन्ध्या पाँच बजे मैं वहीं मिलूँगी।" इतना कह हेमन्त के उत्तर की प्रतीक्षा किए बिना पूनम द्रुतगति से कक्ष के बाहर चली गई। सम्पूर्ण दिवस कार्यालय सम्बन्धी उलझनों को सुलझाने में ही व्यतीत हो गया। सन्ध्या समय हेमन्त गाड़ी निर्दिष्ट स्थान पर ले गया। इतने में पूनम आ गई तो दोनों निःशब्द गाड़ी में बैठ गए।

"होटल चलें," हेमन्त ने शान्त स्वर में कहा।

"नहीं, कहीं दूर, बहुत दूर चलो।" पूनम के इतना कहते ही हेमन्त तीव्र गति से गाड़ी चला सोहना की ओर चल पड़ा। मार्ग में एक रमणीक स्थान देखकर हेमन्त ने गाड़ी उस ओर मोड़ दी। मुख्य मार्ग से कुछ दूर एक सुरम्य कानन-सा था जहाँ एक मनभावन एकान्त स्थली थी। एकान्त स्थली पर पहुँचकर हेमन्त ने अपने थर्मस में से चाय निकाली तो पूनम ने पीने से मना कर दिया। तब हेमन्त ने दूसरे थर्मस में से शीतल पेय निकालकर पूनम को दिया। पूनम एक ही साँस में गटागट सम्पूर्ण शीतल पेय पी गई। दो क्षण मौन रहने के पश्चात् वह बोली, "हेमन्त...हेमन्त..." रुदन से उसका कण्ठ अवरुद्ध हो गया।

"क्या बात है? पूनम इतनी व्याकुल क्यों हो?" हेमन्त स्तब्ध रह गया।

"हेमन्त, माँ व बाबा ने पिछले सोमवार मुझे मार-मारकर अधमरा कर दिया। मेरा अस्थिपंजर तक पीड़ा कर रहा है। यह देखो, मेरी पीठ!" करुण क्रन्दन करते हुए अपनी पीठ निर्वस्त्र कर पूनम ने हेमन्त को दिखाई। लगता था पूनम को अति निर्दयतापूर्वक पीटा गया था। उसकी सम्पूर्ण पीठ पर लाल-नीले विशाल दाग़ पड़े हुए थे। कमलनाल सम बाजुओं पर भी नीले-लाल दाग़ थे। यह सब देख हेमन्त क्रोधित हो उठा। तुरन्त खड़ा होकर उसने कहा, "चलो, पूनम, अपने घर ले चलो मुझे, मैं तुम्हारे माँ-बाबा से बात करता हूँ।" पर पूनम वैसे ही बैठी अश्रु बहाती रही।

"उठो पूनम," हेमन्त पुनः क्रोधित स्वर में बोला।

"कहाँ चलोगे हेमन्त?" पूनम ने पूछा।

"तुम्हारे घर," हेमन्त ने कहा।

"वहाँ क्या करोगे?" पूनम का प्रश्न था।

"उन निर्दयी माँ-बाबा से तुमको इतनी निर्ममतापूर्ण मारने का कारण पूछूँगा।" हेमन्त बोला।

"किस अधिकार से ऐसा पूछोगे? मेरा तुम्हारा सम्बन्ध ही क्या है? यदि वे यह पूछेंगे तो क्या उत्तर दोगे?" पूनम ने कहा।

"मैं उन्हें कहूँगा कि मैं तुम्हारे साथ विवाह करने को तैयार हूँ। पूनम पर कभी भूले से भी हाथ न उठायें।" हेमन्त बोला।

"तुम्हारा कहा क्या वह मान लेंगे? मेरे संग ब्याह कैसे रचाओगे? बोलो, ज्योत्स्ना दी जो हैं।" पूनम ने कहा।

"नहीं, नहीं मैं विवाह तो नहीं कर सकता।" हेमन्त को उसकी चेतना ने चाबुक मारी।

"तो मेरी मृत्यु निश्चित है।" पूनम ने दीर्घ उच्छ्‌वास छोड़ते हुए कहा।

"ऐसा न कहो पूनम।" हेमन्त निरस्त्र हो गया। "मैं क्या करूँ? पूनम, तुम ही बताओ, तुम्हारा दुःख कैसे दूर करूँ?" व्यथित मन हेमन्त ने कहा।

"इसका अब एक ही मार्ग शेष है।" पूनम बोली।

"वह क्या?" हेमन्त का स्वर था।

"कोर्ट मैरिज।"

"क्या! क्या कहा तुमने!! यह कैसे सम्भव है?" अचम्भित स्वर में हेमन्त बोला।

"देखो हेमन्त, मेरी दुर्गति देखो! क्या मेरे नेह, मेरे प्रणय का मृत्यु ही पुरस्कार मिलेगी मुझे? विवेक से काम लो तुम। ज्योत्स्ना दी तो देवी हैं देवी, वह मेरी दशा भली प्रकार जानती हैं। वह न 'नहीं' करेंगी, यदि तुम उन्हें सम्बन्ध-विच्छेद के लिए कहोगे तो।" पूनम ने हेमन्त के नयनों में झाँकते हुए कहा।

"यह कैसे सम्भव है? समाज, परिवारजन और फिर ज्योत्स्ना का क्या होगा? नहीं, नहीं मैं जाय को ऐसे नहीं कह सकता!" हेमन्त का हृदय चीत्कार उठा।

"हेमन्त, दुविधा में न पड़ो। शान्त मन से विचार करो। जाय तो मेरी जन्म-जन्मान्तर की बड़भागी बहन हैं। वह मेरे लिए इतना त्याग हँसते-हँसते कर देंगी। घर की बड़ी तो वह ही रहेंगी सदा। जैसे वह चाहें वैसे ही घर चलेगा। उनकी इच्छा सर्वोपरि। उनके जो अधिकार हैं वह वैसे ही रहेंगे। उन्होंने तो मुझे पहले ही अनुमति दे दी थी कि मैं उस घर में उनकी तरह ही रह सकती हूँ।" पूनम ने हेमन्त को समझाना चाहा।

"पूनम, ज्योत्स्ना से इतना बड़ा बलिदान मत माँगो! फिर समाज क्या कहेगा?" हेमन्त को दुश्चिन्ताओं ने किंकर्त्तव्यविमूढ़-सा कर दिया।

"नेह तो बलिदान माँगता ही है। पर मेरा विश्वास करो मैं ज्योत्स्ना दी की सेविका बनकर, चाकर बनकर ही रहूँगी। रहा समाज तो समाज को तो एक दिन बताना ही होगा तुम्हारी दो पत्नियाँ हैं।" पूनम बोली।

"मैं यह नहीं कर सकता।" हेमन्त ने निर्णयात्मक स्वर में कहा।

"मेरी मृत्यु तो देख सकते हो! ओ निष्ठुर!! तुम अब क्या..." पूनम पुनः अश्रु बहाने लगी। उसका कण्ठ अवरुद्ध हो चला था।

"नहीं, मैं वह भी नहीं देख सकता। न तुम्हें खो सकता हूँ न ज्योत्स्ना को।" हेमन्त के लिए घोर विपत्ति की घड़ी थी।

"तुम्हें किसी को नहीं खोना होगा। हम दोनों संग-संग जीवन पथ पर तुम्हारे साथ चलेंगी। समाज, ज्योत्स्ना, हर दायित्व तुम मेरे पर छोड़ दो। मैं दी को मना लूँगी।" पूर्ण आत्मविश्वास से पूनम ने कहा।

"वह कैसे?" हेमन्त व्याकुल था परिस्थितियों की विकटता देखकर।

"देखो, हेमन्त, पिछले रविवार जलपान करते हुए मैंने माँ को केवल यही कहा था कि तुम मुझे बहुत अच्छे लगते हो।" तो माँ ने मृदु स्वर में उत्तर दिया, "क्या वह मेरा विवाह तुम्हारे साथ कर दे।" मैंने हर्षातिरेक से कहा, "हाँ, हाँ हेमन्त से मेरा विवाह कर दो। फिर क्या था मानो वज्रपात हो गया! माँ-बाबा ने पशुतुल्य मुझे मारा-पीटा और अपने शयनकक्ष में बन्द कर दिया। दो दिन खाना भी नहीं दिया। माँ दहाड़-दहाड़ के कहने लगी कि वह हेमन्त का खून कर देगी यदि मैंने उसका विचार न त्यागा तो। मैंने विवेक से काम लिया। चार दिवस रात्रि समस्त परिवारजन को विश्वास दिलाती रही कि मैं हेमन्त को बिल्कुल भी नहीं चाहती। वह तो मैं केवल परिहास कर रही थी। हेमन्त तो पहले से ही विवाहित है सो मेरे साथ विवाह कैसे कर सकता है? येन-केन-प्रकारेण मैंने उन्हें मना लिया। दी व समाज को भी मैं मना लूँगी। तुम निःशंक रहो। ज्योत्स्ना दी तो इस धरती की हैं ही नहीं। वह तुरन्त मेरी बात मान जाएँगी।" पूनम ने हेमन्त को समझाते हुए पुनः कहा, "शनिवार मैं ऑफिस आऊँगी। उस दिन एक बजे घर चलेंगे, वहीं भविष्य पर विचार करेंगे।" अँधेरा गहरा होने लगा था। हेमन्त पूनम को छोड़ने चल पड़ा।

हेमन्त ने पहले ही ज्योत्स्ना को बता दिया था कि शनिवार एक बजे के लगभग पूनम हेमन्त के साथ घर आएगी। जाय ने पूनम के मनभावन व्यंजन रोगनजोश, तीखे मसालेवाली मछली, साबुत साग व आइसक्रीम बनाई।

एक बजे के लगभग पूनम व हेमन्त आ गए। ज्योत्स्ना ने पूनम को आलिंगन में लेते हुए स्नेहचिह्न अंकित कर दिए उसके सिर पर। पूनम के नयन भर-भर आ रहे थे। ज्योत्स्ना ने कोमल स्वर में कहा, "पूनम लो पहले 'थम्सअप' पीओ।" यह कहते हुए ज्योत्स्ना ने एक थम्सअप से भरा गिलास पूनम को और एक हेमन्त को पकड़ा दिया। हेमन्त तो थम्सअप पी तुरन्त स्नान करने चला गया, पर पूनम धीरे-धीरे पेय पीने लगी।

"पूनम, क्या बात है? आज तुम्हारे मुख पर यह अमावसी अन्धकार क्यों छाया है!" ज्योत्स्ना ने व्याकुल स्वर में कहा तो पूनम के नयनों से झर-झर कर नीर बहने लगा, "दीदी" कह वह ज्योत्स्ना के संग लिपट गई। ज्योत्स्ना स्नेहपूर्वक उसके केशों

को सहलाते हुए बोली, "इतनी अधीर न हो पूनम, धीरज से काम लो। मैं जो बैठी हूँ तेरा हर दुःख, हर कष्ट सहन करने को। ऐसे करो पहले स्नान कर लो और फिर भोजन। भोजन पश्चात् आराम से बैठकर बातें करेंगे।" पूनम ने धीरे से सिर हिलाकर सहमति दे दी।

जाय ने स्नानगृह में पूनम के लिए नया गुलाबी तौलिया व एक पूनम के मनभावन आसमानी रंग की छोटी-छोटी बिन्दियोंवाली छापेदार 'मैक्सी' रख दी। पूनम स्नान करने चली गई। तब तक हेमन्त भी अपने कक्ष से तैयार हो, लखनवी कढ़ाईवाला पाजामा-कुरता पहन अतिथिकक्ष में आ गया। सद्यःस्नाता पूनम अब जूही की कली सादृश्य ही खिली हुई थी। पूनम ने अतिथिकक्ष में आते ही कहा, "दी, हम तो शयनकक्ष में ही खाना खायेंगे। चलो, मैं आपकी सहायता करूँ।"

"नहीं पूनम, तुम आराम से बैठकर हेमन्त से बातें करो। खाना मैं गर्म कर चुकी हूँ। बस पाँच मिनट में परोस देती हूँ।" जाय ने उठते हुए कहा।

शयनकक्ष में डबलबेड पर दुग्ध धवल मेज़पोश बिछा जाय ने थालियों में चावल रोगनजोश, मछली साग, समस्त व्यंजन परोस दिए। तीनों प्राणी धीरे-धीरे भोजन करने लगे। रोगनजोश व मछली दोनों पूनम को अति प्रिय थे। अतः वह स्वाद ले-लेकर प्रसन्नचित्त खाने लगी। खाते हुए पूनम का दायाँ कर कौर लिए हुए जहाँ-का-तहाँ रुक गया व उसके मुख से आह निकली।

"क्या हुआ पूनम?" जाय व हेमन्त ने सम्मिलित स्वर में पूछा।

"कुछ नहीं दी, माँ ने पुरस्कार दिया है नेह लगाने का।" पूनम ने कृत्रिम हँसी हँसते हुए कहा और कौर वापस थाली में रख, अपनी दायीं भुजा उघाड़कर दिखाई तो वहाँ गहरे लाल-नीले दाग़ पड़े हुए थे।

"यह कैसे हुआ पूनम?" जाय चीत्कार उठी।

"माँ-बाबा ने उपहार दिया है दी।" झर-झरकर मोती पूनम का आँचल भिगोने लगे।

"ऐसा क्या अपराध किया था तुमने जो तुम्हें इतनी निर्ममता से तुम्हारी ही जननी ने मारा!" विकल स्वर में जाय बोली।

"मैं उसकी झूठी बातों में आ गई। माँ के तीन तारी चाशनी में डूबे हुए स्वर की वास्तविकता न जान सकी सो फल तो मुझे मिलना ही था।" दीर्घ उच्छ्वास छोड़ते हुए पूनम ने कहा।

"ऐसे करो पूनम पहले भोजन कर लो। तत्पश्चात् बातें करेंगे। तुम हाथ धो लो। मैं तुम्हें खाना खिलाती हूँ।" ममतामयी नारी कौर बना-बना पूनम को खिलाने लगी व पूनम छोटी बालिका तुल्य खाने लगी।

लगभग आधे घण्टे पश्चात् तीनों शय्या पर ही बैठकर वार्तालाप में लीन हो गए। पूनम ने आद्योपान्त सम्पूर्ण घटना कह सुनाई। जाय सुनकर स्तब्ध-सी रह गई।

जो नारियाँ तरुणाई के आँगन में खड़ी अपनी पुत्रियों को चाबुक से मार-मार या शब्द बाणों से भेद-भेदकर अनुशासन में बाँधना चाहती हैं अन्ततः वे ही पुत्रियों से हाथ धो लेती हैं। प्रकृति का नियम है, जिस गेंद को जितना दबाओगे वह उतने ही वेग से ऊपर की ओर उछलेगी। अतः सन्तान को, विशेषकर युवा सन्तान को पूर्ण सुरक्षा, स्नेह, सम्मान विश्वास देना चाहिए व मित्रतुल्य व्यवहार कर, उनकी समस्याओं के विषय में जान, उन्हें उनका समाधान खोजने में पूर्ण-पूर्ण सहयोग देना चाहिए।

"कहाँ खो गई जाय?" हेमन्त के स्वर ने जाय की तन्द्रा भंग की।

"पूनम, बोलो, मैं तुम्हारी क्या और कैसे सहायता कर सकती हूँ?" जाय ने पूनम के नयनों को अपलक निहारते हुए कहा।

"बस, अब तो दी अपने पास ले आओ। मैं उस घर में लौटकर नहीं जाना चाहती और न ही उन मानवरूपी दानवों का मुख देखना चाहती हूँ। मैं मर जाऊँगी पर उस द्वार पर नहीं जाऊँगी।" पूनम ने बिलखते हुए कहा।

"छुटकी, धीरज रख मेरी बहन, जैसा तू चाहेगी हम वैसा ही करेंगे।" जाय ने पूनम को सान्त्वना देते हुए कहा।

"सच दी!" पूनम ने अबोध बालिका सम पूछा।

"शत-प्रतिशत सच छुटकी," विनोदी स्वर में जाय ने उत्तर दिया।

"अपना यह वचन स्मरण रहेगा क्या तुमको?" पूनम ने प्रश्न किया।

"हाँ सदा सर्वदा स्मरण रहेगा चाहे तो परीक्षा ले लो।" जाय ने कहा।

"तो मेरे लिए एक काम करो।" पूनम का स्वर था।

"शीघ्र कहो क्या करूँ?" जाय ने कहा।

"मैं अब कैसे कहूँ इतनी बड़ी बात।" पूनम हिचकिचाती हुई बोली।

"यदि कहोगी नहीं तो मैं कैसे समझूँगी कि कैसे दुःख दूर किया जाए तुम्हारा।" जाय ने कहा।

"दी, आप अन्यथा तो नहीं लोगी न। यदि मेरी बात कड़वी लगे तो मुझे क्षमा भी कर देना, अनुचित लगे तो मुझे न कह देना। मैं निःशब्द यहाँ से सदा के लिए चली जाऊँगी और इस धरती के बोझ का अन्त कर दूँगी।" पूनम बोली।

"पूनम, पहेलियाँ न बुझाओ। शीघ्र कहो, क्या बात है? क्यों तुम इतनी भूमिका बाँध रही हो?" जाय अधीर हो उठी।

"दी, आप हेमन्त के साथ सम्बन्ध-विच्छेद कर लें।" अन्ततः पूनम के हृदय की बात अधरों पर आ ही गई।

"क्या! क्या कहा तुमने!!" जाय विस्फारित नयनों से पूनम को निहार रही थी।

"जी, दीदी, मैंने कहा आप हेमन्त से सम्बन्ध-विच्छेद कर लें।" धीमे स्वर में पूनम बोली।

"पर क्यों?" जाय ने तीव्र स्वर में कहा।

“मैं आपको पहले ही कह चुकी हूँ आप मेरी बात को अन्यथा न लें। मेरे पास केवल अब एक ही मार्ग शेष है—हेमन्त संग ‘कोर्ट मैरिज’। वह तभी सम्भव है यदि आप हेमन्त के साथ कानूनन सम्बन्ध-विच्छेद कर लें अन्यथा मुझे आत्मघात करना पड़ेगा। मेरे जनकगण व भाई बन्धु जो मेरी दुर्गति करते हैं, वह आपसे छुपी हुई नहीं है। आप ही बताएँ मैं क्या करूँ? आपने केवल नाम के लिए सम्बन्ध-विच्छेद करना है। वास्तव में आपकी इच्छा ही इस घर में सर्वोपरि रहेगी। जो आप चाहें करेंगी। मैं तो आपके इस बलिदान का प्रतिदान पुनर्जन्म में भी नहीं दे सकती। दीदी, मेरा जीवन आपके ही हाथों में है। आपका निर्णय ही मुझे जीवन देगा या मृत्यु। आप स्वेच्छा से चाहें तो मुझे मृत्यु दे दें। मैं आपसे इतनी बड़ी आहुति माँग रही हूँ जो कोई नारी नहीं दे सकती। यदि मैं आपके स्थान पर होती तो मैं भी सम्भवतः इतना बड़ा त्याग नहीं कर सकती थी। पर आप तो ‘एन्जिल’ हैं दी! देखिए, मुझे निराश न कीजिए।” ज्योत्स्ना के दोनों चरणों पर मस्तक रख पूनम बाँध टूटी सरिता सम अश्रु बहाने लगी। जाय दिग्भ्रान्त-सी चहुँओर निहार रही थी। पूनम का विलाप, करुण क्रन्दन उसे पल-पल विचलित करता जा रहा था। परीक्षा की घड़ी उसके जीवन में आ ही पहुँची थी। वह कैसे एक कोमल कली को मृत्यु ग्रास बनने दे? कैसे एक निर्दोष, निरीह नवयौवना की आहुति दे दे? अभी उसने देखा ही क्या था इस धरा पर!

“दीदी, उत्तर दो, तुम्हारा क्या निर्णय है?” पूनम ने जाय की तन्द्रा भंग की। एक नयन युगल प्राणों के याचक थे। बड़ी ही आशा से उसकी ओर निहार रहे थे। हठात् जाय के मुख से निकला, “पूनम इतना अधीर न हो मेरी बहन, मैं तेरे लिए हेमन्त से सम्बन्ध-विच्छेद करूँगी।” यह कहते हुए जाय ने बिलखती हुई पूनम को उठाकर अपने वक्ष से लगा लिया।

“यह क्या कह रही हो जाय!” हेमन्त के लिए जाय का यह निर्णय आठवें आश्चर्य से कम नहीं था।

“मैं ठीक कह रही हूँ, हेमन्त, यदि मेरा इतना बलिदान पूनम को नवजीवन दे सकता है तो मैं तैयार हूँ इसके लिए। हाँ, चाहे समाज की दृष्टि में पूनम तुम्हारी वैधानिक पत्नी बन जाए। चाहे जो भी हो जाए पर मैं भी रहूँगी तुम्हारी ही पत्नी ही न, वो भी इसी घर में।” जाय ने दीर्घ उच्छ्वास छोड़ते हुए कहा।

“दीदी, समाज को बताएगा कौन? मैं ‘पेइंग गेस्ट’ सम आपके घर में रहूँगी। यह सत्य अभी केवल हम तीनों ही जानेंगे कि आपने हेमन्त से सम्बन्ध-विच्छेद कर लिया है और मैंने ‘कोर्ट मैरिज’ सच कहती हूँ, यह सब मुझे अपने उन स्वार्थी व निर्मम बन्धुजनों के लिए करना पड़ रहा है नहीं तो मैं हेमन्त की ‘रक्षिता’ बनकर भी जी सकती थी। मैं कभी आपका अधिकार लेने के लिए लालायित नहीं रही। यह मेरी विवशता है। मेरे जीवन का एक ही स्वप्न है—हेमन्त के संग सम्पूर्ण जीवन बिताना और मेरे इस स्वप्न को केवल आप ही साकार कर सकती है। मैं तो केवल नाम की

ही हेमन्त की पत्नी बनूँगी। वास्तव में तो बड़ी आप हैं और आप ही बड़ी रहेंगी। मैं तो आपकी आज्ञा माननेवाली आपकी छोटी बहन हूँ। आप जैसा चाहेंगी, मैं वैसे ही करूँगी। आप चाहेंगी तो मैं नौकरी भी छोड़ दूँगी आपके लिए। पर दी, मुझे बचा लो।" दीन हीन याचिका तुल्य पूनम करबद्ध प्रार्थना करने लगी।

"पूनम यदि जाय नहीं..." हेमन्त को मध्य में ही टोकते हुए जाय बोली, "जाय इतनी निर्बल नहीं है, न ही इतनी विवश। पूनम अश्रु पोंछ दो। हम इसी सप्ताह न्यायालय में सम्बन्ध-विच्छेद के लिए प्रार्थना-पत्र दे देंगे।" जाय ने अपना अन्तिम निर्णय सुना दिया।

"किस मुख से मैं आपको धन्यवाद दूँ दी, 'धन्यवाद' शब्द अति लघु है इस बलिदान के सम्मुख मेरी दी, अच्छी दी..." हर्षातिरेक से पूनम के मुख से कृतज्ञता से लबालब भरे ये शब्द फूट पड़े।

"क्या तुम्हारे परिवारजन तुम्हारा यह सम्बन्ध स्वीकार कर लेंगे पूनम।" शंका के नाग ने जाय के हृदय में फन उठाया।

"करेंगे तो बहुत अच्छा और यदि नहीं भी करेंगे तो सबसे ही अच्छा है। मेरे से इतनी अपेक्षाएँ क्यों? क्या दिया मुझे परिवारवालों ने—प्रतिदिन की उपेक्षा, कटाक्ष, प्रताड़ना! जो बोया है वही तो काटेंगे! मैं उनकी चिन्ता क्यों करूँ? मैं अपने घर में रहूँगी, वे अपने घर में रहें।" पूनम ने तीखे स्वर में कहा।

"पूनम मेरी तो कुछ समझ में नहीं आ रहा है मैं क्या करूँ? मैं जाय से सम्बन्ध-विच्छेद नहीं चाहता हूँ।" विचलित स्वर में हेमन्त बोला।

"तो क्या मेरी मृत्यु चाहते हो?" पूनम ने मदीली चितवन से हेमन्त के हृदय को घायल करने का यत्न करते हुए, तीन तारी चाशनी में स्वर को डुबोकर कहा।

"वह भी, मैं किसी भी मूल्य पर नहीं चाहता हूँ।" हेमन्त बोला।

"तो फिर इतने अधीर क्यों होते हो? भगवान पर विश्वास रखो। कल ही आप अपने वकील को मिलो।" जाय ने कहा।

"तुम पागल तो नहीं हो गईं क्या? मैं अपने वकील से कैसे यह सब कह सकता हूँ।" अचम्भित स्वर में हेमन्त बोला।

"तो कोई नया वकील ढूँढ़ लो। न्यायालय में ही सहस्रों वकील मिल जाएँगे।" जाय ने कहा।

"अच्छा, कल देखूँगा।" हेमन्त ने संक्षिप्त-सा उत्तर दिया।

"हेमन्त तुम तनिक भी चिन्ता न करो। मैं दीदी को नयनों की ज्योति तुल्य चाहूँगी। हमारे घर में हम तीनों—तीन शरीर एक आत्मा सम रहेंगे। देखना, कितना आनन्द आएगा। जब तीनों घूमेंगे इकट्ठे, खाएँगे इकट्ठे, पीयेंगे इकट्ठे। सुख-दुःख के भागीदार भी इकट्ठे होंगे। मेरे स्वीट हार्ट, मैं तुम्हें एक भी अवसर नहीं दूँगी चिन्तित होने का, अपने निर्णय पर पछताने का। मैं अपना समस्त जीवन अर्पण कर दूँगी

तुम्हारे इस छोटे-से परिवार को हर दुःख की छाया से दूर रखने के लिए।" पूनम ने उल्लसित स्वर में कहा।

"ठीक है, यह निर्णय तुम दोनों का है कल को मुझे दोषी मत ठहराना। तुम दोनों जो चाहती हो, मैं करूँगा, पर कल को ऐसा पल क्षण कभी भी न आए जब हमें अपने इस निर्णय पर पश्चात्ताप हो।" हेमन्त ने हृदय का बोझ उतारते हुए कहा।

"नहीं हेमन्त, ऐसा अवसर कदापि नहीं आएगा।" जाय बोली।

"हाँ, स्वीट हार्ट, मैं प्राण दे दूँगी पर ऐसा अवसर कभी नहीं आने दूँगी।" पूनम ने कहा।

कुछ देर विचार-विमर्श करने के पश्चात् हेमन्त पूनम को छोड़ने चला गया।

जब नील गगन के चन्द्रमा ने चहुँदिक् अपनी रूपहली चाँदनी बिछाई हुई थी और आकाश पर तारों का जाल झिलमिल कर रहा था तो हेमन्त व ज्योत्स्ना एक उपवन में विचार मग्न बैठे थे। अनेक स्त्री-पुरुष प्रसन्नचित्त उपवन में घूम रहे थे या बैठे थे। बच्चे उल्लसित हो अपनी बाल सुलभ क्रीड़ाओं में मग्न थे पर हेमन्त व जाय का ध्यान इस ओर नहीं था। वह अपनी समस्या के समाधान में लगे हुए थे।

हेमन्त हरी-हरी दूब का एक तिनका तोड़ व्यर्थ में ही उसके साथ खिलवाड़-सा कर रहा था। ज्योत्स्ना हेमन्त की उद्विग्नता को लक्ष्य कर रही थी। उसने ही पहले कहना आरम्भ किया, "हेमन्त, इतने उद्विग्न क्यों हो? पूनम की उद्दाम इच्छा ही नहीं, अपितु उसके लिए तो तुम्हारे संग विवाह करना जीवन-मरण का प्रश्न बन गया है। जब प्रणय के प्रथम सोपान पर पग धरता है मानव, तभी उसे सब ऊँच-नीच पर विचार करना चाहिए। किसी का कर थाम उसे मझधार में डुबोना कायरता है।"

"मैं कब उसे मझधार में डुबोना चाहता हूँ। वह आरम्भ से ही जानती थी मैं विवाहित हूँ। तब तो वह केवल इतना कहती थी कि मुझे दो रोटी और तुम्हारे चरणों में थोड़ा-सा स्थान चाहिए और इधर तुमसे चुपके-चुपके वचन भी ले गई। मुझे तो ये सब उसका त्रिया चरित्र ही लगता है। कई बार आभास होता है कि वह केवल अपनी महत्वाकांक्षा की पूर्ति निमित्त ही मुझे साधन मात्र बनाये है। वह जीवन में उन्नति के उच्चतम शिखर पर चढ़ना चाहती है और उसके लिए माध्यम मात्र ही बना हुआ हूँ मैं। जाय, कई बार मेरे अन्तःकरण में यह विचार आ-आकर मेरा मन दुविधा में डाल जाते हैं।"

"हेमन्त, यह केवल तुम्हारा भ्रममात्र ही है। पूनम ऐसी लड़की नहीं है। वह तो मुझे भगवती की प्रतिमा तुल्य निष्कलंक लगती है। निकृष्ट कोटि के विचारों को अन्तर्मन से निकाल फेंको और निर्द्वन्द्व, निर्विकार उसे स्वीकार करो। कल ही वकील से मिलते हैं।" ऐसा कहते-कहते जाय उठ खड़ी हुई। कहीं दूर गजर ने ग्यारह बजाये थे।

अगले दिवस तो नहीं, हाँ, एक सप्ताह पश्चात् हेमन्त एक वकील से मिला।

वकील ने तत्परता दिखाते हुए, हेमन्त व जाय से सम्बन्ध-विच्छेद करने का प्रार्थना-पत्र दो दिन में ही न्यायालय में जमा करवा दिया। न्यायाधीश की ओर से दोनों को न्यायालय में बुलाया गया। न्यायाधीश सुश्री नयनतारा शर्मा ने दोनों पक्षों को समझाने हेतु अपने निजी-कक्ष में बुलाया। उसने हेमन्त के नयनों में झाँकते हुए कहा, "क्या कारण है आप क्यों अपनी पत्नी से तलाक चाहते हैं?" हेमन्त को कोई उत्तर ही नहीं सूझ रहा था तो जाय ने स्थिति सँभाली, "मैं इनसे सम्बन्ध-विच्छेद करना चाहती हूँ मैडम।" जाय ने निर्भीक स्वर में कहा।

"क्यों करना चाहती हैं आप ऐसे?" नयनतारा बोली।

"क्योंकि मैं इस पुरुष से सन्तुष्ट नहीं हूँ। इसके पास कभी भी मेरे लिए समय नहीं रहा। इसने कभी भी मेरी भावनाओं को महत्त्व नहीं दिया। स्त्री होती भी क्या है—केवल एक वफादार सेवक जो दुम हिलाकर स्वामी की लताड़ खाकर भी वह द्वार नहीं छोड़ती। मैं अब ऐसा नहीं कर सकती हूँ। मैं इस पुरुष के संग किसी भी मूल्य पर अब नहीं रहूँगी।" पूनम का जादू चढ़कर बोल रहा था जाय के सिर पर। नयनतारा व हेमन्त उसे अवाक् देख रहे थे।

"पर इस आयु में तलाक! मेरी तो कुछ समझ में नहीं आता। आपकी सन्तान पर क्या प्रभाव पड़ेगा, क्या आप यह जानती हैं?" तीखे स्वर में न्यायाधीश बोली।

"मैडम, क्या नारी को पराधीन रहने के लिए ही भगवान ने संसार में भेजा है? क्या उसकी कोई इच्छा, आकांक्षा नहीं है? मैंने इस पुरुष के अनुसार अभी तक चलकर अपना सर्वस्व स्वाह कर दिया है। अब मैं इसका साथ और नहीं दे सकती। मैं शेष जीवन अपनी इच्छानुसार व्यतीत करना चाहती हूँ। रही बात सन्तान की तो हमारा एक एकाकी पुत्र है जो विदेश में विदेशी सुन्दरी के संग विवाह रचा, उसके प्रेम-सागर में आकण्ठ डूबा हुआ है। और हमारा कोई दायित्व नहीं है। मेरे पास पर्याप्त साधन है जीवनयापन करने हेतु। कृपया आप मुझे इस बन्धन से मुक्त करवा दें।" उत्तेजना से जाय का मुख रक्तिम हो गया था। वकील के सिखाये अनुसार ही जाय ने अपने विचार व्यक्त किए थे। हेमन्त सूखे मुख, अधरों पर प्राण लिए जाय को निहार रहा था।

"तो आप अपने पति श्री हेमन्त पाल के संग नहीं रहना चाहतीं न?" सीधा सपाट प्रश्न किया नयनतारा ने।

"कदापि नहीं," जाय ने शीघ्रतापूर्वक उत्तर दिया।

"और आप मिस्टर हेमन्त," नयनतारा ने प्रश्नसूचक दृष्टि से हेमन्त को निहारा।

"मैं भी नहीं रहना चाहता इनके संग।" हेमन्त ने धीमे स्वर में कहा।

"पुनः विचार कर लो मैडम, आपको सम्बन्ध-विच्छेद करने पर समाज क्या कहेगा?" नयनतारा बोली।

"समाज़ को मानव ही बनाता है। क्या समाज एक नारी को सुखी नहीं देखना चाहता? क्या सीता का धरती में समाना ही परमावश्यक है? क्या वह राम से उसकी उपेक्षा, उसके निरादर का, उसके निरपराध गृह त्याग करवाने का लेखा-जोखा नहीं माँग सकती?" जाय कटिबद्ध थी नयनतारा को निरुत्तर करने के लिए सो नयनतारा इतने वाद-विवाद के पश्चात् समझ गई कि यह स्त्री ऐसे कभी भी नहीं मानेगी। इस आयु में जाय का दृढ़निश्चय देख न्यायाधीश भी आश्चर्यचकित थी। उन्होंने पाल दम्पती को सातवें मास न्यायालय में आने को कहा और तब तक पृथक्-पृथक् रहकर पुनः विचार करने को भी कहा गया।

वकील प्रसन्न था कि चलो काम तो बना। जाय ऐसे प्रसन्न थी मानो रघुकुल की रीति की रक्षा कर आई हो। हेमन्त ने गाड़ी में बैठते ही कहा, "जाय, तुम कैसे बोल रही थीं! मैं तो दुविधा में ही पड़ गया था कि क्या वास्तव में ही मैं इतना नीच हूँ जिसे तुम हर मूल्य पर छोड़ना चाहती हो? मुझे तो तुमने अचम्भे में डाल दिया। तुम इतना कैसे बोल गईं जाय?" हेमन्त ने कौतूहलपूर्ण स्वर में पूछा।

"हेमन्त, मेरे सम्मुख उस समय केवल पूनम थी, निरीह पूनम, विवश पूनम, जिसे तुम न मिले तो आत्मघात कर लेगी। पूनम का जीवन बचाने की हार्दिक इच्छा ने ही यह सब बोलने की प्रेरणा दी।" जाय ने शान्त स्वर में कहा।

"पर मुझे यह सब अच्छा नहीं लगा।" हेमन्त बोला।

"मैं यह जानती हूँ हेमन्त।"

"अब कुछ समय हमें अलग रहना पड़ेगा।"

"वह भी प्रबन्ध हो जाएगा। चिन्ता न करो।"

"अपने परिजनों को क्या उत्तर दोगी?"

"उन्हें कुछ भी बताने की आवश्यकता नहीं है।"

"यदि उन्हें कहीं से मालूम हो गया तो।"

"तो भी चिन्ता न करो। मैं स्थिति सँभाल लूँगी।"

"तुम कितनी बड़ी आहुति दे रही हो पूनम के लिए! क्या पूनम इसका मूल्य जान सकेगी कभी?" हेमन्त ने कहा।

"पूनम तो मेरी छोटी बहन है न अब। कोई बहन भी नहीं थी। पूनम ने वह रिक्तस्थान भी भर दिया। वह एक प्यारी-प्यारी लड़की है न हेमन्त।" जाय बोली।

"मुझे तो शंका होती है वह तुम्हारे साथ निभा भी पाएगी।"

"हेमन्त, पूनम ने वचन दिया है हम तीनों मिलकर प्रेमपूर्वक जीवन व्यतीत करेंगे। और जो जीवन में समस्याएँ आएँगी उनका मिलकर समाधान खोजेंगे। हम तीनों तीन अभिन्न मित्रों तुल्य रहेंगे। तुम चिन्ता न करो।" जाय ने कहा।

"कल को कहीं हजारासिंह रगता के दो विवाहों की तरह ही मेरा हाल न हो—एक टाँगें पकड़े व दूसरी बाजू पकड़कर, सारी रात मुझे लटकाये रखे।" हेमन्त ने

विनोदी स्वर में ऐसे कहा तो जाय के मुक्त हास्य ने हृदय पर पड़ा हुआ बोझ दूर कर दिया।

जब अगले दिवस हेमन्त ने पूनम को सूचना दी कि वह सम्बन्ध-विच्छेद हेतु न्यायालय में फार्म भर आए हैं, तो उसका मन मयूर नृत्य कर उठा। उसने कहा कि वह कल सन्ध्या समय हेमन्त के संग उसके घर जाएगी, उसके नहीं, अपने घर जाएगी, जाय को धन्यवाद देने।

दूसरी सन्ध्या पूनम ने जाय के दोनों कर थाम नेत्रों से लगा लिए, "दी, आप तो पूरी 'ऐन्जिल' हैं, 'ऐन्जिल'। जो कोई स्त्री नहीं कर सकती, वह आपने कर दिखाया है। मैं आपकी सम्पूर्ण जीवन आराधना करूँगी, पूजा करूँगी, आभारी रहूँगी। आपने मुझे नवजीवन दान दिया है प्यारी दी," गद्गद स्वर में पूनम ने ऐसा कहते हुए जाय की चरणरज शिरोधार्य की।

जाय ने पूनम को उठा वक्ष से लगा लिया जैसे माँ अबोध शिशु आँचल में छुपा लेती है और कहा, "पूनम, मेरी बहन, तेरा स्थान तो मेरे हृदय में है चरणों में नहीं। तेरा इस घर पर उतना ही अधिकार है जितना मेरा व हेमन्त का है नोनी, आज से मैं तुझे नोनी कहूँगी। नोनी का अर्थ है—सुन्दर, सुन्दर नारी प्रीतम प्यारी, प्यारी छवि दिखला।" अपनी बात कहते-कहते जाय ने पुलकित हो हास्य का पुट दे दिया अपने कथन को।

"स्वीट हार्ट, मैं तुम्हारी भी बहुत-बहुत आभारी हूँ।" पूनम ने मीठी चितवन से हेमन्त की ओर देखते हुए कहा।

"पूर्णिमा, डार्लिंग, न्यायालय में जो कुछ भी हुआ, उसका श्रेय जाय को ही जाता है। मेरी तो बोलती बन्द हो गई थी जज साहिबा के सम्मुख।" हेमन्त ने प्रफुल्लित स्वर में कहा।

"अब जज साहिबा क्या जानें मन मन्दिर की बातें?" पुलकित स्वर में पूनम ने कहा।

"पर जाय, तूने तो मुझे आठवाँ आश्चर्य ही दिखा दिया न्यायालय में। क्या मैं वास्तव में ही..." हेमन्त को अनुरागमय नयनों से निहारते हुए जाय ने मध्य में ही टोक दिया, "हेमन्त, प्लीज, इतना न तुम मुझको सताओ, नहीं तो, नहीं तो..." आगे जाय को सूझ ही नहीं रहा था कि वह क्या कहे। हेमन्त कुछ कहता इससे पूर्व ही पूनम चहक उठी।

"दी, न्यायालय में विवाह करना परमआवश्यक है उसके पश्चात् मन्दिर में विवाह करेंगे।" पूनम ने असीम उत्साह से कहा।

"नोनी, जैसा तू चाहेगी छुटकी वैसा ही होगा।" जाय मानो पुत्री का विवाह कर रही थी।

"दीदी, ये तो मुझे एक दिन कह रहे थे तुम आ जाओ, केवल तुम ही, तुम्हारे

तन के वस्त्र भी मैं वापस भिजवा दूँगा। दी, यह मुझे बहुत चाहते हैं न। अब मेरे स्वप्न भी साकार होंगे। इतने बड़े अधिकारी की मैं पत्नी कहलाऊँगी—मिसेज हेमन्त पाल। हूँ! मिसेज हेमन्त पाल, मैं बनूँगी न दीदी? तुम चिन्ता न करो, तुम्हें हम बहुत अच्छी तरह रखेंगे।" पूनम पुलक-पुलक जा रही थी। जाय को अन्तर्मन में कुछ टूटता-सा प्रतीत हुआ—उसी के घर में उसे ये बित्ते भर की छोकरी अच्छी तरह रखेगी पर उसने सिर झटककर व्यर्थ के विचार जाल से मन मस्तिष्क को मुक्त कर लिया।

"दी, कुछ खिलाओ भई, आज इतना बड़ा दिन है।" अपनी दोनों बाँहें फैला अबोध शिशु तुल्य पूनम ने कहा और जाकर हेमन्त के वक्षस्थल से लग गई।

जाय तीन 'थम्सअप' व कुछ मिष्ठान तथा नमकीन ले आई। खाने-पीने के पश्चात् पूनम को घर छोड़ने पाल दम्पती चल पड़े।

पूनम के पाँव में तो मानो पंख लगे हुए थे। वह मन्द-मन्द मुस्काते हुए घर की सीढ़ियाँ चढ़ने लगी। द्वार दुर्गा ने खोला। माँ की वक्र भृकुटि देख, पूनम के देवता कूच कर गए।

"कहाँ से आ रही है धींगड़ी, आवारागर्दी करके?" कर्कश स्वर में दुर्गा बोली।

"कहीं से नहीं माँ, तनिक बस मिलने में देरी हो गई।" पूनम ने कोमल स्वर में कहा।

"बस मिलने में देरी हो गई या उस श्वान के संग कहीं भौंकने चली गई थी।" अत्यन्त घृणित स्वर में विकृत मुख करते हुए जनक चिल्लाये।

"इसका नौकरी पर जाना बन्द कर दे माँ, न यह जाएगी न उस साले से मिलेगी।" दिवाकर ने तिरस्कारपूर्ण स्वर में कहा।

"उस साले को तो मैं कल ही अपनी मोटर साइकिल के नीचे दबा, यमपुरी पहुँचा दूँगा।" प्रभाकर की भी घृणा कम नहीं थी हेमन्त के प्रति।

"और मैं तो उसके टुकड़े-टुकड़े कर काली माँ के अर्पण ही कर दूँगा।" शशि की घृणा असीम थी। पूनम रक्त के घूँट व विवशता के अश्रु पी, वस्त्र बदलने चली गई। म्लान मुख उसने जब एक दो कौर ही चावल खाये तो क्रुद्ध स्वर में माँ बोली, "उस नराधम की याद आ रही है क्या? कल से ऑफिस जाना बन्द।" विवश पूनम ने एक मछली का टुकड़ा और थोड़े से चावल और खा लिए।

दूर कहीं पपीहा बोला तो पूनम को ऐसे आभास हुआ जैसे रात आधी बीत गई थी। उसने सब निराशापूर्ण विचार मन मस्तिष्क से झाड़ू से बुहार बाहर निकाल दिए व हृदय के कपाट दृढ़ता से बन्द कर लिए, मैं क्यों अलाँ-फलाँ सोच-सोचकर मर-मर जा रही हूँ? अब तो केवल कुछ मास की बात है फिर तो मैं कभी भी इन दुष्टों का मुख तक भी नहीं देखूँगी। कितने भद्दे शब्द प्रयोग करते हैं ये अशिष्ट, जंगली मेरे हेमन्त के लिए। मैं कोई सम्बन्ध नहीं रखूँगी इन नराधमों के संग। ऐसा विचार करते हुए पूनम स्वप्न लोक में पहुँच गई।

ज्योत्स्ना को कुछ दिन के लिए अमृतसर माँ के घर जाना पड़ा। उसका मझला ममेरा भाई अस्वस्थ था। पूनम को जब मालूम हुआ तो उसने हेमन्त को विवश कर दिया घर ले जाने के लिए। हेमन्त ने उसे बहुत समझाया–जाय यहाँ नहीं है। ऐसे में तुम्हारा जाना ठीक नहीं पर पूनम ने एक न मानी, "क्या वह घर मेरा नहीं है स्वीट हार्ट? क्या वह घर केवल तुम्हारा है, जाय दी का ही है? क्या उस घर में मेरे को जाने का कोई अधिकार नहीं?" पूनम के तर्क-वितर्क के सम्मुख हेमन्त की एक न चली।

युग-युग से तृषित धरणी नेह की फुहार में मह-मह कर महक उठी। शीतकालीन सन्ध्या की आयु तो वैसे ही छोटी होती है तिस पर उन दिनों रिमझिम करती बरखा रानी ने तथा वेगवती वायु ने देहली में शीत के प्रकोप को द्विगुणित कर दिया। पाँच बजते ही चहुँओर निस्तब्धता व्याप्त हो जाती। पूनम निरन्तर पाँच दिनों तक हेमन्त के संग उसके घर आती रही। हर सुख-सुविधा से परिपूर्ण एकान्त स्थली, पूनम के युग-युग से तृषित तन-मन तथा सम्पूर्ण समर्पण ने हेमन्त को अपनी ओर ऐसा झटका दिया कि फिर पूनम हेमन्तमयी बन गई। प्रसून पराग का उसने छककर रसास्वादन किया। हेमन्त संग प्रणय के कक्ष, गवाक्ष, कोष्ठ परकोष्ठ सब में झाँक आई वह। इतनी तीव्र गति से नृत्य किया पूनम ने कि चहुँदिक् मधुर-मधुर झंकार सुन नीला अम्बर व अलसाई-सी वसुन्धरा दोनों ही झूम उठे उसके मनांगन में।

जब जाय वापस आई तो पूनम तृप्ति की डकार मार रही थी। जाय को ऐसा लगा कि किसी ने जादुई छड़ी घुमाकर म्लान मुख नोनी के स्थान पर सद्यःस्नाता उजली निखरी हुई नोनी को खड़ा कर दिया। उसे सुखद आश्चर्य हुआ। उसका भैया भी ठीक हो चुका था। हेमन्त भी अति प्रसन्न था। जाय को और क्या चाहिए था? कुछ भी नहीं, कुछ भी नहीं, केवल हेमन्त की प्रसन्नता व मह-महकर महकता घर उपवन चाहिए था। सो उसे मिल गया। फिर तो तीनों तीन तन एक प्राण हो जीवन व्यतीत करने लगे।

शनैः-शनैः समय व्यतीत होता जा रहा था और उसके साथ ही इन तीनों के मधुर सम्बन्ध प्रगाढ़ होते जा रहे थे। उन्हीं दिनों पूनम स्वयं को अनुरागमयी हेमन्तमयी कविता समझने लगी थी। वह कभी-कभी बड़े लाड़ से ज्योत्स्ना को 'मिसेज पाल, मिसेज पाल' कहने लगी। उन्हीं दिनों, एक दिवस पूनम ने ज्योत्स्ना को स्वयं पर उपन्यास लिखने को कहा, जिसका वर्णन हम आरम्भ में ही कर चुके हैं।

जब पूनम लाड़ से 'मिसेज पाल मिसेज पाल' कहती तो वह भी द्विगुणित स्नेह पगे स्वर में उसे नोनी, छुटकी, कहने लगती। ज्योत्स्ना पुत्री, पुत्रवधू, अग्रजा तथा ननद इत्यादि समस्त रूप सम्भवतः पूनम में ही देखती और अपना अपरिमित स्नेह स्रोत उस पर लुटाती रहती। पूनम तो भाव-विभोर होकर अनेक बार जाय को 'ऐन्जिल, ऐन्जिल' कहकर पुकारने लगती।

आजकल पूनम जनकगण तथा बन्धुओं द्वारा किया हर वार, प्रहार अत्यन्त

कुशलता एवं आत्मविश्वास से झेल लेती। मन उपवन में तो भाँति-भाँति के सुगन्धित सुमन लहरा रहे थे। उसे हर दिशा में एक एकाकी हेमन्त ही दृष्टिगोचर होता था, जहाँ तक वह दृष्टिपात करती। अत्यन्त कुशलता से कुशल अभिनेत्री घर व बाहर दोनों क्षेत्र सँभाले हुई थी।

सातवें मास में उन्हें न्यायाधीश नयनतारा ने बुलाया था। हेमन्त समस्त कार्य पूनम की इच्छानुसार कर रहा था। जाय तो पूर्ण सहयोग दे ही रही थी। पर हेमन्त का मन नहीं मानता था कि वह पूनम के जनकगण के संग विश्वासघात करे। एक दिवस उसने पूनम से कहा, "डार्लिंग, मैं नहीं चाहता तुम्हारे माता-पिता को धोखा दिया जाए।"

"धोखा कैसे दे रहे हैं हम?" पूनम बोली।

"यह धोखा नहीं तो क्या है? तुम उनकी अनुमति के बिना मेरे संग विवाह करना चाहती हो।" हेमन्त बोला।

"स्वीट हार्ट, उन्हें मेरी भावनाओं का विचार ही कब है? माँ मुझे उस बंगाली खूँटे के संग बाँधना चाहती है, जहाँ आकर माँ-बाबा सुविधापूर्वक अपना बुढ़ापा काट सकें। वह मुझे बलि का बकरा बनाना चाहती है। नहीं, नहीं, मैं ऐसा कभी नहीं होने दूँगी।" पूनम बोली।

"मैं तुम्हारे जनकगण से मिलता हूँ। उन्हें पूर्ण स्थिति से अवगत करवाऊँगा।" हेमन्त ने कहा।

"क्या कहोगे? मुझ विवाहित पुरुष के संग, जिसका पुत्र भी युवक ही नहीं, अपितु विवाहित भी है और एक पुत्र का पिता भी है, अपनी कन्या का विवाह करवा दीजिए और वे करबद्ध, मस्तक झुका, तुम्हारी आज्ञा शिरोधार्य करेंगे।" चिढ़े हुए स्वर में पूनम ने कहा।

"तो और क्या कहेंगे? मैं सम्बन्ध-विच्छेद के पश्चात् ही उनसे मिलूँगा।" हेमन्त बोला।

"मैं तुम्हारे पाँव पड़ती हूँ स्वीट हार्ट, ऐसा अनर्थ कभी भी न करना।" पूनम ने चिरौरी करते हुए कहा।

"क्यों? क्या तुम्हारे पिताश्री दोनाली दाग देंगे?" हेमन्त ने भी विनोदी स्वर में कहा।

"वह दोनाली दागने से भी बड़ा तुम्हारा अनिष्ट कर सकते हैं। कैसे-कैसे अपशब्द वे अपने समृद्ध शब्दकोश में से चुन-चुनकर और कैसी अश्लील गालियाँ अधरों पर सुसज्जित कर तुम्हें निकालते हैं कि सभ्यता तो लज्जा से धरती में ही समा जाए। मेरी मांस-मज्जा दग्ध हो-हो जाती है पर मैं विवश, निरुपाय, मूक बधिर दर्शक के तुल्य सब सहन करती रहती हूँ। उनका वश चले तो तुम्हारे...नहीं नहीं मैं कुछ नहीं

बोल सकती। तुम मेरे घर किसी भी मूल्य पर नहीं जाओगे।" पूनम ने कड़ा विरोध प्रदर्शित किया।

"तो उन्हें कैसे सूचित करें?" हेमन्त बोला।

"ऐसे करते हैं, पहले वकील को मिलते हैं।" पूनम ने सुझाव दिया।

चार दिवस पश्चात् हेमन्त पूनम को वकील के पास ले गया। वकील ने एक ही दृष्टि में पूनम का सर्वांग टटोल डाला। हेमन्त ने समस्या वकील के सम्मुख रखी। वकील जगदीप सिंह ने पूनम से कहा, "सम्बन्ध-विच्छेद तो अब एक पखवाड़े के अन्दर हो सकता है। पहले आपको अपने घर से भी बाहर निकलना चाहिए।"

"मैं आपका तात्पर्य नहीं समझी।" पूनम ने कहा।

"बड़ी सीधी-सी बात आप नहीं समझीं। आप आत्मनिर्भर हैं ना?" जगदीप सिंह बोला।

"जी, मैं इनके साथ ही नौकरी करती हूँ।" पूनम ने कहा।

"पहले तो आप अपनी नौकरी ही बदल डालिए।" जगदीप सिंह का जवाब था।

"उसके उपरान्त क्या करूँ?" पूनम ने कहा।

"किसी वूमन होस्टल में रहना आरम्भ कर दीजिए।" जगदीप सिंह बोला।

"यह कैसे हो सकता है?" पूनम का प्रश्न था।

"मिस पूनम, यदि आप आत्मनिर्भर होकर भी इतना झिझकती हैं तो कैसे 'कोर्ट मैरिज' करेंगी? कैसे जनकगण के क्रोध का सामना करेंगी? पहले अपने में साहस पैदा कीजिए, नहीं तो आप हेमन्त का घर उजाड़ने की अपराधी तो बनेंगी ही स्वयं भी मझधार में डूब जाएँगी?" जगदीप ने तनिक तीखे स्वर में कहा।

एक मास पश्चात् ऐसा सुअवसर आ ही पहुँचा। हेमन्त ने पूनम को एक 'वर्ल्ड ऑर्गनाइजेशन' में नौकरी दिलवा दी। वेतन भी अब पूनम का सात हजार हो गया था। वह अति प्रसन्न थी। माँ दुर्गा चण्डी प्रसन्न थी—चलो, उस दुष्ट से छुटकारा मिला। पिता प्रसन्न थे—चलो माया अधिक आएगी तो स्वयं ही अपने विवाह पर व्यय करने हेतु पर्याप्त धन कमा लेगी। भ्रातागण प्रसन्न थे—चलो, साले से पीछा छूटा अब और नोच खसोट सकेंगे पूनम की बच्ची से पैसा। जब प्रथम मास का वेतन पूनम ने लाकर माँ के करतल पर रखा तो पान चबाती हुई माँ ने अण्डाकार ऐनक में से उपेक्षापूर्ण दृष्टिपात किया पूनम पर। बाबा सारा पैसा बैंक में जमा करने के लिए दुर्गा से आग्रह करने लगे। भ्रातागण एक-दूसरे से अधिक-से-अधिक पैसा लेने की होड़ करने लगे। दिवाकर ने तो ईर्ष्यावश पूनम की चोटी ही उमेठ डाली उसे डाह हो रही थी कि वह तो डॉ. बनकर केवल चार हजार रुपये अर्जित करता है और ये पाँच फुटी सात हजार कमाने लगी। पूनम का हृदय वितृष्णा से भर गया। वह दूसरे कक्ष में जा शय्या पर लेट गई। पूनम गहरी सोच में डूब गई—यह क्या हो रहा है विधाता मेरे साथ! कितने लोभी हैं ये लोग, मेरे प्रियजन! एक व्यंग्यात्मक मुस्कान आ गई पूनम के मुख पर।

वह अपनी विचारधारा में बहती दूर, अति दूर निकलती कि इससे पहले ही दिवाकर के दुर्वासा से क्रोधी स्वर ने उसकी तन्द्रा भंग की, "ऐ, क्या सोच रही है? देख, माँ ने केवल मुझे दो हजार रुपये दिए हैं। अगले मास सीधी तरह से तीन हजार रुपये पहले ही मुझे दे देना। उसे 'चेन' के साथ-साथ एक अँगूठी भी लेकर दूँगा। अब यहाँ पड़ी पलंग क्यों तोड़ रही है? जाकर रसोई में मछली पका।" रक्तिम नेत्र दिखाकर अभी अग्रज गया ही था कि प्रभाकर व शशि आ गए। वे दोनों प्रसन्न थे। माँ से पाँच-पाँच सौ रुपये हथियाकर लाये थे। प्रभाकर ने बत्तीसी दिखाते हुए कहा, "ऐ री बहना, ऐसे ही हमारी झोली भरती रहना!"

शशि ने मस्त वृषभ-सा झूमते हुए कहा, "ताकि भाई लोगों को आनन्द ही आनन्द मनाने का अवसर मिलता रहे।"

"तुम लोग जाओ यहाँ से।" पूनम ने तनिक रूखे स्वर में कहा।

"ले, तू लेगी," पूनम को सौ-सौ के नोट दिखाते हुए प्रभाकर ने उसका उपहास उड़ाया।

"अरे दादा, इसे भला पैसों का क्या करना है? माँ दो सौ रुपल्ली दे देगी बस के किराये के लिए।" विकृत मुख बनाते हुए तिरस्कारपूर्ण स्वर में शशि बोला।

"हाँ, हाँ, मुझे पैसों का क्या करना है? मैं कोई मांस मज्जा मण्डित मानवी थोड़ी हूँ! मेरी कोई आशा आकांक्षा थोड़ी है! मैं तो एक यन्त्रचालित कठपुतली हूँ, तुम जैसे आत्मसम्मानहीन निर्लज्ज, निष्ठुर इन्सानों के लिए। देखो, ये भाई हैं जो गिद्ध सम नोच-नोचकर बस चले तो बहन की अस्थियाँ तक बेच दें! और ये पिता हैं जो हर समय यमदूत तुल्य सिर पर सवार रहते हैं, इनके वश में हो तो मुझे श्वास तक न लेने दें!! ये अर्थ पिशाचनी माँ है जो केवल बेटी की कमाई लेना जानती है!!! उसकी आशा-आकांक्षाओं से उसका दूर-दूर तक कोई सम्बन्ध भी नहीं है। और यह है अग्रज भ्राता श्री दिवाकर जो इतने निर्लज्ज हैं कि अपनी चहेती को मेरे श्रम से कमाये हुए पैसे छीनकर उपहार देना चाहते हैं!!!! अरे निर्लज्जो! अरे निष्ठुर प्राणियों, मैं भी मानवी हूँ! मेरे पास भी हृदय है!! न मैं पसन्द के कपड़े खरीद सकती हूँ न किसी सहेली के घर जा सकती हूँ, न किसी को अपने घर बुला सकती हूँ। अपना घर, अपना घर! किसे कहते हैं? कहाँ है मेरा घर?" उन्माद ग्रस्त हो चुकी थी पूनम। वर्षों से रोका हुआ सहनशक्ति का बाँध, आज समस्त कूल किनारे तोड़ बाढ़ आई नदिया तुल्य बह निकला। समस्त परिवारजन स्तब्ध खड़े रह गए। उन्हें विश्वास ही नहीं हो रहा था कि पूनम भी मुख में जिह्वा रखती है। फिर तो दुर्वासा की सन्तानों ने पूनम की पशु तुल्य पिटाई करनी आरम्भ कर दी। साक्षात चामुण्डा बनी उसकी माँ दुर्गा ने दुहत्तड़ मारे उसके मुख पर। पिता, अग्रज, अनुज सब-के-सब पद प्रहार से पूजा करने लगे पूनम की। सप्तम स्वर में पिटाई के मध्य में चिल्लाते भी जाते, "अरी दुष्ट! तू बहुत बिगड़ चुकी है। तुझे ठीक करना ही होगा ठीक। हमारी बराबरी करती है। दो पैसे क्या

कमाने लगी, स्वयं को राजरानी समझने लगी? तेरी तो मैं जिह्वा खींचकर रख दूँगी।" कर्कश स्वर में चण्डिका बोली। कोलाहल सुन प्रतिवेशियों ने द्वार खटकाना आरम्भ कर दिया। घर के अन्दर महाभारत चल रहा था। सारे-के-सारे महारथी मिल अभिमन्यु को मार रहे थे। अभिमन्यु के पास तो फिर भी शस्त्र थे। वह युद्ध भी कर सकता था पर इस निरीह बालिका के पास न तो अस्त्र-शस्त्र थे, न उसे आत्म बचाव करने की आज्ञा थी, न उसमें शक्ति थी। वह शीघ्र मूर्च्छित हो गई। जब प्रतिवेशियों ने अधिक द्वार खटकाया तो दिवाकर ने थोड़ा-सा द्वार खोलकर रुष्ट स्वर में कहा, "क्यों आप लोग द्वार खटका रहे हो? हम लोग तो टी.वी. पर एक ड्रामा देख रहे हैं।" और यह कह खटाक से प्रतिवेशियों के सम्मुख ही द्वार बन्द कर दिए। वे एक-दूसरे के मुख की ओर देखते हुए अपने-अपने घर की ओर चले गए।

अब सम्पूर्ण परिवार भी थक हार चुका था। पूनम धरा पर मूर्च्छित पड़ी थी और उसके प्रियजन, परिवारजन कहलानेवाले प्राणी अपने-अपने हाथ या पाँव दबा रहे थे। पशु तुल्य पूनम की पिटाई करते हुए बेचारों के अंग दुखने लगे थे।

"दादा, यह तो अभी तक मूर्च्छित पड़ी है।" प्रभाकर ने तनिक चिन्तित स्वर में कहा।

"अरे, मर नहीं जाती निर्लज्ज, अभी इसकी चेतना लौट आएगी।" दिवाकर ने तिरस्कारपूर्ण स्वर में कहा।

"पर इसका करेंगे क्या?" शशि भी पीछे नहीं था।

"करेंगे क्या? मैं इसे तीर-सा सीधा कर दूँगी। चली मेरे मुँह लगने। निष्ठुरा को हमारे संग कोई स्नेह ही नहीं है। रोनी सूरत बनाये रखती है अपने उस..." (शेष अपशब्द लिखने योग्य नहीं) दुर्गा ने भर्त्सनापूर्ण स्वर में कहा।

"इससे तीन दिन तक सारे घर का काम करवाओ। ऑफिस भेजने की कोई आवश्यकता नहीं।" पिताश्री ने पूनम के प्रति अपना स्नेह प्रदर्शित किया।

हेमन्त चिन्तित था न पूनम का कोई अवकाश के लिए प्रार्थना-पत्र उसके कार्यालय में आया था न किसी ने दूरभाष पर पूनम के अस्वस्थ होने की या कोई अन्य सूचना दी थी। अत्यन्त चिन्ताग्रस्त रहकर हेमन्त व जाय ने तीन दिवस व्यतीत किए। तीन दिवस के पश्चात् म्लान मुख जब पूनम कार्यालय आई तो सबने पूछा क्या वह बीमार थी? क्या बीमारी थी उसे? सहकर्मियों के पूछने पर पलकों में झिलमिल करते अश्रु पूनम यत्नपूर्वक ही रोक पाई। वरिष्ठ अधिकारी ने तो शुष्क स्वर में कहा उसे अवकाश लेने निमित्त पत्र तो अवश्य भेजना चाहिए या दूरभाष पर ही सन्देश देना चाहिए। यह कार्यालय है घर नहीं यदि उसका यही हाल रहा तो शीघ्र नौकरी से निकाल दी जाएगी। पूनम तो सब समझती थी पर उसके परिवारवाले कहाँ ये सब समझते थे। जब वे लोग रुष्ट होते पद प्रहार से पूनम की पूजा कर, उसके कार्यालय जाने पर रोक लगा दी जाती। कितने दायित्वहीन मानव थे वे। एक मछली सारे तालाब

को गन्दा करती है। पूनम के परिवार के सम्पर्क में आनेवाले कई लोग व प्रतिवेशी तो यहाँ तक सोचने लगे थे कि बंगाली घमण्डी, धूर्त व दर्पपूर्ण होते हैं। इस परिवार ने तो शरत्चन्द्र व रवीन्द्रनाथ जैसे महाकथा शिल्पियों के रचित पात्रों की धज्जियाँ उड़ाकर रख दी थीं। दुर्गा देवी की इस भावना ने कि उसकी लड़की ही उसको वृद्धावस्था में सुखपूर्वक, उसकी इच्छानुसार रखेगी, पूनम का जीवन नर्क तुल्य बना दिया था। तन से अधिक उसके मन पर घाव थे। लड़कों को अनुचित छूट दे व लाड़-प्यार कर दुर्गा ने स्वार्थी मानव बना दिया था। वे भी भगिनी से केवल स्वयं के सुख की ही कामना करते थे। उसको अपदस्थ करने में, अपमानित करने में या मारने पीटने में तनिक भी लज्जा संकोच नहीं करते थे। अपितु सगर्व माँ को सहयोग देते थे इस पुनीत कार्य में।

जब हेमन्त ने अपने कक्ष से पूनम के संग दूरभाष पर बात की तो पूनम ने उसे सन्ध्या समय मिलने को कहा। अधीर स्वर में हेमन्त बोला, “पूनम, क्या बात है? तीन दिनों तक ऑफिस क्यों नहीं आईं?”

“ऐसे ही,” पूनम ने क्षीण स्वर में कहा।

“क्या हुआ? तुम बोलती क्यों नहीं?” हेमन्त बोला।

“सन्ध्या समय बताऊँगी।”

“कुछ तो अभी बताओ।”

“अभी मैं बात नहीं कर सकती।”

“पर क्यों नहीं कर सकतीं?”

“मुझे और दुःखी न करो।”

“यह क्या कह रही हो? मैं तुम्हें दुःखी कर रहा हूँ।” हेमन्त बोला।

“मैं रिसीवर रख रही हूँ।”

“नहीं, पहले मुझे उत्तर दो।”

“क्या उत्तर दूँ?”

“जो मैं पूछता हूँ—हाँ या ना में उत्तर दो।”

“तीन दिन पहले तुमने फोन पर मुझे बताया था कि आज सन्ध्या वेतन लेकर घर जा रही हो।” हेमन्त ने कहा।

“हाँ, बताया था।” पूनम बोली।

“क्या पैसों को लेकर झगड़ा हुआ?”

“ऐसा ही समझ लो?”

“क्या तुम्हें पीटा भी?”

“हाँ,” पूनम ने दीर्घ उच्छ्वास छोड़ते हुए कहा।

“माँ, बाबा, भाई सबने।”

“हाँ, हाँ सबने। जी भरकर।” पूनम ने अवरुद्ध कण्ठ से कहा।

"क्या तुम्हारे पड़ोसी भी कुछ नहीं बोलते?" हेमन्त बोला।

"उन्हें बोलने ही कौन देगा—चण्डिका, यमराज या यमदूत!" तिक्त स्वर में पूनम ने उत्तर दिया।

"तुममें प्रतिवाद करने की शक्ति नहीं है क्या?" हेमन्त का स्वर था।

"उसी का तो उपहार मिला था उस दिन।" पुनः तीखे कड़वे स्वर में पूनम ने कहा।

"मैं अभी आ रहा हूँ। तुम और हम तुम्हारे घर चलेंगे।" हेमन्त ने उत्तेजित स्वर में कहा।

"नहीं, अभी न आओ।" पूनम बोली।

"क्यों न आऊँ? मैं अभी तुम्हारे साथ तुम्हारे घर चलूँगा। उनसे इस अत्याचार के विषय में बात करूँगा।" हेमन्त ने तीव्र स्वर में कहा।

"किस अधिकार से बात करोगे?" पूनम बोली।

"मैं...मैं...कहूँगा..." हेमन्त को शब्द ही नहीं सूझ रहे थे।

"तुम अभी वहाँ नहीं जा सकते। शीघ्र ही सम्बन्ध-विच्छेद कर लो जाय के साथ। फिर मैं विवाह कर उन्हें स्वयं ही पाठ पढ़ा दूँगी।" पूनम ने कहा।

"कब मिलोगी?" हेमन्त बोला।

"किस स्थान पर आऊँ?" पूनम ने कहा।

"उसी मोड़ पर। पाँच बजे आना।" हेमन्त बोला।

"अच्छा तो पाँच बजे मिलेंगे।" पूनम ने कहा।

"अच्छा" ऐसा कहते हुए हेमन्त ने रिसीवर रख दिया।

अन्यमनस्क-सी पूनम ने जैसे-तैसे समय व्यतीत किया और पाँच बजते ही चल पड़ी अपने गन्तव्य की ओर। हेमन्त गाड़ी लेकर पहले ही मोड़ पर खड़ा था। गाड़ी में बैठ हेमन्त के स्कन्ध पर सिर रख पूनम फूट-फूटकर रो पड़ी। अश्रुधारा अविरल गति से बह रही थी। तन-मन की मर्मान्तक व्यथा से पूनम का सर्वांग काँप-काँप कर जा रहा था।

"क्या हुआ पूर्णिमा डार्लिंग?" हेमन्त ने मीठे स्वर में स्नेह से उसके केशों पर हाथ फेरते हुए कहा।

"क्या नहीं हुआ स्वीट हार्ट? यह पूछो।" पूनम बोली।

"वह तो तुम्हारा म्लान मुख ही बता रहा है। ऐसा करते हैं घर चलते हैं। यह स्थान रुकने के उपयुक्त नहीं है।" हेमन्त ने कहा।

द्वार खोलते ही पूनम ज्योत्स्ना के वक्ष के साथ लग पुनः अश्रु बहाने लगी। अत्यन्त कठिनता से जाय और हेमन्त ने उसे सान्त्वना दी और धैय़पूर्वक बात करने को कहा। सर्वप्रथम जाय 'थम्सअप' ले आई और पूनम को पीने के लिए कहा। दो घूँट भरकर पूनम गिलास वापस करने लगी।

“यह क्या नोनी? सारा गिलास पी जाओ।” ज्योत्स्ना ने कहा।

“मेरा दिल नहीं करता दी।” पूनम बोली।

“नहीं, स्वीट हार्ट, यह सारा पी लो। तुम्हें इसकी आवश्यकता है।” हेमन्त ने कहा।

“मैं नहीं पीऊँगी।” पूनम बोली।

“तुम नहीं पीयोगी नोनी, तो मैं भी नहीं पीऊँगी।” जाय ने कहा।

“और मैं भी नहीं पीऊँगा। स्वीट हार्ट, देख ले, मेरे प्यार, तेरे लिए प्यासा ही मर जाऊँगा।” नाटकीय स्वर में हेमन्त ने घुटनों के बल बैठते हुए कहा तो जाय व पूनम दोनों ही हँस पड़ीं। पूनम ने अधरों से गिलास लगाकर खाली कर दिया तो जाय व हेमन्त भी पूर्ण शीतल पेय पी गए। हेमन्त किसी भी मूल्य पर पूनम को प्रसन्न देखना चाहता था। अतः जानबूझकर उसे ‘स्वीट हार्ट’ कह रहा था। ताकि उसके अधरों पर हँसी आ जाए। पूनम को हँसते देख हेमन्त ने पुनः कहा, “अब विस्तारपूर्वक बताओ क्या हुआ था उस दिन?” हेमन्त व जाय पूनम को अपनत्व से निहार रहे थे।

पूनम के नयनों से झर-झरकर पुनः अश्रु बहने लगे। वह अस्फुट स्वर में कुछ बोली।

“ऐसे नहीं रोते मेरी बहना, मेरी नोनी।” जाय ने पूनम के अश्रु पोंछते हुए कहा।

“डार्लिंग, क्या तुम इतनी अशक्त हो? नहीं तुम अशक्त नहीं हो फिर विवश नारी जैसे इतना रोना धोना क्यों?” हेमन्त ने उसे आलिंगनबद्ध करते हुए आगे कहा, “मैं जो बैठा हूँ तुम्हारे हर सुख-दुःख का साथी। हृदय छोटा न कर पूर्णिमा, मैं व जाय दोनों तेरे साथ हैं ना।”

“हाँ, नोनी, क्यों रो-रोकर मोती नष्ट कर रही हो? धीरज रखो, हम तुम्हारी समस्या का कोई-न-कोई तो समाधान खोजेंगे ही।” जाय ने पूनम को सान्त्वना देते हुए कहा।

पूनम ने आद्योपान्त सम्पूर्ण कथा कह सुनाई उन दोनों को। ज्यों-ज्यों पूनम आगे बढ़ती जाती त्यों-त्यों जाय व हेमन्त का क्रोध द्विगुणित होता जाता।

“मैं उनको उनकी इस धृष्टता के लिए कभी क्षमा नहीं करूँगा।” हेमन्त फट पड़ा।

“बहुत ही असभ्य लोग हैं भ्रातागण मेरे। पर माँ बाबा को क्या हो गया! क्या माँ ऐसी भी होती है!!” जाय ने विचलित स्वर में कहा।

“हाँ दी, माँ ऐसी भी होती है।” पूनम बोली।

“भाई तो भगिनी की रक्षा निमित्त प्राणों तक को न्यौछावर करते हैं।” जाय ने कहा।

“कई भाई भगिनी से केवल अपने सुख-सुविधा की आशा करते हैं।” पूनम की आवाज थी।

"मेरा तो दिल करता है वहाँ जाकर उनसे स्पष्ट शब्दों में कहूँ कि पूनम को छुएँ भी नहीं। वह मेरी धरोहर है उनके पास।" हेमन्त बोला।

"ऐसा अनर्थ न करना स्वीट हार्ट।" पूनम ने कहा।

"तो अब हमें क्या करना चाहिए?" जाय का स्वर था।

"हेमन्त को शीघ्र मेरे साथ विवाह करना चाहिए। मेरा विवाह स्वयं ही उनके हर एक अत्याचार का उत्तर होगा। उनके मुख पर यह वह झन्नाटेदार थप्पड़ होगा जिसकी पीड़ा मृत्युपर्यन्त नहीं भूलेंगे वे अत्याचारी।" घृणा से पूनम ने कहा।

"मैं कल ही सम्बन्ध-विच्छेद करने की तिथि लेता हूँ।" हेमन्त बोला।

"वही ठीक है।" जाय ने भी अनुमोदन किया हेमन्त की बात का।

"स्वीट हार्ट, कब वह दिन आएगा। जब मैं यहाँ सदा सर्वदा के लिए रहूँगी।" पूनम बोली।

"अति शीघ्र आएगा वह दिन नोनी।" जाय ने कहा।

"कहो तो डार्लिंग कल ही विवाह कर लें।" हेमन्त बोला।

"और उसके पश्चात् जेल चले जाएँ।" पूनम बोली।

"जेल कौन भेजेगा?" जाय ने रुष्ट स्वर में कहा।

"जेल नहीं आप दी जाने देंगी तो नौकरी तो अवश्य छूटेगी।" पूनम ने कहा।

"बाबा, ऐसी बातें न करो।" हेमन्त बोला।

"तभी तो कहती हूँ मेरे पतिदेव, बुद्धि से काम लो।" पूनम की हँसी ने जलतरंग-सा बजा दिया। मानो चाँद के मुख से काली घटा रूपी घूँघट हट चुका था।

"जैसी प्रिय प्राणेश्वरी की इच्छा। हम तो इनके आदेश का पालन करने को आतुर हैं।" हेमन्त ने नाटकीय स्वर में कहा।

"स्वीट हार्ट, तुम्हारा यह रूप तो केवल घर में ही देखा जा सकता है। ऑफिस में तो आप धीर गम्भीर गरिमापूर्ण वरिष्ठ अधिकारी हैं न।" पूनम बोली।

"जी प्राणेश्वरी, ऑफिस में वहाँ के कर्तव्यों का पालन करना होता है, सो मैं करता हूँ। घर में तो आप आदेश दें हृदयेश्वरी, हम पालन करने को प्रस्तुत हैं।" मस्तक झुका विनीतभृत्य तुल्य हेमन्त ने कहा तो पूनम के हृदयाकाश पर छाई हुई समस्त काई फट गई। पूनम चहक उठी। समय हो गया था। हेमन्त उसे छोड़ने चला गया। जाय का शाल मुख के चहुँओर भली प्रकार लपेट पूनम आगे की सीट पर हेमन्त के निकट जाकर बैठ गई। हेमन्त गाड़ी चला रहा था और पूनम का दायाँ हाथ हेमन्त की जंघा को कोमलता से सहला रहा था। निर्दिष्ट स्थान पर पूनम उतर गई और फिर मुड़कर भी न देखा। क्षणांश के लिए हेमन्त जाती हुई पूनम को देखता रहा और तदुउपरान्त गाड़ी मोड़ घर की ओर चल पड़ा।

दूसरे दिवस मालूम हुआ कि वकीलों की हड़ताल के कारण न्यायालय अनिश्चित काल के लिए बन्द कर दिए गए थे। तीनों ने मिलकर निर्णय किया कि न्यायालय

खुलने तक पूनम जैसे भी हो समय व्यतीत करेगी उसी घर में रहकर जहाँ वह एक पल भी नहीं रहना चाहती थी। वह होस्टल में भी नहीं जाना चाहती थी। 'येन-केन-प्रकारेण जनकगण व भाई उसे होस्टल से निकाल ही ले जाएँगे और फिर वह जीवनभर हेमन्त को मिल नहीं पाएगी।' ये पूनम के विचार थे।

8

आजकल लालिमा लोकेश वत्स के प्रेम में पगी लोकेशमयी हो रही थी। लोकेश उसके बालापन का मित्र था। मित्र तो उसके अनेक थे पर उस कर्कश स्वरा, घमण्डी, दर्प के मद में चूर युवती से सब दूर रहना ही श्रेयस्कर समझते थे। 'न उसकी दोस्ती अच्छी न उसकी दुश्मनी अच्छी' मित्र लोगों का यही विचार था। लोकेश अभिजात्य वर्ग का परिमार्जित रुचिवाला युवक था। शिष्ट सभ्य सुसंस्कृत। न जाने उसे लालिमा में कौन-सी विशेषता दृष्टिगोचर हुई कि उस पर तन-मन न्यौछावर करने लगा। लालिमा भी छककर स्वच्छन्दता व उच्छृंखलता का उपभोग कर चुकी थी। उसे धनाभाव सदा ही बना रहता। उसने सोचा, 'लोकेश के गले में विवाह रूपी पट्टा डाल, उसे पालतू बनाना चाहिए। फिर उसे मनमानी करने से कौन रोक सकता है।' इसलिए उसका कृत्रिम प्यार उमड़-घुमड़कर लोकेश को भिगो-भिगो जा रहा था और वह भी लोकेशमयी बन फिरकनी-सी लोकेश के चहुँओर घूमती रहती थी।

धनी व्यवसायी का एकाकी पुत्र था लोकेश। वैद्यनाथ वत्स का सिल्क व सूती वस्त्रों का निर्यात का व्यवसाय इंग्लैण्ड व अमेरिका में सुचारु रूप से चल रहा था। देहली में पंचशील पार्क में उनका समस्त सुविधापूर्ण विशाल तीन तल्ला बंगला था। लोकेश की जननी ने ज्येष्ठ पुत्री के विवाह उपरान्त विदेशों में भ्रमण करने का कार्यक्रम बनाया तो लोकेश देहली में ही रह गया। फिर तो लालिमा को लोकेश को दिग्भ्रान्त करने में विशेष समय नहीं लगा।

लोकेश की जननी सुलक्षणा कुछ विशेष रुचि नहीं रखती थी लालिमा में। कटे हुए केश गुच्छ जो आधे नेत्र ढके रखते, उभार प्रदर्शित करता हुआ टाप व कसी हुई जीन्स तनिक भी न भाते सुलक्षणा को। पर पुत्र की मित्र जान सुलक्षणा कुछ विशेष ध्यान न देती इस ओर। उसे पूर्ण विश्वास था कि उसका पुत्र यदि आकृष्ट होगा तो विधाता की किसी अनुपम कृति की ओर ही होगा। पर सम्भवतः वह यह नहीं जानती थी, 'नर के मन कुछ और है नारायण के मन और' जब वह विदेशों का भ्रमण करने पश्चात् भारत लौटी तो पुत्र ने एक ही रट लगाई, 'वह विवाह करेगा तो केवल लालिमा के संग अन्यथा कभी भी विवाह नहीं करेगा। उसे नहीं विवाह करना किसी पुरातन पन्थी, साड़ी बाँध कन्या के संग। ऐसे छुई मुई बन जाती हैं जैसे कोई निगल

ही जाएगा।' सुलक्षणा ने सिर पीट लिया पर कुछ न कर सकी वह। विवश सुलक्षणा को पुत्र की इच्छा पूर्ति हेतु हामी भरनी ही पड़ी। उसने दूरभाष पर अमिता संग बात करने की सोची।

"देखिए, मिसेज सेठ, बच्चों की पसन्द ही हमारी पसन्द है। वे दोनों एक-दूसरे को चाहते हैं तो मैं भी तैयार हूँ उनका विवाह करने के लिए।" एक दिवस शान्त स्वर में सुलक्षणा ने दूरभाष पर अमिता से कहा।

"मैं आपके साथ सहमत हूँ मिसेज वत्स पर..." अमिता ने बात अधूरी छोड़ दी।

"पर क्या? क्या उलझन है मिसेज सेठ?" सुलक्षणा ने विनम्र स्वर में कहा। वैभव का तनिक भी घमण्ड न था शिष्टसभ्य नारी को।

"मेरी अभी ज्येष्ठ पुत्री का विवाह भी नहीं हुआ।" अमिता ने कहा।

"तो इसमें दुविधा क्या है? समाचार-पत्र में विज्ञापन देकर कोई योग्य वर ढूंढ़ लीजिए। फिर लगे हाथ दोनों पुत्रियों का कन्यादान कर दीजिए।" सुलक्षणा ने आत्मीय स्वर में कहा।

"वरों की कोई कमी नहीं है मिसेज वत्य, बात असल में ये है कि लड़की अभी विवाह ही नहीं करना चाहती।" क्षणांश में अमिता के वैभवी दर्प ने फन उठा लिया, "मेरी लड़की रूपवती है। धनवान परिवार की है। उसे क्या कमी है वरों की?" अमिता ने दम्भपूर्ण स्वर में पुनः कहा।

"फिर आगे का कार्यक्रम कैसे निर्धारित किया जाये?" सुलक्षणा ने विवश स्वर में कहा।

"ऐसे है, मैं रात को अपने पति सेठ साहब से बात करूँगी। कल मैं आपको स्वयं फोन करूगी। यही कोई दस बजे के पश्चात् बात करेंगे।" अमिता के मस्तक में विचार कौंध गया कि यदि बड़ी विवाह नहीं करती तो न करे। कम से कम एक को तो द्वार से विदा करें।

रात्रि भोजन के समय वत्स परिवार का सम्पूर्ण इतिहास बताते हुए अमिता ने दर्पपूर्ण स्वर में, पति को लालिमा का सम्बन्ध मागने की बात बताई।

"पर सगे सम्बन्धी क्या कहेंगे कि बड़ी लड़की को छोड़ छोटी का विवाह पहले कर दिया है।" एन.एन. सेठ ने कहा।

"जब बड़ी मानती ही नहीं तो क्या करें?" अमिता बोली।

"कहती तो तू ठीक ही है। कितने धनी लोग हैं ये। बाज़ार में इनकी 'साख' चलती है और ऊपर से उन्होंने स्वयं ही तेरी बिगड़ैल पुत्री का रिश्ता माँगा है।" सेठ बोला।

"तो अब मैं क्या उत्तर दूँ सुलक्षणा को।" अमिता बोली।

"कल पहले लड़के की जन्मपत्री माँग।" सेठ ने कहा।

"क्यों जन्म-पत्री का क्या करना है? यदि गण न भी मिलें तो विवाह थोड़ी रोक सकते हैं।" अमिता बोली।

"हाँ यह भी ठीक है।" कुछ सोचते हुए सेठ ने कहा।

"ऐसे कर आगामी रविवार को उन सबको अपने घर बुला ले। तभी भली प्रकार बात कर सकेंगे।" सेठ ने सुझाव दिया

रविवार को वैद्यनाथ वत्स सुलक्षणा व लोकेश सन्ध्या समय चार बजे सेठ के घर पहुँच गए। नीलिमा निरुपम भी वहीं थे। सेठ परिवार ने मधुर मुस्कान के साथ सबका स्वागत किया। अभिवादन के पश्चात् सब शीतल पेय पीने लगे। लालिमा सौन्दर्य की दुकान अर्थात् 'ब्यूटी पार्लर' से सजधज कर आई थी। पाउडर प्रदत्त सौन्दर्य प्रत्यंचा सम भृकुटि विलास सब कुछ कृत्रिम लग रहा था, लड़की बत्तीसी दिखाते हुए स्वयं ही बढ़-चढ़कर 'मम्मी पापा' को प्रसन्न करने लगी हुई थी। अमिता ने वार्तालाप का सूत्र स्वयं थामा, "लोकेश की बहन को क्यों नहीं लाई आप?" अमिता ने मिश्री मण्डित स्वर में कहा।

"वह और जमाई राजा उदयपुर गए हुए हैं। दो दिन से उनसे फोन पर भी बात नहीं हो पाई।" सुलक्षणा ने बताया।

"आगे का क्या विचार है?" अमिता बोली।

"विचार तो आपने करना है। हम तो कल ही विवाह के लिए तैयार हैं।" सुलक्षणा ने कहा।

"लालिमा पसन्द है न आपको?" अमिता बोली।

"जी, जी हाँ, पसन्द क्यों नहीं? पुत्र की पसन्द अपनी पसन्द।" वैद्यनाथ ने कहा।

"यह तो आपका बड़प्पन है मिस्टर वत्स।" सेठ ने नम्र स्वर में कहा।

"आण्टी, मैं विवाह में हीरे पन्ने जड़ी अँगूठी लूँगी।" नीलिमा ने चहककर कहा।

"वो तो अनुजा लेती है नीलिमा, तुम तो लालिमा की बड़ी बहन हो।" मन्द-मन्द मुस्काते हुए सुलक्षणा बोली।

"कोई बात नहीं। मैं छोटी बहन बन जाऊँगी और आप मुझे, मुझे लालिमा की अनुजा समझ लेना।" वैसे ही मन्द मुस्कान के साथ नीलिमा बोली।

"मैं भी लोकेश के जूते छुपाऊँगा।" प्रफुल्लित स्वर में निरुपम ने कहा।

"वह भी छोटी बहनें छुपाती हैं, बड़ा भाई नहीं।" सुलक्षणा के इतना कहते ही सेठ हो-हो करके हँस पड़ा।

"बड़ा भाई होने का अच्छा दण्ड मिलता है लड़के को। चलो, जूते भी नीलिमा के भाग में ही छुपाने लिखे हैं।" निरुपम ने कृत्रिम क्रोध करते हुए कहा।

"निरुपम बेटे, तुम जो चाहो हम तुम्हें देंगे।" वैद्यनाथ ने भी कृत्रिम गम्भीरता से कहा।

“अरे नहीं अंकल, नहीं, मुझे कुछ नहीं चाहिए। आप कृपया इस लालिमा को ही ले जाएँ।” विनोदी स्वर में निरुपम बोला। इस तरह हास-परिहास में वातावरण सुखमय हो उठा।

“मैं कल ही विवाह व शगुन का मुहूर्त निकलवाती हूँ।” अमिता बोली।

“अमिता जी, देखिए हमें कुछ भी नहीं चाहिए। शगुन निमित्त एक रुपया एक डिब्बा मिष्ठान का भले ही दे दें।” सुलक्षणा ने पति की ओर देखते हुए कहा।

“जी हाँ, सुलक्षणा ठीक कहती है।” वैद्यनाथ ने भी पत्नी की बात का अनुमोदन किया।

“वाह! यह कैसे हो सकता है? हम पहला विवाह कर रहे हैं। अन्ततः तो इतनी धन सम्पदा इन बच्चों की ही है ना फिर विवाह क्यों न शान शौकत के साथ करें?” अमिता ने प्रतिवाद करते हुए कहा।

“हम दहेज रूपी दानव से दूर ही रहना चाहते हैं।” सुलक्षणा बोली।

“वाह! क्या उच्च विचार हैं आपके।” सेठ ने कहा।

“पर मैं यह सब नहीं मानती। मैं तो अपनी बेटी का विवाह धूमधाम से करूँगी।” उपेक्षा से अमिता बोली।

“और मैं भी दहेज में ‘इम्पोर्टिड’ गाड़ी लूँगी।” लालिमा ने ठुनकते हुए कहा।

“और क्या? अंकल, पापा के पास क्या कमी है? लेने दो जो भी लालिमा लेती है।” किसी विदूषक की भाँति निरुपम बोला।

“अच्छा भाई, जो आप लोगों की इच्छा है वही करो। आपकी इच्छा का आदर करना हमारा कर्तव्य है। हाँ, जो भी वस्तु आप खरीदें लालिमा के नाम से ही खरीदें।” वैद्यनाथ ने पिण्ड छुड़वाते हुए कहा।

“यह हुई न बात पापा,” एकाएक लोकेश ने कहा। उसका तात्पर्य धन दहेज लेने से नहीं था। वह तो केवल लालिमा को प्रसन्न देखना चाहता था।

एक सप्ताह पश्चात् लालिमा की सगाई धूमधाम से हो गई। हर कार्य वैभवशाली रूप में ही सम्पन्न हुआ। पर सुलक्षणा के हृदय में रह-रहकर एक शल्य-सी चुभती जा रही थी। ‘एकाकी पुत्र को क्या यही कन्या रह गई थी ब्याहने के लिए’। दीर्घ उच्छ्वास छोड़ते हुए वह सोचती।

दस दिवस पश्चात् अति तामझाम के साथ एक पाँचतारा होटल में विवाह हो गया। वैभव से लदी फँदी लालिमा लोकेश द्वारे आ पहुँची। अति आधुनिका वधू देखी तो मुखरा जेठानी गीता पुष्ट हथेलियों से ताली पीट बोल उठी, “अजी बहू तो लाई है यह सुलक्षणा नारी लाखों में से एक चुनकर। अब बेचारी तंग जीन्स पहने कैसे झुककर पाँव छुयेगी हम गँवई गाँव की औरतों के।” सुलक्षणा कटकर रह गई। न लोकेश चाहता था लालिमा साड़ी पहने न लालिमा ने साड़ी पहनी। इस तरह यह विवाह सम्पन्न हुआ।

लालिमा पिता द्वारा दी हुई गाड़ी में उन्मुक्त पंछी की भाँति उड़ानें भरने लगी। हर समय उसे धन की तृष्णा रहती। एक वर्ष तक तो वैद्यनाथ व सुलक्षणा उसकी हर इच्छा करतल पर पूर्ण करते रहे। पर अब वे भी विचलित रहते थे। लोकेश को ऐसे आभास होने लगा जैसे वह ठग लिया गया हो। मोती की आब उतरने लगी थी तथा उसकी कृत्रिमता दृष्टिगोचर होने लगी थी। आधुनिकता का मदमस्त करनेवाला नशा अब उतरने लगा था। लालिमा किसी बिगड़ैल शहज़ादी से कम नहीं थी। जब वह खड़े-खड़े तीसों वर्ष पुराने विश्वसनीय अनुचर विश्न को भी निकालने लगी तो सुलक्षणा से सहन नहीं हुआ, "ये क्या लाली। तूने विश्न को क्यों निकाला है?" दीन-हीन मुद्रा में विश्न खड़ा अश्रु बहा रहा था।

"क्यों न निकालूँ इस बूढ़े को?" लालिमा क्रोधित स्वर में बोली।

"जानती है यह लोकेश के पितामह के समय से यहाँ काम करता है?" उत्तेजित स्वर में सुलक्षणा बोली।

"करता होगा," विकृत मुख करते हुए लालिमा बोली।

"करता होगा से क्या तात्पर्य है तुम्हारा? तुम इन पुराने अनुचरों को यूँ नहीं निकाल सकतीं। विश्न जाओ, तुम अपना काम करो।" आदेशपूर्ण स्वर में सुलक्षणा बोली।

"अरी बुढ़िया, मेरे मुँह मत लग। यदि ये दो टके का नौकर घर में रखेगी तो मैं घर छोड़कर चली जाऊंगी। विश्न के बच्चे एक क़दम भी आगे बढ़ाया तो तेरी टाँगें तोड़कर हाथ में पकड़ा दूँगी। समझा कि नहीं। हिश! बड़ी आई मेरी टाँग तोड़नेवाली।" विषैले स्वर में लालिमा बोली।

"लाली, यह क्या असभ्यता है? क्या सभ्य सुसंस्कृत कुल की वधू को शोभा देता है ऐसे असभ्य ढंग से बातें करना?" सुलक्षणा ने कुपित स्वर में कहा।

"जा जा, बड़ी आई मुझे सभ्यता का पाठ पढ़ाने। यहाँ तो कभी बाप तक की परवाह नहीं कि फिर तू कौन से खेत की मूली है?" आग्नेय नेत्रों से भस्म करते हुए सुलक्षणा को लालिमा ने कर्कश स्वर में कहा।

"लाली, अपनी जिह्वा को सीमा उल्लंघन न करने दे। नहीं तो मैं...नहीं तो मैं..." सन्ताप व क्षोभ से शेष शब्द लोकेश के कण्ठ में ही घुमड़ कर रह गए।

"नहीं तो तू क्या करेगा बुढ़िया के गुलाम?" लालिमा ने पूर्वतः विष बुझे शब्दों में अपनी क्षीण कटि पर हाथ धरते हुए कहा।

"तूने मेरी माँ को बुढ़िया कहा, निर्लज्ज, असभ्य कहीं की! मैं तेरे को दिखाऊँ क्या कर सकता हूँ मैं?" लोकेश की सहनशीलता का बाँध समस्त कगार तोड़ चुका था।

"क्यों चिल्लाता है बुढ़िया के गुलाम? जो दिखाना है शीघ्र दिखा? मैं भी देखूँ तेरा बल?" अंगारों-सी दहकती हुई लालिमा ने चुनौती दे डाली लोकेश को।

"तो ये ले दुष्टा, निर्लज्ज, गँवार," क्रोधित स्वर में ऐसे कहते हुए लोकेश ने एक झन्नाटेदार थप्पड़ लालिमा के मुख पर मार दिया और कर पकड़ उसे द्वार की ओर खींच के ले जाते हुए पुनः कटु शब्दों में बोला, "तेरे को यहाँ अपने करतब दिखाने की कोई आवश्यकता नहीं है। असभ्यता की सीमा को भी पार करनेवाली असभ्य किसी भी मूल्य पर, अपने ये पवित्र चरण इस द्वार के अन्दर न रखना। तुझे मेरी माँ का अपमान करने का अधिकार किसने दिया था? तेरा साहस कैसे हुआ मेरी जननी को अपशब्द बोलने का? यदि तनिक भी आत्मसम्मान शेष हो तो कभी भी अपना ये सुन्दर मुखड़ा मुझे न दिखाना।" द्वार के बाहर लालिमा को धकेलते हुए व्यंग्यपूर्ण स्वर में लोकेश ने अपनी बात समाप्त कर झट से घर के कपाट बन्द कर लिए।

"मैं तेरे को देख लूँगी लोकेश के बच्चे। तू अपने को समझता क्या है? एक-एक को जेल में चक्की न पिसवाई तो मेरा नाम लालिमा नहीं कालिमा रख देना।" धरा पर पूर्ण शक्ति से पग पटकते हुए दुर्वासा कन्या सम कलहप्रिय क्रोधित स्वर में पुनः दहाड़ी, "तूने मुझे मारा है मुझे! लालिमा को!! अब मेरा भी बदला देखना—सम्पूर्ण वत्स परिवार से भीख न मँगवाई तो..." ऐसे अपशब्द कहते-कहते अपनी गाड़ी निकाल द्रुत गति से लालिमा घर से बाहर निकल गई। लोकेश पुनः बाहर जाने लगा तो स्तब्ध खड़ी जननी ने कर पकड़ अश्रुपूर्ण नेत्रों से सुत को निहारा। भृत्यगण भी स्तब्ध खड़े उच्च कुल वंशीय वधू के उच्च गुण देख रहे थे। चहुँदिक् निस्तब्धता व्याप्त हो गई। मूक बधिर से सब भृत्यगण वहाँ से चले गए। धम्म से सुलक्षणा म्लान मुख धरा पर ही बैठ गई। नयन से अविरल अश्रुधारा बह रही थी। लोकेश ने, माँ के चरणों पर मस्तक रखते हुए शान्त स्वर में कहा, "माँ जो दण्ड भी आप देंगी मुझे स्वीकार है। मैं ही आपका अपराधी हूँ। ऐसी नीच वधू अपने मन्दिर सम पावन घर में लाने का मैंने ही अक्षम्य अपराध किया है। आप जो दण्ड देना चाहें, दे दीजिए, पर मेरी सौगन्ध ऐसे निराश हताश मत होइए। मैं अब भविष्य में उसका मुख भी नहीं देखूँगा।" निःशब्द जननी के स्नेहिल स्पर्श से पुत्र के नयनों से भी नीर बहने लगा। "यदि मैं उस समय आपकी अवज्ञा, अवहेलना न करता तो आज यह स्वेच्छाचारणी न आपकी वधू होती और न ही वत्सगृह में ऐसी नौटंकी खेली जाती। माँ, मुझे क्षमा करें। अति आधुनिकता का विष ही व्याप्त था उस समय मेरी नस-नस में। आज मैं पश्चात्ताप की अग्नि में जला जा रहा हूँ। मेरी अच्छी माँ, मैंने इसलिए ही अब तक आँखें बन्द की हुई थीं कि इसे ब्याह के लाने का अविवेकी निर्णय मुझ अकेले का ही था। काश! मैंने आपके निर्णय को स्वीकारा होता। उसकी अवज्ञा न की होती तो आज आपको इतना कष्ट तो न होता। इस स्वेच्छाचारणी की निरंकुशता ने एक नहीं अनेकों बार अपदस्थ किया है मुझे मित्रों व बन्धु-बांधवों के सम्मुख। मैं विवशता के आँसू पी असहाय-सा मौन रह जाता था। पर अब मैं मौन नहीं रहूँगा।

इसे तलाक देकर ही शान्त बैठूँगा।" दुःख, क्षोभ, सन्ताप से अवरुद्ध हो गया लोकेश का कण्ठ।

उधर दुर्वासा कन्या फुँफकारती हुई जा पहुँची जनक के द्वार। अमिता ने ही द्वार खोले। पुत्री के कपाल पर चढ़े हुए रक्तिम नयन देखते ही किसी अनिष्ट की आशंका से त्रस्त हो गए अमिता के प्राण। हठात् उसके मुख से निकला, "क्या हुआ बेटे?"

"ये पूछ क्या नहीं हुआ!" सप्तम स्वर में चिल्ला उठी लालिमा।

"ये ले, पहले कुछ ठण्डा पी ले फिर शान्त होकर बता क्या हुआ है?" तत्परता से शीतल पेय का गिलास ला पुत्री को थमाते हुए मिश्री मण्डित स्वर में अमिता ने कहा।

"मुझे कुछ नहीं चाहिए।" क्रोधित स्वर में ऐसा कहते हुए गिलास सामनेवाली प्राचीर पर लालिमा ने पूर्ण शक्ति से दे मारा। क्षणांश के लिए तो अमिता किंकर्त्तव्यविमूढ़-सी हो गई। पर फिर तनिक कठोर स्वर में बोली, "ये क्या किया लाली? गिलास क्यों फेंक दिया? ये क्या बचपना दिखा रही है तू?"

"हाँ, हाँ मैं तो नीच हूँ, दुष्ट हूँ, कमीनी हूँ। तू ही तो सभ्य बची है इस घर में। सब-के-सब जलते हैं मुझसे। दुश्मन हैं मेरे सब दुश्मन।" उन्मादनी सम लालिमा बोलने लगी।

"ऐसा नहीं कहते बेटी!" अमिता पुनः मधुर स्वर में बोली।

"ऐसा नहीं कहते बेटी।" माँ की नकल उतारते हुए उपेक्षा से लालिमा बोली, "फिर कैसा कहते हैं, बता? उनके जूते चाटूँ जाकर वत्सवालों के क्या? उन सब कुत्तों से जेल में चक्की न पिसवाई तो मैं लालिमा नहीं कालिमा हूँगी कालिमा!" विषवमन करते हुए लालिमा उन्माद ग्रस्त हो चुकी थी। असहाय-सी अमिता उसे निहार रही थी।

"पहले बता तो सही हुआ क्या है वहाँ? क्यों इतनी क्रोधित है तू?" अधीर स्वर में अमिता बोली।

"होना क्या था? मैंने एक बूढ़े खूसट नौकर विश्न को निकाल दिया तो मानो सारी लंका में आग लग गई। उस हरा...की माँ आँखें दिखाने लगी। अरे मैं क्या धौंस सहती बुढ़िया की? मैंने भी वह सुनाई कि बुढ़िया के आँख-कान दोनों खोल दिए।" स्तब्ध-सी अमिता सुन रही थी।

"आगे क्या किया तूने?" माँ के तीखे स्वर की ओर ध्यान दिए बिना लालिमा अपनी ही धुन में बोली, "तो वह माँ का गुलाम, दुष्ट, कुत्ते का पिल्ला मारने लगा मुझे और उसके बाद मुझे धक्के मार-मारकर घर से निकाल दिया। पर मैं भी चुप बैठनेवाली नहीं हूँ। आने दे, पापा को एक-एक से जेल में चक्की न पिसवाई तो मेरा नाम..." पुत्री को मध्य में ही टोकते हुए अमिता ने क्षोभपूर्ण स्वर में कहा, "यह मेरे ही अनुचित लाड़ प्यार का परिणाम है कि तू इतनी दुष्ट, मुँहफट बन गई है। तुझे छोटे

बड़े का अन्तर मालूम नहीं है। हर एक को अपशब्द कहने का, अपमानित करने का अपना जन्मसिद्ध अधिकार समझने लगी है। यह क्या किया तूने दुष्टा? अपनी कौशल्या जैसी सास का अपमान किया और लोकेश जैसे सुपात्र को जेल भेजने की धमकी दे रही है। मैं तेरा मुख भी नहीं देखना चाहती। चली जा यहाँ से। दूर हो जा मेरे सामने से!" दुख व सन्ताप से अश्रु आ गए अमिता के नेत्रों में।

"क्यों चली जाऊँ यहाँ से? तेरे बाप का घर है क्या यह?" अविवेकी लालिमा दहाड़ी।

"हाँ, मेरे बाप का घर तो नहीं है, पर मेरे पति का घर तो है न यह। इसीलिए तेरे को आज्ञा देती हूँ चली जा यहाँ से।" तीखे स्वर में अमिता बोली।

"हिम्मत है तो निकाल साली।" चुनौती भरे स्वर में लालिमा शब्दों की तलवार खींच कर बोली।

"निकलती है या नहीं। मार-मारकर अधमरा कर दूँगी। बाप की मान-मर्यादा की अर्थी उठाकर आई है। निर्लज्ज और ऊपर से जबान लड़ाती है!" अमिता की क्रोधाग्नि भी पूर्ण वेग से प्रज्वलित हो चुकी थी।

"मर गए जूते मारनेवाले। ले पहले तू ही मजा चख।" इतना कह क्रोधान्धी लालिमा ने पूर्ण शक्ति से दे मारा अमिता के मुख पर अपना हाथ में पकड़ा हुआ पर्स।

"यह क्या करती है दुष्टा!" चीत्कार कर उठी अमिता।

"तुझे तेरी ही करनी की चाट खिला रही हूँ दुष्टा की माँ।" उपहासपूर्ण स्वर में लालिमा बोली।

"तुझे मौत क्यों नहीं आ जाती?" अमिता बोली।

"वह तेरे को ही क्यों नहीं आती? पहले तू ही उसका मजा चख।" लालिमा ने कहा।

"अभी तुझे ठीक करती हूँ।" अमिता गरजी।

"हाथ तो लगा, तोड़ के तेरे मुँह पर मार दूँगी।" लालिमा भी क्रोध रूपी तलवार लिए खड़ी थी। इतने में सेठ घर में आ गया। घर में महाभारत मची हुई थी। उसने पत्नी को मौन रहने का संकेत किया और लालिमा को पूर्ण बात कहने को कहा। लालिमा ने तीखे मसाले का छौंक देकर सम्पूर्ण कथा का आद्योपान्त वर्णन कर दिया। पुत्री की शौर्यगाथा सुन सेठ ने मस्तक पीट लिया, "यह क्या करके आई है तू कुल बोरन! तू जानती है तूने क्या किया? किस मद में चूर रहती है तू? कुलच्छनी, यदि इतने सभ्य शिष्ट घर में, जिसे तूने अपनी इच्छानुसार स्वयं ही चुना था, तेरी नहीं निभी तो तू और किसके साथ निभायेगी?" अत्यधिक उत्तेजना से सेठ का रक्तचाप बढ़ने लगा।

उधर लालिमा कपाल चढ़े रक्तिम नेत्र लिए खड़ी थी। उसकी क्रोधाग्नि पहले ही भड़की हुई थी। उसने दहाड़ते हुए कहा, "ऐ बूढ़े, अधिक बकबक मत कर। तू भी

उनका ही हिमायती बनेगा, मैं यह न जानती थी। यहाँ सब नीच दुष्ट हैं। किन कुत्तों से पाला पड़ा है मेरा..." सभ्यता तो कभी की मुख छुपा भाग चुकी थी।

"ऐ जिह्वा को लगाम दे छोकरी, नहीं तो, नहीं तो..." सेठ को मध्य में ही टोकते हुए क्रोध की और तेज तलवार नेत्रों में खींच, युद्ध क्षेत्र में कूद पड़ी वह वीर बाले, "नहीं तो...नहीं तो क्या कर लेगा बुढ़ऊ? तनिक मैं भी तो सुनूँ, देखूँ।"

"ऐ नीच बेलगाम घोड़ी, तेरे को मैं अभी सीधा करता हूँ।" क्रोध से उफनते हुए जैसे ही सेठ ने लालिमा को थप्पड़ मारने को हाथ उठाया तो उसका हाथ हवा में ही लहरा कर रह गया और वह अचेत होकर गिर पड़ा। अमिता स्तब्ध-सी सम्पूर्ण क्रियाकलाप देख रही थी। पति को अचेत होते देख वह तीव्र गति से पति को उठाने झुकी तो उन्मादनी-सी लालिमा ने पूर्ण शक्ति से माँ को धकेल दिया। जवा कुसुम तुल्य रक्तिम नेत्र विशाल करते हुए विषैले स्वर में बोली, "बड़ी हिमायती बन रही है खूसट बूढ़े की तू आग लगाऊँ। ले मर तू भी इस हरा... के संग।" अति अशोभनीय शब्दों से अपनी भाषा को अलंकृत करते हुए अचेत पड़े पिता को एक ठोकर मार, धड़धड़ाती हुई लालिमा वहाँ से चली गई। अबेर किए बिना अमिता ने अपने पारिवारिक डॉ. ओ.पी. अरोड़ा को दूरभाष पर बात करके शीघ्र ही घर आने के लिए कहा।

आज सेठ को नर्सिंग होम में पड़े आठ दिवस व्यतीत हो चुके थे। यदि डॉ. अरोड़ा समय पर न आते और सेठ को नर्सिंग होम में उचित समय पर, उचित देख-रेख में न रखते तो सम्भवतः सेठ परलोक गामी हो चुका होता। उस भगवती को लक्ष-लक्ष धन्यवाद करती थी अमिता जिसने उसके जीवन शृंगार की रक्षा की। वह हृदय से डॉ. ओ.पी. अरोड़ा की अति आभारी थी। पर जहाँ बन्धु-बान्धव तक समय कुसमय अमिता व सेठ के निकट इस कुवेला में बने रहे वहाँ स्वयं की जाई सन्तान ने तो शत्रुओं से भी बुरा व्यवहार किया। अपनी चण्डाल चौकड़ी के संग निरुपम दो बार पिता को देखकर माँ का आँचल इस उपदेश से भर गया, "अब बुढ़ापे में क्या आवश्यकता है इन्हें अपना जोश दिखाने की? इन्हें समझा मम्मी तू कि ये अपने कपड़ों से बाहर न हुआ करें।"

"बेटे, दस मिनट तो बैठ जा अपने पापा के पास।" अमिता ने चिरौरी करते हुए कहा।

"अरे माताश्री, टाइम किसके पास है?" कन्धे उचकाते हुए निरुपम ने कहा तो उसकी बिगड़ैल शहज़ादों की टोली हो-होकर अट्टहास कर उठी। जब नर्स ने 'कीप सायलन्स' के बोर्ड की ओर संकेत किया तो कहीं जाकर वे छोकरे विकृत मुखाकृतियाँ बनाते हुए मौन हुए।

"तू फैक्टरी तो चला जा बेटा, न मालूम नौकर क्या कर रहे होंगे?" अमिता ने दीन स्वर में कहा।

"देखूँगा, यदि समय हुआ तो जाऊँगा।" चिन्ता का लवलेश मात्र भी न निरुपम की बातों में था न उसके मुख पर।

"बेटे अतुल, तू ही समझा अपने मित्र को!" अमिता ने निरुपम के अभिन्न मित्र से कहा।

"अब मैं क्या समझाऊँ आण्टी, इसे? यह तो स्वयं ही हम सबसे अधिक समझदार है।" अतुल ने निर्लेप स्वर में कहा।

"अच्छा, हम जाते हैं मम्मी।" निरुपम ने कहा।

"अच्छा, आण्टी, हम भी जाते हैं।" मित्रगणों ने भी प्रस्थान करते हुए कहा। असहाय-सी अमिता नयनों में जल भरे निहारती रह गई अपने सपूत को।

नीलिमा एक बार ही पापा को देखने आई थी। साधारण प्राणी तो कल्पना भी नहीं कर सकता कि जिस सन्तान को माँ अपने रक्तमज्जा से सींच-सींचकर बड़ा करती है उससे खर बुद्धि, निपट मूर्ख सन्तान कैसे बातें करती है। नीलिमा ने फीकी मुस्कान के साथ अमिता को आते ही कहा, "क्या हाल है आपके पति श्री एन.एन. सेठ का मम्मी?" नीलिमा की आक्षेप में पगी बात सुन अचम्भित-सी खड़ी रह गई अमिता। उसे क्रोध तो बहुत आ रहा था पर विवश हो मौन रहना ही श्रेयस्कर समझा उसने। वह जानती थी कि वाक्‌युद्ध में प्रवीण उसकी सुकुमारी उसे हर मूल्य पर पराजित करेगी ही।

"बोलती क्यों नहीं मम्मी?" वक्रभृकुटि करते हुए शुष्क स्वर में नीलिमा बोली।

"क्या बोलूँ बेटी?" अमिता ने कहा।

"क्यों वैसे तो तुम हर समय ही बोलती रहती थीं।" नीलिमा बोली।

"तेरे पापा..." कहते हुए अमिता का कण्ठ अवरुद्ध हो गया।

"अब पापा के लिए इतनी चिन्ता की क्या बात है? तुम व्यर्थ में चिन्ता करती हो।" नीलिमा ने कहा।

"तू इनकी दशा नहीं देख रही?" अमिता बोली।

"देख रही हूँ।" नीलिमा ने कहा।

"तू बेटी है या बर्फ की सिल।" अमिता बोली।

"तो पापा ही कौन दूध के धुले हैं।" नीलिमा का स्वर था।

"क्या कहती है लड़की तू?" धीमे स्वर में अमिता ने कहा।

"मैं ठीक कहती हूँ मम्मी, पापा को हर समय एक ही धुन रहती है, अधिक-से-अधिक पैसा कमाने की और कमाकर कंजूस मक्खीचूस जैसे बैंक में जमा करने की।" नीलिमा ने भी धीमे ही स्वर में उत्तर दिया।

"क्या उन्होंने तुम्हारे लिए कभी कुछ नहीं किया? बोल तू नीलू?" अमिता ने आहत स्वर में कहा।

"जो भी किया वह उनका कर्तव्य था। सन्तान को क्या अपने आनन्द के लिए

ही पैदा किया था? क्या कोई उपकार किया हमें पढ़ा-लिखाकर या पालकर?" नीलिमा ने विरक्त स्वर में कहा।

"नीलू तुझे तनिक भी दया नहीं आती अपने पिता की यह दशा देखकर?" अमिता मार्मिक स्वर में बोली।

"अब मेरा अधिक मुँह न खुलवाओ मम्मी, मैं तुम्हारी तो फिर भी इज्जत करती हूँ। तुम समय कुसमय धन देकर, अन्य वस्तुएँ देकर हमारी सहायता करती रहीं, पर यह बुढ़ऊ महाशय तो हमें बाप का माल समझ जब चाहे फटकारने लगते हैं, जब चाहे मारने लगते हैं। हिश! अब बूढ़े को मजा आया अपनी करनी का। चला था लाली पर हाथ उठाने।" व्यंग्यपूर्ण स्वर में नीलिमा ने कहा।

"भगवान से तो डर नीलिमा तू। अन्ततः तो ये तुम्हारे पिता हैं।" अन्तर्मन भी रुदन कर रहा था अमिता का केवल वाणी ही नहीं।

"उससे डरने को तुम जो बैठी हो," उपेक्षा से नीलिमा ने ऐसा कहते हुए पर्स उठाया और वह गई, वह गई। बौराई-सी अमिता अश्रु बहाती उसे देखती रह गई।

लालिमा तो जो धड़धड़ाती हुई गई तो लौटकर पुनः न आई। वत्स परिवार सेठ को देखने एक बार नर्सिंग होम आया था। लज्जा के मारे अमिता लालिमा के विषय में एक शब्द भी न कह सकी। उसे एक प्रतिवेशनी ने बताया था कि उसके पुत्र ने लालिमा को कनाट प्लेस में एक अपने मित्र के संग हाथों में हाथ डाले घूमते देखा था। पति की दुर्दशा देख अमिता भीरु मृगी सादृश्य भयभीत रहती थी। पर शनैः-शनैः भगवती की असीम अनुकम्पा से एन.एन. सेठ निरोगी होने लगे। एक मास पश्चात् अमिता सेठ को घर लेकर आई। सर्वप्रथम उसने जाकर भगवती को नतमस्तक हो अपने श्रद्धा सुमन अर्पित किए और तदुपरान्त रात्रि दिवस एक कर सेठ की सेवा-शुश्रूषा में लग गई। पूर्ण समर्पित सेवाटहल ने सेठ को द्रुतगति से रोग मुक्त होने में सहायता की। अब डॉ. अरोड़ा ने सेठ को फैक्टरी जाने की अनुमति भी दे दी थी। डॉ. ने सेठ दम्पती को ये चेतावनी भी दे दी थी कि अत्यधिक उत्तेजना सेठ के लिए घातक सिद्ध हो सकती है। अतः उससे दूर, बहुत दूर ही सेठ को रहना चाहिए। कहते हैं, 'समय सर्वशक्तिमान है।' इस कथन में तनिक भी अतिशयोक्ति नहीं है। यह अति बलवान समय तो विशाल व्योम को स्पर्श करते हुए महापुरुषों को भी एक दिन धूलि-धूसरित कर देता है। इस संसार में से उनके अंश तक लोप कर देता है तो फिर एक निरीह प्राणी एन.एन. सेठ की क्या बिसात? क्या अस्तित्व? पहले से सेठ अपेक्षाकृत स्वयं ही अत्यधिक धैर्य प्रकृति का प्राणी बन चुका था। 'अब अधिक क्रोध करने का क्या औचित्य है? एक मेरी पत्नी अमिता ही तो है जो हर दशा में, हर मूल्य पर, मेरे पर अपना तन-मन न्यौछावर करती है। नहीं तो यमराज ने तो कूच का बिगुल बजा ही दिया था। यदि इसकी सेवा-शुश्रूषा न होती तो कौन सावित्री सम मुझे यमदूत के खूनी पंजों से छुड़ाकर लाता?' अधिकांशतः सेठ ऐसा ही सोचता।

अमिता प्राणप्रण से चेष्टा करती कि सन्तान के सत्कार्यों की भनक सेठ के कर्ण द्वार तक भी न पहुँचने पाए। निरुपम पहले जैसे ही निरुद्देश्य इधर-उधर आचरण विहीन रूपसियों के संग घूम-घूमकर पिता द्वारा अर्जित धन नष्ट करता था। उसे सुरा सुन्दरी से भी अतिशय नेह हो गया था। उसका शरीर सौष्ठव अधिक सुरापान करने से ठीकरे समान हो गया था। निस्तेज मुख व रोगी काया लिए वह अब अधिकांशतः घर पर ही अपने कक्ष में पड़ा रहता था। रोग विशेषज्ञ ने बताया था कि निरुपम का अत्यधिक मदिरापान से जिगर खराब हो गया था सो उसकी चिकित्सा भी सावधानीपूर्वक की जाने लगी।

नीलिमा कभी-कभी घर आती थी। अमिता अप्रिय अरुचिकर वार्तालाप से बचने की चेष्टा करती। अप्रिय प्रसंग आते ही वह कुशलतापूर्वक वार्तालाप का विषय ही परिवर्तित कर देती।

सेठ भी केवल सुरा सुन्दरी का ही मोह नहीं छोड़ पाया वैसे तो उसने समय व परिस्थितियों के संग समझौता कर ही लिया था। नीलिमा के धन माँगने पर अमिता कुछ-न-कुछ उसे दे ही देती। नीलिमा भी पिता की विषम परिस्थितियों को, निरुपम का गम्भीर रूप से बीमार पड़ना और उसके रोग पर धन का अत्यधिक व्यय होना व फैक्टरी के कार्य का सुचारु रूप से न चलना, बहुत कुछ समझने लगी थी। अतः वह भी अब धन के लिए 'बड़ा मुँह' न खोलती थी।

एक दिवस सेठ ने अमिता से कहा, "अमी, कल मुझे जयपुर जाना है व्यवसाय के काम से। मैं दो दिन पश्चात् आऊँगा।"

"क्या कोई और भी तुम्हारे साथ जा रहा है?" अमिता ने पूछा।

"किसी और से तुम्हारा क्या अर्थ है? क्या तुम स्वयं नहीं मेरे साथ जा रहीं?" सेठ बोला।

"यदि तुम विशाल को अपने संग ले जाओ तो मैं निश्चिन्त हो जाऊँगी। नीरू को अकेला छोड़कर कैसे जाऊँ?" अमिता ने विवशता से कहा।

"ठीक है, मैं विशाल को अपने संग ले जाता हूँ। तुम घर पर ही रहकर नीरू की देखभाल करो।" सेठ ने उत्तर दिया।

"मम्मी, तुम पापा के संग क्यों नहीं गईं?" जिज्ञासु स्वर में निरुपम ने पूछा।

"नीरू बेटे, अब तुमसे क्या छुपाना? मैं लोकेश से लाली के विषय में बात करना चाहती हूँ और तुम भी अभी पूर्णतया स्वस्थ नहीं हुए हो?" अमिता बोली।

"मैं तो अब काफी ठीक हूँ। लोकेश क्या आएगा हमारे घर?" निरुपम ने कहा।

"मैं सन्ध्या समय उसे फोन करूँगी। मेरा विचार है कि वह मेरी प्रार्थना नहीं ठुकराएगा।" अमिता बोली।

"अभी क्यों नहीं फोन करतीं?" निरुपम ने कहा।

"अभी यदि तेरे पापा किसी कारण वापस आ गए तो?" अमिता बोली।

"हाँ, यह ठीक है। पापा वापस भी आ सकते हैं।"

"मम्मी," निरुपम ने पुकारा।

"कहो बेटा, क्या बात है?" अमिता बोली।

"मेरा तो विचार है लोकेश कभी भी अब लाली के संग समझौता नहीं करेगा।" निरुपम बोला।

"ऐसा नहीं कहते बेटा," अमिता ने व्याकुल स्वर में कहा।

"सच्चाई से कब तक मुख छुपाओगी माँ?" निरुपम ने करुण स्वर में कहा।

"मैं क्या करूँ बेटे मेरे?" हताश स्वर में अमिता बोली।

"अब कुछ नहीं हो सकता माँ, समय पर न पापा ने हमें स्नेह दिया, दुलार भरा स्पर्श दिया और न तुमने उचित मार्गदर्शन किया हमारा।" भावुक स्वर में नीरू बोला।

"मेरा क्या दोष है बेटा?" अमिता विकल स्वर में बोली।

"तुम्हारा इतना ही दोष है माँ कि तुमने हमें आवश्यकता से अधिक धन दिया, स्वच्छन्द जीवन जीने की आज्ञा दी।" निरुपम बोला।

"तो मैं और क्या करती?" अमिता अचम्भे से बोली।

"तुम हमारे पर तब ही अंकुश लगा देतीं, जब हम कच्ची मिट्टी के बने थे। हमें गुण-अवगुण या अच्छे-बुरे का अन्तर समझातीं। तुम धन के दर्प में चूर रहती थीं। इसे अपना बड़प्पन शानशौकत समझती थीं कि सन्तान की हर इच्छा तुम करतल पर पूर्ण कर सकती थीं। हम निपट मूर्ख भी कुसंगति में पड़ गए। जब मेरी चेतना लौटी तो मैं रोगग्रसित हो चुका था। लाली पथ भ्रष्ट हो घर द्वार त्याग चुकी थी और नीलू भी कुपथ पर ही चल रही है। यदि तुम पहले ही अंकुश लगा देतीं तो तुम्हारी सन्तान की यह दीन-हीन दशा न होती।" निरुपम को ऐसा कहते हुए देख अमिता निस्तब्ध-सी अपराधिन की भाँति नतमस्तक खड़ी रह गई। उसने दीर्घ उच्छ्वास छोड़ा, 'लड़का कहता तो ठीक ही है।'

"पर माँ हृदय न हारो। सम्भवतः आपके यथाशक्ति प्रयास से अब भी बिगड़ी हुई बात बन जाए। जैसे आपने मेरे व पापा को मृत्युद्वार से खींच लिया कदाचित लाली भी पुनः अपने घर लौट जाए और लोकेश उसे स्वीकार कर ले।" नतमुखी पश्चात्ताप की संजीव प्रतिमा बनी माँ को देख, नीरू का हृदय उद्विग्न हो चुका था।

अमिता ने लोकेश से दूरभाष पर बात की। अति विनम्रता से उसने लोकेश को दूसरे दिवस प्रातः दस बजे के लगभग अपने घर आने की विनती की। लोकेश यद्यपि अमिता की धृष्ट धींगड़ी से अति असन्तुष्ट था तो भी शिष्टाचारवश, शालीनतावश उसने अमिता के द्वारे आना स्वीकार कर लिया।

दूसरे दिवस ठीक दस बजे लोकेश अमिता के अतिथि-कक्ष में बैठा था। नीरू तो ऊपर के खण्ड में अपने कक्ष में औषधि प्रदत्त निन्द्रा में मग्न था। अमिता ने सेविका को भी उस दिन जानबूझकर अवकाश दे दिया। स्वयं ही लोकेश के लिए

जलपान लेकर आई तो लोकेश ने विनम्र स्वर में कुछ भी खाने से मना कर दिया। अमिता को मानो वार्तालाप का सूत्र मिल गया। उस सूत्र को थामते हुए वह आग्रहपूर्वक बोली, "बेटा कुछ तो खाओ।"

"अभी-अभी नाश्ता ही करके आ रहा हूँ आण्टी।" शिष्ट स्वर में लोकेश बोला।

"अच्छा लस्सी तो पी लो।" अमिता ने कहा।

"वह भी पीकर आया हूँ।" लोकेश बोला।

"तो मैं कोका कोला लाती हूँ।" अमिता ने कहा।

"उसकी भी आवश्यकता नहीं है।" लोकेश बोला।

"क्या तुमने हमारे घर कुछ भी न खाने की सौगन्ध खाई है?" आहत स्वर में अमिता बोली।

"ऐसी कोई बात नहीं। आप रुष्ट न हों। अच्छा, मैं एक कप कॉफ़ी पी लूँगा।"

कॉफ़ी पीते हुए लोकेश ने कहा, "कॉफ़ी अच्छी बनी है 'आण्टी'।"

"एक कप और लाऊँ।" अमिता बोली।

"नहीं, अब कतई इच्छा नहीं। हाँ, यह बताइए कि आपने मुझे किसलिए याद किया था।" लोकेश बोला।

"वो...मैं...ला..." अमिता अधरों पर ही नहीं ला पा रही थी अन्तर्मन की बात।

"मैं लालिमा के विषय में एक बात भी न करना चाहता हूँ, न सुनना।" वितृष्णा से लोकेश ने कहा।

"नहीं बेटे ऐसा नहीं कहते।" विनीत स्वर में अमिता बोली।

"फिर कैसा कहते हैं आण्टी?" लोकेश ने प्रश्नसूचक स्वर में कहा।

"अन्ततः तो वह तुम्हारी पत्नी है।" साहस कर अमिता ने कहा।

"इसका अर्थ है आप कुछ भी नहीं जानतीं।" लोकेश की बात सुन अमिता के प्राण अधरों पर आ गए, "क्या बात है बेटा? मुझे शीघ्र बताओ?"

"आपकी बेटी ने सम्बन्ध-विच्छेद के लिए न्यायालय का द्वार खटखटाया है।" लोकेश ने निर्लेप स्वर में कहा।

"क्या! क्या कहा तुमने!!" आश्चर्य से अमिता के अधर खुले रह गए।

"जी आण्टी, आपकी सुपुत्री लालिमा ने न्यायालय में मुझे खींच लिया है। अब तो सम्बन्ध-विच्छेद होकर रहेगा।" लोकेश की क्रोधाग्नि भड़क उठी।

"ऐसा न कहो बेटा, ऐसा न कहो।" अचम्भित-सी बैठी अमिता ने अस्फुट स्वर में कहा।

"केवल इतना ही नहीं है। आजकल वह क्या कर रही है? क्या आपको वह भी मालूम है या नहीं?" लोकेश बोला।

"क्या कर रही है वह?" अमिता ने पूछा।

"सात मास के अन्दर अब तक वह अपने तीन मित्र बदल चुकी है। आजकल

'जैकब' नाम के किसी लड़के के संग रह रही है। हर स्थान पर चाहे वह होटल हो या हाट बाजार, दोनों हाथ में हाथ डाले घूमते हैं। जहाँ भी वह जाती है वहाँ मदिरापान करती है, और फिर जैकब उसे किसी तरह खींच-खांचकर गाड़ी में डाल अपने घर ले जाता है।"

"लालिमा मुँह लगी अवश्य है पर वह ऐसी तो कतई नहीं।" अविश्वसनीय स्वर में अमिता ने कहा।

"वह ऐसी ही है आण्टी," लोकेश ने करुण स्वर में कहा।

"तुम्हें अवश्य धोखा हुआ है।" अमिता बोली।

"धोखा सुनी-सुनाई बात में होता होगा। यह तो मैं एक नहीं अनेक बार स्वयं आँखों से देख चुका हूँ। आप तो अंकल की बीमारी में उलझी हुई थीं और फिर निरुपम की। इसलिए ही आपको परिस्थितियों ने क्या मोड़ लिया है इसका तनिक भी आभास नहीं हुआ। आप मेरे को ही क्यों कहती हैं? एक बार लालिमा को भी तो कहकर देखिए। क्या वह मेरे साथ रहने को तैयार है? जानती हैं वह क्या-क्या सुगन्ध बिखेरकर आई है हमारे घर?" तनिक कठोर स्वर में लोकेश बोला।

"बेटे, उसने हमें स्वयं ही सम्पूर्ण बात बताई थी। उसकी बातों से हमें यह अनुमान करने में तनिक भी देर नहीं लगी कि उसने क्या नाटक किया होगा तुम्हारे घर में। सेठ साहब इसी कारण तो उससे इतने रुष्ट हुए थे कि उन्हें 'हार्ट अटेक' हो गया। मैं तुम्हारी माँ के बराबर हूँ। मैं तुमसे क्षमा माँगती हूँ—मेरी मूर्ख बेटी को क्षमा कर दो।" दीन-हीन भिक्षुणी तुल्य अमिता ने कहा।

"आण्टी, कृपया आप ऐसा न करें। मैं आपका बहुत सम्मान करता हूँ। आप समझने की चेष्टा करें, अब स्थिति मेरे वश से बाहर है। एक बार पहले अपनी बेटी से मिलें।" अमिता को समझाते हुए लोकेश ने कहा।

"वह कहाँ रहती है आजकल?" अमिता बोली।

"जैकब का फ्लैट कनाट प्लेस में ही है। वह वहीं रहती है उसके साथ।" लोकेश ने बताया।

"मुझे उसका पता दे दो बेटे।" अमिता बोली।

"अवश्य आण्टी, यह लीजिए उसका पता।" एक कागज़ पर जैकब का पता लिख लोकेश ने अमिता को दे दिया।

"अच्छा अब मैं चलूँ आण्टी," लोकेश ने आज्ञा चाही।

"जाओ बेटे? सदा सुखी रहो।" आशीर्वाद देते हुए अमिता ने आगे कहा, "यदि मैं एक बार पुनः बुलाऊँ तो आओगे?"

"अवश्य आऊँगा, आण्टी यह मेरा कर्तव्य है।" स्नेह पगे स्वर में लोकेश बोला।

"अच्छा आण्टी, नमस्कार," लोकेश अमिता को अभिवादन कर जाने लगा।

"जीते रहो बेटा, मैं सदा तुम्हारी मंगलकामना करूँगी।" अमिता ने शान्त स्वर में कहा।

उसी दिन एक बजे के लगभग अमिता ने जैकब की 'कालबेल' बजाई। निर्वस्त्र वक्षस्थल पर एक क्रास झूल रहा था उस दोहरी देह के। एक दैत्य दानव व्यक्तित्व वाला गौरवर्णीय पुरुष एकमात्र लुंगी अपने कटि प्रदेश पर लपेटे निद्रा से बोझिल नेत्रों में प्रश्न लिए अमिता के सम्मुख द्वार खोल खड़ा हो गया।

"क्या लालिमा यहाँ रहती है?" अमिता ने पूछा।

"तुम...आप कौन हैं?" सम्भवतः वह पर्याप्त मात्रा में मदिरा उदरस्थ कर चुका था। उसके मुख से निकले शब्दों के संग ही एक मदिरायुक्त दुर्गन्ध व्याप्त हो गई अमिता के चहुँओर और फिर अमिता तो इस गन्ध से पूर्व ही परिचित थी। श्वसुर गृह की चौखट पर पग धरते ही वह सौतन बन उसके संग जो रहने लगी थी।

"मैं...मैं...मैं उसकी माँ हूँ।" अपने को सहज करने की चेष्टा करते हुए अमिता ने कहा।

"आपको क्या काम है लालू से?" गूलर से रक्तिम नेत्र खोलने का प्रयास करते हुए उस पुरुष ने कहा।

"एक माँ क्या अपनी बेटी से तभी मिल सकती है जब उसे काम हो? तुम कौन हो?" रोषपूर्ण स्वर में अमिता बोली।

"मैं जैकब हूँ। आइए मदर-इन-ला, आइए।" जैकब ने एक विदूषक की भाँति नतमस्तक हो मसखरे स्वर में कहा तो अमिता का क्रोध बाढ़ आई नदिया सम उमड़ पड़ा। वह कटु स्वर में बोली, "ऐ मिस्टर, क्या अनाप-शनाप बक रहे हो? तुम जानते हो तुम क्या कह रहे हो?"

यथाशक्ति स्वर को कोमल बनाते हुए जैकब ने कहा, "हाँ, मैं अच्छी तरह जानता हूँ मैं क्या कह रहा हूँ।"

उस पर तिरस्कारपूर्ण दृष्टिपात करते हुए अमिता ने तीक्ष्ण स्वर में कहा, "लालिमा किसी दूसरे की पत्नी है।"

"है नहीं, थी," जैकब ने पुनः कोमल स्वर में कहा।

"थी, तुम कहना क्या चाहते हो?" अमिता ने उद्विग्न स्वर में कहा।

"लालू ने तलाक के लिए 'कोर्ट' में 'अप्लाई' कर दिया है।" ऐसा कहते हुए एक व्यंग्यपूर्ण मुस्कान बिखर गई उस लम्पट के मुख पर।

"पर उसका तलाक अभी हुआ तो नहीं।" अमिता बोली।

"वह भी हो जाएगा। डोन्टवरी मदर-इन-ला, डोन्टवरी! लालू को मेरी बीवी ही समझिए।" मद्यान्ध हँसी हँसते हुए जैकब ने कहा।

"मुझे पहले लालिमा के पास ले चलो। मैं तुम्हारी कोई बात नहीं सुनना चाहती। बोलो कहाँ है मेरी बेटी?" अमिता धीरज तजती जा रही थी।

"उधर उस 'बैडरूम' में है आपकी बेटी।" जैकब ने एक कक्ष की ओर अपनी उँगली से संकेत करते हुए उत्तर दिया और स्वयं भी मदमस्त गज तुल्य झूमते हुए चल पड़ा।

अमिता शीघ्रतापूर्वक पग धरते हुए उस कक्ष की ओर गई। जैसे ही उसने कक्ष में प्रवेश किया तो लाली को देख अवाक् रह गई। लालिमा एक शय्या पर प्रायः निर्वस्त्र-सी ही लेटी पड़ी थी। निकट मेज पर मदिरा भरा गिलास पड़ा था। कक्ष में एक अश्लील कामोद्दीपक गीत गूँज रहा था। सम्पूर्ण शयनकक्ष में मदिरा की गन्ध रची-बसी पड़ी थी। अमिता पलांश के लिए तो किंकर्त्तव्यविमूढ़-सी खड़ी रह गई। पर शीघ्र ही मन में व्याप्त वितृष्णा को पीछे ढकेल पग आगे बढ़ा लालिमा के निकट जा खड़ी हुई।

"लाली, लाली" अमिता ने आतुर स्वर में उसे दो बार पुकारा पर लालिमा ने कोई उत्तर नहीं दिया। अमिता ने पुनः पुकारा, "लाली, लाली" इस बार लालिमा ने जवा कुसुम से रक्तिम नेत्र खोल अमिता की ओर देखा।

"लाली बेटे, मैं हूँ, अमिता, तेरी माँ।" अमिता ने यथासम्भव स्वर को कोमल बनाते हुए कहा।

"तू क्यों यहाँ आई?" क्रुद्ध नागिनतुल्य लाली फुंकार उठी।

"मैं तेरी माँ हूँ।" अमिता बोली।

"मेरी कोई माँ नहीं।" लालिमा ने कहा।

"यह तू क्या कह रही है?" अमिता ने समझाया।

"मैं सच कह रही हूँ।" लालिमा ने कहा।

"ऐसा नहीं कहते बेटी।" अमिता की आवाज थी।

"कैसा कहते हैं मिसेज सेठ?" लालिमा दहाड़ी।

"क्या हो गया लाली तुझे?" अमिता ने व्याकुल स्वर में लाली के निकट बैठते हुए उसके रूखे सूखे केशों में अपनी उँगलियाँ घुमाते हुए कहा।

"मुझे कुछ नहीं हुआ। अधिक नाटक मत कर। दूर बैठकर बात कर।" लालिमा ने कर्ण कटु स्वर में कहा। अमिता हतप्रभ रह गई। निःशब्द उठ वह एक कुर्सी पर निढाल हो बैठ गई।

"हाँ, अब बोल, क्या बात है?" लालिमा का पुनः कटु स्वर गूँजा।

"तुझे कुछ पता भी है तेरे पापा कितने बीमार हुए थे। शायद कुछ पूर्व जन्म के ही सत्कर्म..." अमिता को मध्य में ही टोकते हुए लालिमा विषैले स्वर में बोली, "किसकी बात कर रही है? कौन से पापा की? मैं किसी को नहीं जानती हूँ। मेरे कोई पापा वापा नहीं हैं।"

"तुझे क्या हो गया है लाली?" अमिता ने आहत स्वर में कहा।

"मुझे कुछ नहीं हुआ है? उस बूढ़े का नाम मेरे सामने दुबारा मत लेना।" दहाड़ते हुए लालिमा ने कहा।

"क्या कोई बेटी इतनी कृतघ्न होती है जितनी तू है। लज्जा नहीं आती ऐसे अपशब्द अपने पिता के लिए कहते हुए।" अमिता ने भी क्रोध रूपी तलवार तान ली।

"बड़ी आई मुझे कृतघ्न कहनेवाली। निकल जा मेरे घर से। कभी अपना यह सड़ा हुआ थोबड़ा मुझे मत दिखाना।" सप्तम स्वर में लालिमा चिल्ला उठी। वह भी युद्ध क्षेत्र में कूद चुकी थी।

"कुलक्षणी, कुलबौरन, तू मर ही क्यों नहीं जाती! धिक्कार है मुझे जिसने तेरे जैसी दुष्टा कुल्टा को जन्म दिया!! पति के जीवित रहते हुए भी तू एक अन्य पुरुष के संग पापाचार में लिप्त है। तेरे जैसी क्रूरात्मा मैंने कभी न देखी न सुनी।" क्रोध एवं क्षोभ के मारे अमिता के नेत्रों में अश्रु आ गए।

"अब तो देख ली मेरे जैसी दुष्टा, कुल्टा, क्रूरात्मा तूने। और किस पति की बात कर रही है तू? उस माँ के गुलाम की न। उसे तो मैं कभी का इस गिलास में घोल पी चुकी हूँ। मेरा सब कुछ अब मेरा जैकब है, जैकब।" अट्टहास करते हुए लालिमा बोली।

"और लोकेश तेरा कौन लगता है?" अमिता ने प्रश्न किया।

"मैं लोकेश नाम के किसी जानवर को नहीं जानती हूँ।" लालिमा का उत्तर था।

"तू इतनी पाषाण हृदय कैसे बन गई लाली?" अमिता को अब कुछ भी नहीं सूझ रहा था।

"मैं पाषाण-वाषाण कुछ नहीं बनी। असल में तू भी औरों की तरह मेरे से जलती है जलती। मेरा सुख तेरे से देखा नहीं जाता। जा, अब दफा हो जा यहाँ से।" उकताये हुए स्वर में लाली ने कहा और उपेक्षा से मुख मोड़ बोतल में से मदिरा अपने गिलास में डालने लगी।

"तो तू नहीं मानेगी," हताश स्वर में अमिता बोली।

"क्या नहीं मानूँगी?" प्रश्नसूचक दृष्टि से अमिता को देखते हुए लालिमा ने अधरों से गिलास लगा लिया।

"न अपने पापा से क्षमा माँगेगी न लोकेश से। ऐसे मत कर लाली, ऐसे मत कर, अपना घर मत उजाड़। लोकेश की माँ देवी है, देवी, जा उससे क्षमा माँग ले। वे भद्र लोग तुझे क्षमा कर देंगे।" विनीत स्वर में अमिता बोली।

"तू ही देवता सेठ की और देवी सुलक्षणा की सवेरे शाम आरती उतार लिया कर।" व्यंग्यपूर्ण स्वर में लालिमा ने उत्तर दिया।

"क्या तुझे यही दिन देखने के लिए जन्म दिया था मैंने?" विभ्रान्त-सी अमिता ने कहा।

"देख मिसेज सेठ, मैं तेरी बहुत बक-बक सुन चुकी हूँ। कभी मुझे दुष्टा कहती है, कभी कुलक्षणी, कभी लाली कहती है, कभी हाथ जोड़ती है और कभी मेरे मरने की दुआएँ माँगती है। दोगली औरत, अनपढ़ गँवार दफा हो जा यहाँ से अब। तू आई

ही क्यों यहाँ?" विकृत स्वर में मद्यपान करते हुए लालिमा बोली। पिटी हुई गोट सादृश्य अमिता अपमान के घूँट पीते हुए लौट गई।

"क्या हुआ माँ?" अमिता को द्वार खोलते हुए निरुपम ने कहा।

"नीरू," ऐसा कहते-कहते अमिता का कण्ठ अवरुद्ध हो गया व नयनों से गंगा-यमुना दोनों ही अविरल गति से बहने लगीं।

"लो माँ, पानी पियो।" विलम्ब किए बिना निरुपम जल का गिलास भर माँ के लिए ले आया। सेविका तो साग-भाजी लेने बाज़ार गई हुई थी। अमिता ने निरुपम को कुछ बताया नहीं केवल बिलख-बिलखकर रोने लगी।

"कुछ बोलो तो सही माँ," व्याकुल स्वर में निरुपम ने कहा।

"नीरू लाली," करुण क्रन्दन करते हुए केवल इतना ही कह पाई अमिता।

"क्या हुआ लाली को?" उद्विग्न स्वर में निरुपम बोला।

"उसे कुछ नहीं हुआ। हो जाता तो अच्छा था। जो-जो लोकेश ने कहा था वह सब सत्य निकला। मैं उसे मिलकर आ रही हूँ। किसी जैकब नाम के धूर्त आदमी के संग रहती है वह कुलनाशनी। तेरे पापा को यह सब नहीं मालूम होना चाहिए। नहीं तो वह इस आघात को नहीं सहन कर पाएँगे। हाय! मैं अब क्या करू?" दिग्भ्रान्त-सी अमिता विलाप करने लगी।

"माँ, शान्त हो जाओ। आपने जो आपके बस में था सब करके देख लिया। अब सब कुछ विधाता पर छोड़ दो।" दीर्घ उच्छ्वास छोड़ते हुए निरुपम ने कहा।

"मेरे बेटे, मैंने उसे बहुत समझाने का प्रयत्न किया। स्नेह, क्रोध, उपेक्षा कुछ भी प्रभाव नहीं डालता उस मद्यान्ध लड़की पर अब। काश! मैंने उचित समय पर अपने बच्चों का उचित ढंग से लालन-पालन किया होता, उनका उचित मार्गदर्शन किया होता तो आज मुझे ये दिन तो न देखने पड़ते। हे माँ भगवती! तू ही रक्षा करना उस पथ से भटकी मूर्ख लड़की की अब।" कष्ट क्षोभ से निढाल हो चुकी थी अमिता।

"माँ चिन्ता मत करो। समय आने पर सब ठीक हो जाएगा।" निरुपम ने अमिता को धीरज बँधाते हुए कहा।

"अब क्या ठीक होगा मेरे बेटे?" शून्य में निहारते हुए क्लान्त स्वर में अमिता बोली।

"क्यों नहीं ठीक होगा सब? जैसे मैं सुधर गया हूँ वैसे ही हो सकता है लाली भी रास्ते पर आ जाए। आशा पर ही दुनिया जीती है। आशा नहीं छोड़नी चाहिए हमें।" निरुपम के इस कथन से अमिता के सूने हृदय में आशा की एक क्षीण-सी ज्योति जल उठी।

"अच्छा माँ, एक बात बताओ। जब यह सब काण्ड हो रहा था, तब जैकब कहाँ था?" निरुपम ने प्रश्न किया।

"मुझे यह तो नहीं मालूम जैकब मुझे लाली के पास छोड़कर कहाँ गया। पर

जब मैं लाली के कमरे में से बाहर आ रही थी तो सामने ही एक कमरे में वह मदिरा के मद से चूर कालीन पर ही पसरा पड़ा था।" अमिता ने बताया।

"उस नीच दुष्ट के कारण ही लाली का इतना पतन हुआ है। मैं उसे नहीं छोड़ूँगा।" अकस्मात् ही निरुपम क्रोधित हो उठा।

"नहीं बेटे, कुछ नहीं करना। मुझे तो तुम धीरज धरने को कह रहे हो, भगवती पर विश्वास करने को कह रहे हो। स्वयं क्यों इतने अधीर हो रहे हो? तुम भी शान्त रहो। देखते हैं, हम अब और क्या कर सकते हैं। कोई उपाय सोचते हैं।" अमिता ने दीर्घ श्वास लेते हुए कहा।

दूसरे दिवस नीलिमा से अमिता ने दूरभाष पर बात की। उसे अमिता ने विस्तारपूर्वक बताया कि कैसे लाली पितृगृह की कीर्ति पताका फहरा रही थी। नीलिमा पर लवलेश मात्र भी नहीं प्रभाव पड़ा जननी पीड़ा का, कष्ट का, "तो फिर क्या हुआ? लाली अपनी इच्छानुसार जी रही है। क्या उसे इस संसार में स्वेच्छानुसार जीने का कोई अधिकार नहीं है?" नीलिमा बोली।

"नीलू, तू मेरी बड़ी बेटी है। बड़ी बेटी माँ की सखी सहेली भी होती है। बेटे, मैं तुझे अपना दुःख नहीं बताऊँगी तो फिर किसे बताऊँगी? तेरे विचार में लाली, क्या ठीक कर रही है? इतने अच्छे पति को छोड़ना, घर-बार छोड़ना, क्या ये सब उचित था?" अमिता व्यथित हृदय से बोली।

"माताश्री, सब अपनी अक्ल के अनुसार ही सोचते हैं। तुम व पापा अति पुरातनपन्थी हो। तुम लोग न हमारी समस्याएँ समझ सकते हो, न उनका समाधान कर सकते हो। लाली को उसके पुरातनपन्थी ससुरालवाले बहुत तंग करते थे। हर समय की टोका-टाकी क्या उचित होती है? नहीं ना। तो लाली ने अच्छा ही किया जो उस नर्क में से निकल आई।" कटे हुए केश गुच्छ को कर से सँवारते हुए अपनी ग्रीवा को झटककर उत्तर दिया नीलिमा ने।

"बेटी, क्या लोकेश का घर नर्क था!" स्तब्ध-सी अमिता ने कुछ-कुछ अस्फुट स्वर में कहा।

"यदि लाली उस घर को नर्क कहती है तो वह नर्क ही था।" तुरन्त उत्तर दिया नीलिमा ने।

"यह तू क्या कहती है बेटी?" अमिता का प्रश्न था।

"तू जो सुनती है मम्मी।" नीलिमा ने कहा।

"तू नहीं जानती, तू क्या कह रही है? लाली राह भटक चुकी है। एक दिन वह धूल में मिल जाएगी। तू..." अमिता को मध्य में ही टोकते हुए नीलिमा ने उपेक्षापूर्ण स्वर में कहा, "तू लाली के सुख में सुखी हो मम्मी। अब मेरे पास अधिक समय नहीं बेकार की बातें करने का।"

"यह बेकार की बातें हैं क्या?" आहत स्वर में अमिता ने कहा।

"तो कौन-सी बेकार की बातें हैं? अच्छा मैं फोन रख रही हूँ।" ऐसा कहते हुए नीलिमा ने अमिता के उत्तर की प्रतीक्षा किए बिना ही रिसीवर रख दिया। विवशता के दो बूँद अश्रु अमिता के नयनों से गिरकर धूल में मिल गए। कितनी असहाय है वह आज। कितनी विवश है वह आज! अमिता को स्वयं पर ही दया आ रही थी व क्रोध भी आ रहा था। वह असहाय-सी पतन के गर्त में गिरते हुए देख रही थी स्वयं जाई सन्तान को। 'काश! उचित समय पर उसने उचित मार्गदर्शन किया होता अपने बच्चों का तो आज यह सब तो न देखना पड़ता उसे।' स्वयं को धिक्कार रही थी अमिता।

उधर लालिमा ने जग की लाज तो कब की ही त्याग दी थी। वह संसार रूपी रंगमंच पर जी भर कर भोग-विलास में लिप्त अति स्वार्थी प्राणी का सजीव अभिनय करने में व्यस्त थी। हर वस्तु की सीमा होती है और जब मानव सीमातिक्रमण करता है तो उसका परिणाम सदैव ही दुःखदायी होता है। मूढ़मति लालिमा अपना सर्वनाश करने पर उतारू थी। अर्धनग्न परिधान धारण कर, मदिरा का प्याला कर में थाम, वह क्लब में हर लोलुप खलकामी की दृष्टि का केन्द्रबिन्दु बनी होती। स्वयं पर ही वह न्यौछावर हो-हो जाती जब उसके क्लब में पग धरते ही पुरुष वर्ग पलकें बिछाये उसे पार्श्व में लेने को आतुर होता तो। जैकब भी ऐसे समय रक्तिम नेत्र खोल अपनी बत्तीसी दिखाते हुए मदमस्त गज तुल्य झूमते हुए कहता, "जाओ डार्लिंग, नाच का आनन्द लो और दो भी।" उसके कुत्सित संकेत को देख, जहाँ अभद्रजन आनन्दित हो उठते, वहीं भद्रजन यह सब अनदेखा कर, स्वयं में ही लीन होने का अभिनय करने लगते। नृत्यकक्ष में लालिमा इतने वेग से नृत्य करती कि उसके नृत्य सहचर को अधिकांशतः हार का ही मुख देखना पड़ता।

"जैकब, तू बड़ा ही भाग्यवान् है जो इस लाल परी के साथ उस हुस्न परी को भी लिए घूमता है।" एक सन्ध्या वृषभ तुल्य हुंकार भरते हुए पियक्कड़ जे.डी. काले ने कहा।

"तो तुझे जलन क्यों हो रही है?" जैकब ने भी मस्ती से झूमते हुए उत्तर दिया।

"यार लोगों को क्यों जलन होगी?" नृत्य करती हुई लाली को लोलुप दृष्टि से देखते हुए जे.डी. बोला।

"शादी कब कर रहा है यार?" जे.डी. ने प्रश्न उछाला जैकब की ओर।

"उसकी जरूरत ही क्या है? दोस्त," जैकब ने एक घूँट मदिरा भरते हुए कहा।

"क्या सारा जीवन ऐसे ही बिताएगा?" जे.डी. बोला।

"सारा जीवन किसने देखा है? न तूने देखा है न मैंने। मैं तो आज में विश्वास रखता हूँ। जैकब आज में जीता है। आज रात तो झूमकर जी लूँ, पी लूँ मेरे दोस्त, कल क्या होगा देखा जाएगा।" झूमते हुए जैकब ने मदमस्त स्वर में उत्तर दिया।

"यह हुई न बात।" जे.डी. ने उल्लसित स्वर में कहा।

"हाँ, यह हुई न बात।" जैकब ने भी उसकी बात दोहराई मदालस हँसी हँसते हुए।

"जैकब, अब हमें विवाह कर लेना चाहिए।" लोकेश से सम्बन्ध-विच्छेद करने के एक मास पश्चात् लालिमा ने एक रात्रि जैकब से कहा।

"उसकी क्या जरूरत है? डार्लिंग," जैकब ने कोमल स्वर में लाली से पूछा।

"जरूरत तो कुछ खास नहीं है। बस ऐसे ही मैं मिसेज जैकब कहलाना चाहती हूँ।" लाली ने कहा।

"वो तो तुम बिना शादी के भी कहलाती हो।" हो...हो...हो कर हँसते हुए जैकब ने कहा।

"तुम शादी करना क्यों नहीं चाहते?" लाली बोली।

"शादी-वादी के बन्धन में क्या रखा है? जो चाहती हो मैं हाजिर करता हूँ।" जैकब किसी भी बन्धन में बँधना नहीं चाहता था। उसका तो कर्म-धर्म ही यही था कि कली के रस की अन्तिम बूँद तक भी घुटक ले और फिर जा बैठे रस लोलुप भ्रमर किसी अन्य कली के सौरभ का रसास्वादन करने को।

क्षीण-सा विरोध किया था लालिमा ने जैकब का और फिर मग्न हो गई निपट मूर्खा यौवन रसपान करने में। दिवस मास में व मास वर्षों में परिवर्तित होने लगे।

निरुपम ने शनैः-शनैः अपने पिता का समस्त व्यवसाय सँभाल लिया। कल का बिगड़ैल शहज़ादा आज का आज्ञाकारी सुत व कुशल व्यवसायी बन चुका था। वह जनकगण का अत्यधिक ध्यान रखने लगा था। सेठ का मन सांसारिक झंझटों से विरक्त हो चुका था। गंगा की पावन गोद में उसे अपार शान्ति का अनुभव होता था। अतः सेठ ने एक सादा पर सुरुचिपूर्ण घर हरिद्वार में मोल ले लिया। अब कभी हरिद्वार और कभी देहली में दिन कटने लगे सेठ दम्पती के। लालिमा ने मांस-मज्जा तक दग्ध कर दी थी सेठ की।

नीलिमा की वही बेढंगी चाल थी। स्वच्छन्द पक्षी सम वह नीले नभ पर उड़ानें भरती थी। पुरुष मित्र वह रंगविहीन पुरातन वस्त्रों तुल्य बदल डालती। सेठ दम्पती ने अपनी सुघड़ कन्याओं की नैया विवश हो खेवनहारे के भरोसे छोड़ दी थी।

9

क्षमा ने द्वितीय श्रेणी में स्नातक की उपाधि ले ली थी। अबेर किए बिना जोगलेकर दम्पती क्षमा को लेकर बम्बई आ गया था। अग्रजा को दूरभाष पर श्यामली ने सूचित कर दिया कि क्षमा की पढ़ाई समाप्त हो चुकी थी। एक दिवस अर्धरात्रि समय दूरभाष पर मालिनी ने बात की। श्यामली ने अलसाये से स्वर में 'हैलो' कहा तो दूसरी ओर

उसकी अग्रजा के बोलने का स्वर सुनाई दिया। श्यामली के नेत्रों से निद्रा भाग गई। "हैलो, दीदी कहो, क्या बात है? मैं श्यामली बोल रही हूँ।" श्यामली ने उल्लसित स्वर में कहा।

"श्यामू, सॉरी, आधी रात को तुम्हारी निद्रा में विघ्न डाला। पर मैं विवश थी। हम अभी बम्बई नहीं आ सकेंगे।" मालिनी ने कहा।

"क्यों दीदी, क्या बात है? तुम क्यों नहीं आ सकोगी और वह मंगे..." मध्य में ही श्यामली को टोकते हुए मालिनी ने कहा, "तू इतनी घबरा क्यों रही है? चिन्ता करने की कोई बात नहीं। लड़का अभी किसी आवश्यक काम से लन्दन गया है। वह तीन मास के पश्चात् अमेरिका वापस आएगा। उसके आते ही हम शीघ्र भारत आ जाएँगे।" मालिनी ने श्यामली को समझाते हुए कहा।

"क्या वह तीन मास से पहले वापस नहीं लौटेगा?" व्याकुल स्वर में श्यामली ने पूछा।

"फिर वही घबराहट! श्यामू व्यर्थ में चिन्ता न कर। वह समय पूर्व वापस नहीं आ सकता।" मालिनी ने कहा।

"दीदी, प्लीज, एक बार प्रार्थना करके तो देखो आप मंगेशकर परिवार से।" पुनः वही चिन्तित स्वर गूँजा श्यामली का।

"व्यर्थ है उनसे प्रार्थना करना अब।" मालिनी बोली।

"क्यों दीदी, ऐसे क्यों कह रही हो?" श्यामली ने पूछा।

"क्योंकि मैं तुम्हारे कहने से पूर्व ही उनसे विनती कर चुकी हूँ। उन्होंने कहा था कि समय से पूर्व लड़के का आना असम्भव है।" मालिनी ने कहा।

"अच्छा," हताश स्वर में श्यामली बोली।

"इसमें हताश होने की क्या बात है?" मालिनी ने तनिक रुष्ट स्वर में कहा।

"तू अपनी धींगड़ी को नहीं जानती। सब ताल तलैया के किनारे हाँड़ती फिरती है। यद्यपि मैंने अंकुश तो बहुत लगा दिए हैं तो भी मेरा हृदय पीपल के पत्ते जैसे काँपता रहता है।" कुण्ठित स्वर में श्यामली बोली।

"कोई चिन्ता न कर श्यामू। मैं जो बैठी हूँ चिन्ता करने को। धीरज धर, समय आने पर हम आ जाएँगे और गणपति की कृपा से तेरी मनोकामना पूर्ण होगी ही।" श्यामली को सान्त्वना देते हुए मालिनी ने कहा।

"गणपति देवा करे तुम्हारा विश्वास ही विजयी हो।" श्यामली के स्वर में तनिक सन्तोष का पुट था।

"अच्छा और सब ठीक है न।" मालिनी बोली।

"हाँ दीदी, सब ठीक है।" श्यामली ने शीघ्रतापूर्वक कहा।

"अच्छा, फिर फोन करूँगी।" मालिनी बोली।

"अच्छा नमस्कार दीदी," श्यामली के ऐसा कहते ही मालिनी ने सम्बन्ध-विच्छेद

कर दिया। श्यामली कुछ समय तक अन्यमनस्क-सी रिसीवर को पकड़े बैठी रही। तदुपरान्त वह शय्या पर जाकर लेट गई। निद्रादेवी नयनों की गलियों से दूर, अति दूर जा चुकी थी। कुछ समय तक ऊहापोह में फँसी रही श्यामली। कभी इस करवट लेटती तो कभी उस करवट। एकाएक बसन्त की निद्रा भी भंग हो गई। उसे ऐसे भान हुआ कि पत्नी अधीरतापूर्वक करवटें बदल रही है। "क्या बात है श्यामा?" अति कोमल स्वर में बसन्त ने पूछा।

"कोई बात नहीं जी," श्यामली ने टालते हुए कहा।

"कुछ बात तो अवश्य है नहीं तो तू इतनी अधीर क्यों होती?" बसन्त ने पूछा।

"मैं कहाँ इतनी अधीर हूँ?" श्यामली ने अचकचाकर कहा।

"तो निरन्तर करवटें क्यों बदलती जा रही हो?" बसन्त ने पूछा।

"मैं तुम्हारी धींगड़ी के विषय में ही सोच रही हूँ।" फट पड़ी कर्कशा नारी।

"क्यों हर समय धींगड़ी-धींगड़ी करती रहती हो? क्या हो गया है तुम्हें? क्यों इतनी कटुता आ गई है तुममें?" बसन्त ने भी तनिक कटु स्वर में कहा।

"दीदी का फोन आया था अमेरिका से।" श्यामली बोली।

"कब आया था?" बसन्त ने कहा।

"अभी कुछ समय पहले।" श्यामली ने बताया।

"क्या कहा उन्होंने? तुमने मुझे क्यों नहीं जगाया?" बसन्त बोला।

"उन्होंने कहा कि मंगेशकरवालों का लड़का अभी तीन मास के लिए लन्दन गया है।" श्यामली ने बताया।

"क्यों, लन्दन क्यों गया है?" बसन्त बोला।

"तुम्हारी यही आदत बुरी है। व्यर्थ में ही मध्य में टोकते रहते हो। किसी आवश्यक कार्य से गया है लन्दन।" झुँझलाते हुए श्यामली ने कहा।

"तो इसमें इतना चिन्तित होने की क्या बात है? श्यामा," बसन्त कोमल स्वर में बोला।

"मुझे तुम्हारी राजकुमारी पर विश्वास नहीं है।" श्यामा ने हताश स्वर में कहा।

"क्यों विश्वास नहीं है? तुम्हारी तो अनुशासन की डोर ही अत्यधिक कड़ी है।" तनिक हास्य का पुट देते हुए बसन्त बोला।

"वह तो सब ठीक है जी, पर न जाने क्यों, मेरा हृदय किसी अनदेखी आशंका से ही शंकित रहता है।" अपने हृदय को अनावृत करते हुए श्यामली ने कहा।

"शंका करना तो स्त्रियों का स्वभाव ही होता है। श्यामा, व्यर्थ की चिन्ता त्याग दो और अन्तिम पहर की निद्रा का आनन्द लो। भई, मुझे तो निद्रा देवी पुकार ही रही है।" बोझिल वातावरण को बोझ से मुक्ति दिलवाने का यत्न करते हुए बसन्त ने कहा और पुनः निद्रामग्न हो गया। हृदय की गलियों में कुछ समय भटके पथिक सम भटकने के पश्चात् श्यामली भी निद्रा पाश में जा बँधी।

धूर्त कागा तुल्य कनखियों के कपाटों से श्यामली क्षमा के प्रत्येक क्रियाकलाप पर दृष्टि रखती। प्रत्यक्ष में वह ऐसे दिखाती मानो अपने ही कार्य में मग्न हो। क्षमा भी तो अन्ततः उसकी पुत्री थी। 'वह डाल डाल थी तो क्षमा पात पात।' प्रत्यक्ष में क्षमा भी जननी को पूर्ण रूपेण सन्तुष्ट करने का यत्न करती जबकि वास्तविकता में दोनों ही एक दूजे को शंकालु दृष्टि से निहारती थीं।

"माँ, मैं तनिक पुस्तकालय तक जा रही हूँ।" क्षमा ने पाँव में चप्पल पहनते हुए कहा।

"तू क्या करने जा रही है वहाँ?" तनकर खड़ी होते हुए श्यामली ने कहा।

"पुस्तकालय में क्यों जाया जाता है?" क्षमा ने कुनकुनाते कहा।

"इतना कुनकुना क्यों रही है धृष्टा," श्यामली ने दहाड़ मारी।

"क्यों आकाश को सिर पर उठा रही हो? मैंने तो केवल पुस्तकें लेने जाना है।" क्षमा ने रुष्ट स्वर में कहा।

"तू नहीं जा सकती।" राजाज्ञा सुना दी श्यामली ने।

"मैं क्यों नहीं जा सकती?" क्षमा ने भी तनिक कटु स्वर में कहा।

"मेरी इच्छा," उपेक्षा से श्यामली बोली।

"अरे वाह! अब श्वास भी मुझे आपसे पूछ कर लेने पड़ेंगे क्या?" आश्चर्यपूर्ण स्वर में क्षमा बोली।

"ऐसा ही समझ लो," आग्नेय नेत्रों से पुत्री को भस्म करने का प्रयत्न करते हुए हठीली नार बोली।

"मैं जाऊँगी," पग उठाते हुए क्षमा ने अवज्ञापूर्ण स्वर में कहा।

"एक भी पग आगे बढ़ाया तो पाँव काटकर फेंक दूँगी तेरे। समझी, मूर्खा," अधर चबाते हुए अति कठोर स्वर में श्यामली ने कहा।

"तुम मेरे पर इतनी बन्दिशें क्यों लगाती हो?" हताश स्वर में क्षमा बोली।

"इसका उत्तर अपने ही "दिल से पूछ ले," ऐसा कहते हुए धरती पर पाँव पटकते हुए श्यामली दूसरे कक्ष में चली गई। क्षमा वहीं स्तम्भित-सी खड़ी रह गई। वह लक्ष्य से दूरभाष पर बात करना चाहती थी। कुछ क्षण क्षमा ने विवशतापूर्ण निकाले पर शीघ्र ही मल्हार से दूरभाष पर बात कर उसे घर बुलाया। मल्हार एक घण्टे पश्चात् वहाँ पहुँच गया। श्यामली से येन-केन उसने पुस्तकालय जाने की आज्ञा ले ही ली। वह और क्षमा घर से बाहर आ गए।

क्षमा ने लक्ष्य को दूरभाष पर सम्पूर्ण वस्तुस्थिति से अवगत करवाया। लक्ष्य ने भी उसे विवेकपूर्ण स्थिति को सँभाले रखने का परामर्श दिया व सान्त्वना दी।

क्षमा को शिमला से बम्बई आए हुए दो मास व्यतीत हो चुके थे। ऐसे ही खट्टे अनुभवों से अधिक व मीठों से कम साक्षात्कार करते हुए क्षमा का समय व्यतीत होने लगा।

शनैः-शनैः वह दिवस भी आन पहुँचा जिसकी क्षमा व लक्ष्य को चिर प्रतीक्षा थी। आज क्षमा का विवाह होना था। अभिनय पटु मल्हार क्षमा को अपने घर ले जाने के लिए आया था। श्यामली पूर्ण रूप से सन्तुष्ट थी कि चलो पुत्री मल्हार की ही पत्नी के पास तो जा रही है। उधर मल्हार ने पत्नी को कड़ा आदेश दे रखा था कि यदि क्षमा के घर से कोई भी फोन आए तो तत्परता से हर स्थिति से निपटे।

क्षमा को मल्हार की पत्नी मन्दाकिनी ने हरे काँच की चूड़ियाँ पहनाईं। हल्का पर सुरुचिपूर्ण शृंगार किया उसका और एक सादी-सी गुलाबी एवं पीताभवर्णीय साड़ी पहनाई। मन्दाकिनी को क्षमा लक्ष्य प्रणय प्रकरण पूर्ण रूप से ज्ञात था। वह हृदय से चाहती थी कि प्रणयीयुगल का मधुर मिलन हो जाए। अतः वह भी सावधानीपूर्वक पति के प्रत्येक आदेश का पालन करती थी।

समय पर ही मल्हार क्षमा मन्दाकिनी व अपने दो मित्रों को संग ले न्यायालय की ओर चल पड़ा। न्यायालय के द्वार पर ही लक्ष्य अधीर हो उनकी बाट जोह रहा था। जैसे ही उसने क्षमा मल्हार इत्यादि को देखा तो उसके मुखानन से अमावसी अन्धकार द्रुतगति से विलुप्त हो गया और छा गया वहाँ स्निग्ध सुकोमल प्रफुल्ल प्रकाश। वकील समस्त दल को लेकर न्यायालय में जा पहुँचा। समस्त औपचारिकताएँ पूर्ण करने के पश्चात् न्यायाधीश ने क्षमा व लक्ष्य से शपथपत्र पर हस्ताक्षर करवाए और उन्हें पति-पत्नी घोषित करते हुए बधाई दी। क्षमा के नयनों में हर्षातिरेक से अश्रु भर आए। लक्ष्य भी भावविह्वल था। दोनों ने मल्हार के चरण स्पर्श किए। मल्हार ने शपथपत्र पर हस्ताक्षर करनेवाले अपने मित्रों के भी चरण स्पर्श करवाए नूतन दम्पती से। तत्पश्चात् मित्रों से क्षमा याचना कर मल्हार ने अपने घर की ओर प्रस्थान किया क्षमा व लक्ष्य के संग। क्षमा ने शीघ्रतापूर्वक स्नानगृह में जाकर स्नान किया व पुनः कुमारी कन्या का रूप धारण कर लिया। क्षमा को हाथ में दो पुस्तक थमा वह शीघ्रतापूर्वक उसे उसके घर छोड़ने चल पड़ा। जाने से पूर्व क्षमा के अधरों पर, दो क्षण के मिले एकान्त में लक्ष्य ने व्याकुल प्रणयीतुल्य कई प्रेममय चिह्न अंकित कर दिए और अनकहे ही लक्ष्य के नयनों ने क्षमा से बहुत कुछ कह दिया। पूर्ण रूप से सन्तुष्ट क्षमा सरलतापूर्वक अपने प्रियतम का मूक सन्देश उसके नयनों में पढ़ गई। प्रफुल्लित मन उसने विदा ली अपने प्रियतम से।

घर में पग रखते ही श्यामली ने प्रश्न की तोप दागी, "इतनी देर कहाँ लग गई?"

"ओ हो! बुआ कभी तो शान्त रहा करो। पुस्तकालय में इतने पढ़ाकू पुस्तकें ले रहे थे कि हमें एक मील लम्बी कतार के अन्तिम छोर पर खड़े होना पड़ा। बस फिर क्या था। देर ही देर।" किसी विदूषक सम मुख बनाते हुए मल्हार ने कहा तो श्यामली को भी हँसी आ गई।

"ये क्षमा के बाल क्यों गीले हैं?" श्यामली ने एकाएक क्षमा के गीले केशों को देखकर कहा।

"ओ हो! बुआ बाल गीले हैं तो क्या हुआ? बात यह है कि जैसे ही हम पुस्तकें लेकर घर आने लगे कि ऊपर छज्जे पर बैठे हुए एक कागा ने क्षमा की केश सज्जा बिगाड़ दी तो इस अकिंचन को उसका मल धोने के लिए वहीं 'टायलेट' में जाना पड़ा। इस प्रकार इसके केश गीले हो गए।" मल्हार ने चतुरतापूर्वक स्थिति को सँभालते हुए कृत्रिम मस्त स्वर में कहा तो क्षमा के पीताभ होते हुए मुख की कान्ति लौट आई। श्यामली पूर्णतया सन्तुष्ट थी अब। इस प्रकार निर्विघ्न सम्पन्न हो गया क्षमा और लक्ष्य का विवाह। रात्रि की गाड़ी राजधानी से लक्ष्य भी वापस देहली लौट गया।

समय-समय पर क्षमा व लक्ष्य दूरभाष पर एक दूसरे का कुशलक्षेम पूछ व प्रणय के एक दो शब्द कह ही अपने विरही चित्त को शान्त करने का प्रयत्न करते। लक्ष्य अपनी लक्ष्य प्राप्ति के लिए अग्रसर था। केवल चालीस दिन ही शेष थे उसकी ट्रेनिंग समाप्त होने में। उसके पश्चात् तो उसको शीघ्र नौकरी मिल जानी थी। अतः व्यग्रतापूर्वक पति-पत्नी उस क्षण की प्रतीक्षा कर रहे थे जब उनके विरहा के पल क्षण समाप्त होने थे। वैसे तो पल-पल ही क्षमा व लक्ष्य अदृश्य रूप से एक दूजे के हृदय के निकट रहते थे। मधुयुक्त जल का झरना सुमधुर स्वर में उनके नयनों के समक्ष ही बहता था पर वे विवश थे अपनी तृष्णा पूर्ण करने के लिए। अभी तृषित रहना ही भाग्य में लिखा था।

प्रातः सात बजे ही मालिनी ने दूरभाष पर बात की थी। उसने कहा, "श्यामू चिन्ता न करो हम अगले सप्ताह, सोमवार को ही बम्बई पहुँच रहे हैं।"

"सच दीदी," हर्षातिरेक से श्यामली का स्वर काँप रहा था।

"हाँ पगली! सच कह रही हूँ मैं।" प्रसन्न वदना मालिनी बोली।

"कितने बजे बम्बई पहुँचेगा आपका..." श्यामली को मध्य में ही टोकते हुए मालिनी ने कहा, "वह तुम हवाई अड्डे पर फोन करके पूछ लेना।"

"अच्छा, मैं पूछ लूँगी। हम तुम्हें सान्ताक्रुज लेने आएँगे।" छलक-छलक जा रहा था श्यामली का हर्ष उल्लास।

"अवश्य आना," वैसे ही उल्लसित स्वर में मालिनी बोली।

"अवश्य आएँगे," श्यामली तो ऐसे प्रसन्न थी मानो आते ही वर वधू के संग सात फेरे ले लेगा।

"अच्छा और सब ठीक है न।" मालिनी बोली।

"हाँ दीदी, सब ठीक है सब।" श्यामली ने कहा।

"मेरी गुड़िया कैसी है?" मालिनी ने पूछा।

"वह भी बहुत ही प्रसन्न है। अपने भावी दूल्हे की प्रतीक्षा कर रही है।" श्यामली की कल्पना बोल रही थी।

"क्या वह अमेरिका आने को तैयार है?" मालिनी बोली।

"अरे, कर लो बात! कौन-सी लड़की अमेरिका नहीं आना चाहेगी।" श्यामली ने कहा।

"तो तू और तेरी बेटी तैयार बैठे हैं।" मालिनी बोली।

"ऐसा ही समझ लो।" श्यामली ने कहा।

"अच्छा, अब बन्द करती हूँ।" मालिनी बोली।

"अच्छा, मेरी अच्छी दीदी, नमस्कार" पुलक-पुलक जा रही थी श्यामली।

"मैंने कहा, आप कहाँ हैं?" असीम उत्साह से परिपूर्ण था श्यामली का स्वर, "सुनते हो, दीदी का फोन आया है अमेरिका से।"

"क्या बात है? भाग्यवान, आज बहुत सुर में गा रही हो।" स्नान गृह से बाहर आते हुए बसन्त ने पत्नी की ओर आश्चर्य से देखते हुए कहा।

"बात ही ऐसी है न।" पुलकित स्वर में श्यामली बोली।

"तनिक मैं भी तो सुनूँ बात कैसी है। आज तुम कैसे इतनी प्रसन्नवदना, मृदुभाषी बन गई हो!" कृत्रिम आश्चर्य से श्यामली को निहारते हुए बसन्त ने विनोदी स्वर में कहा।

"चलो हटो, तुम्हें तो हर समय मेरा उपहास ही उड़ाना अच्छा लगता है।" पति की बात सुन लजाते हुए श्यामली बोली।

"अब कहो भी न क्या बात है?" बसन्त प्रसन्न था पत्नी की मीठी बात सुनकर।

"अमेरिकावाली मालिनी दीदी आगामी सप्ताह को सोमवार के दिन बम्बई आ रही हैं उस मंगेशकर सुपुत्र के संग।" तीन तारी चाशनी में डूबे हुए स्वर में श्यामली ने बसन्त को बताया।

"यह तो बहुत ही प्रसन्नता की बात है। जाओ क्षमा को भी बता दो और अन्य कार्य भी आज से ही निबटाने आरम्भ कर दो।" बसन्त ने आदेशात्मक स्वर में कहा।

"जी हाँ, कार्य तो अभी बहुत करने हैं। अतिथिकक्ष को भली प्रकार सजाना है। गृह सज्जा में तो क्षमा है ही अद्वितीय। वही सारे गृह की काया पलट करेगी। वो जो सिल्क पर कढ़ाई किए हुए कुशन कवर, पर्दे इत्यादि हमने शिमले में उस फेरीवाले शराफत अली से सस्ते में खरीदे थे, अब सब वही काम आएँगे। और सुनो, तुम कट ग्लास आज ही खरीद लाना। शेष क्राकरी तो सारी ही निर्झर विदेश से भेज चुका है। फिर वो मेरे विवाह के चाँदी के बर्तन भी किस दिन काम आएँगे। उन्हें भी निकालकर आज ही चमकाती हूँ।" श्यामली बौरा-सी गई थी। उसे समझ में ही नहीं आ रहा था कि विदेश से आनेवाले वर का कैसे भव्य स्वागत करे।

"यह सब तो ठीक है। पहले क्षमा को तो बताओ कि उसकी मौसी मंगेशकर महाशय के संग अमेरिका से आ रही है।" बसन्त ने पत्नी को मृदु स्वर में कहा।

क्षमा ने दीर्घ उच्छ्वास छोड़ा। वह पर्दे की ओट में खड़ी जनकगण का सम्पूर्ण वार्तालाप सुन चुकी थी। जब मालिनी ने दूरभाष पर बात की थी तो क्षमा की निद्रा भंग हो चुकी थी। माँ का उल्लसित स्वर उसके कक्ष में तपती लू के थपेड़ों सम प्रवेश कर रहा था। जब श्यामली ने बसन्त को पुकारा तो क्षमा हतप्रभ-सी शैया पर बैठी थी। क्षणांश में वह शैया से उठी और धीमी गति से चलती हुई माँ के कक्ष के बाहर पर्दे की ओट में आकर खड़ी हो गई। जैसे ही श्यामली क्षमा को यह बताने को उठी कि उसकी मौसी विदेश से बम्बई आ रही है तो क्षमा द्रुतगति से अपने कक्ष में जाकर शैया पर ऐसे लेट गई मानो निद्रामग्न हो।

"क्षमा, क्षमा, बिटिया रानी उठो। अभी तक सो रही हो क्या?" लाड़पूर्ण स्वर में श्यामली ने कहा।

"सोने दो माँ," करवट बदलते हुए क्षमा ने अलसाये हुए स्वर में कहा।

"अच्छा, अच्छा, सो ले, मैं तो तुझे यह बताने आई थी कि आगामी सोमवार को तेरा भावी वर अमेरिका से आ रहा है।" मिश्रीमण्डित स्वर में श्यामली ने कहा तो क्षमा का सर्वांग ही दग्ध हो उठा। "तुम इतने विश्वास के साथ कैसे कह रही हो कि आनेवाला ही मेरा दूल्हा बनेगा?" क्षमा ने सपाट स्वर में प्रश्न की तोप दाग दी। श्यामली अत्यधिक प्रसन्न थी। आज तो वह क्षमा का गुरुगम्भीर अपराध भी क्षमा कर सकती थी। अतः उसने क्षमा के सपाट स्वर व पीताभ मुख की ओर कोई ध्यान नहीं दिया, "गुड़िया मेरे कमरे में आ जा वहीं चाय पीएँगे।" सम्पूर्ण ममता स्वर में उँड़ेलते हुए श्यामली ने कहा।

"नहीं माँ, अभी मैं एक घण्टा और सोऊँगी।" इतना कह क्षमा चादर तानकर सो गई और मग्नमना श्यामली पुत्री पर स्नेहिल दृष्टि डाल अपने कक्ष में चली गई।

"अब क्या होगा?" कितना बड़ा प्रश्नचिह्न था क्षमा के आगे। अब समय आन ही पहुँचा है माँ को सत्य से अवगत करवाने का पर हृदयहीन जननी कहाँ समझेगी हृदय की बातें? वह क्या जाने प्रणय के बन्धन! इससे पहले कि मंगेशकर महाशय आएँ, मुझे कुछ-न-कुछ करना होगा। ऐसी स्थिति ही नहीं पैदा होने देनी है जो लज्जा का कारण बने, मुझे अपदस्थ करे। वैसे भी मैंने क्या अपराध किया है? अपनी इच्छानुसार अपने जीवन का चयन ही तो किया है। क्या मैंने अनुचित किया है? नहीं, किसी को कोई अधिकार नहीं कि वह अनधिकार चेष्टा करे किसी के स्वप्न धूलि-धूसरित करने की और जनकगण को भी क्या यह शोभा देता है कि केवल मात्र विजातीय होने से ही सुपात्र का अनादर करके उसे श्वान सम द्वार से दुत्कार दें तथा अनदेखे सजातीय की अभ्यर्थना में दुहरे हो-हो जाएँ चाहे वह कुपात्र ही हो। क्या माँ ने विदेशों में ब्याही हुई कई अभागियों की कथाएँ नहीं सुनीं जिन्हें वैभवशाली उच्चस्तरीय जीवन का चुग्गा डाल ये प्रवासी सुपात्र बाद में गृहसेविका बना रखते हैं और पत्नी बनाते हैं किसी विदेशी सुन्दरी को। चलो, मंगेशकर महाशयजी सुपात्र भी

होंगे तो मुझे क्या अन्तर पड़ता है। अब मुझे ऐसा यत्न करना चाहिए कि मालिनी मौसी उन्हें मेरे निमित्त तो बम्बई में लेकर न आए। नहीं तो कोई अनर्थ हो सकता है। नहीं, नहीं, मैं ऐसी स्थिति आने ही नहीं दूँगी। मैं आज ही मल्हार भैया से मिलकर कोई उपाय सोचती हूँ। काश! हर जनकगण जातिवाद से ऊपर उठ सकता तो देखता कैसे-कैसे सुपात्र अन्यत्र भी हैं। जब माता-पिता हमें उच्च शिक्षा देते हैं और जीवन के हर क्षेत्र में आगे बढ़ने के लिए प्रोत्साहित करते हैं तो वह एक वय प्राप्त कन्या को अपना वर चयन करने का अधिकार क्यों नहीं देते? वे क्यों नहीं समझते कि अब समय परिवर्तित हो चुका है। पहले अल्पायु की कन्याएँ ब्याह दी जाती थीं। अबोध आयु होने के कारण जनकगण को ही उनके भावी जीवन का निर्णय करना पड़ता था। पर अब जबकि नारी हर क्षेत्र में नर के संग उन्नति के पथ पर अग्रसर है। वह एक योग्य चिकित्सक, यन्त्र विशेषज्ञ प्रवक्ता, पायलेट आदि सब कुछ बनकर तत्परता से अपने पदानुरूप योग्यतापूर्वक कार्य करती है। अपने क्षेत्र में पारंगत हो सफलता के सोपान चढ़ती है। उच्चाधिकारी के आसन पर आसीन हो महत्त्वपूर्ण निर्णय लेने में सक्षम है तो क्या वह अपने भावी सहचर का चयन स्वेच्छा से नहीं कर सकती? क्या औचित्य है जनकगण का अपने अहम् को केन्द्र बना अपनी ही सन्तान पर अपने निर्णय थोप उनका जीवन विषमय बनाने का? कब तक इस इक्कीसवीं शताब्दी में प्रवेश करनेवाली पीढ़ी को अपना सहचर स्वेच्छा से चुनने निमित्त रोका जाएगा, टोका जाएगा! कब तक इनकी आशा-आकांक्षाओं की होली जलाएँगे ये दम्भी जातिवाद में अन्धे जनकगण। यदि ये स्वेच्छा से एक वयस्क या वयस्का को अपना सहचर चुनने का अधिकार नहीं देंगे तो उनकी सन्तान के विवाह का वही पटाक्षेप होगा जो मेरा हो रहा है। अब मेरा लक्ष्य के पास जाने का समय आन पहुँचा है। मैं अपराध बोध से ग्रस्त क्यों होऊँ? असल अपराधिनी तो माँ है, मेरी दम्भी माँ, जिसे केवल महाराष्ट्रियन ही दिखाई देते हैं चहुँ ओर। चलो छोड़ो, मैं किस अन्तर्जातीय विवाद में फँस गई हूँ। अन्याय माँ कर रही थी। अब फल तो कर्मानुसार ही मिलना है न। माँ मुझे क्षमा करना। मैंने चाहकर तुम्हें कभी पीड़ा नहीं दी। पर मैं जानती हूँ, मेरे जाने से तुम्हें मर्मान्तक पीड़ा होगी। मुझे क्षमा करना माँ। मैं आपकी इच्छापूर्ति हेतु अपने भविष्य को न्यौछावर नहीं कर सकती हूँ। ऐसा सोचते हुए क्षमा ने सब विचारों को धकेलकर हृदय द्वार से बाहर किया और हृदय के कपाट कसकर बन्द कर लिए। वह कोई दृढ़ संकल्प कर, शैया से उठ गई।

अपराह्न को क्षमा माँ को मना मल्हार के घर चली गई। बस में बैठकर, वह शिमला से बम्बई आने के विषय में सोचने लगी, 'माँ ने कभी भी स्व सन्तान पर विश्वास करना नहीं सीखा। सदा सर्वदा अपने दर्पमद में चूर रहती है। वह क्या समझती थी कि उनके शिमला त्याग देने से ही नेह की लड़ी टूटकर बिखर जाएगी। लक्ष्य के भय से माँ ने आगे मुझे न शिक्षा ग्रहण करने दी न नौकरी। कितनी अच्छी

थी 'एयरहोस्टेस' की नौकरी पर माँ ने फार्म तक न भरने दिया। चलो छोड़ो, लक्ष्य के पास जाकर नौकरी कर लूँगी अब।,क्षमा ने झटककर मन-मस्तिष्क को विचार शून्य करने का प्रयत्न किया। इतने में बस गन्तव्य पर पहुँच गई।

"भाभी भैया कब तक आएँगे?" अधीर स्वर में क्षमा ने मन्दाकिनी से पूछा।

"क्यों क्या बात है? इतनी अधीर क्यों हो?" मन्दाकिनी व्यग्र स्वर में बोली।

"वह मंगेशकर मौसी के साथ अमेरिका से आ रहा है।" क्षमा ने कहा।

"कौन कहता है?" मन्दाकिनी बोली।

"माँ को आज प्रातः ही फोन आया है। अमेरिका से मालिनी मौसी ने किया है।" क्षमा ने बताया।

"वे लोग कब पहुँच रहे हैं?" मन्दाकिनी बोली।

"आगामी सोमवार को आ रहे हैं।" क्षमा ने कहा।

"देहली या बम्बई," मन्दाकिनी बोली।

"नहीं, देहली नहीं जा रहे हैं। सीधे बम्बई ही आ रहे हैं।" क्षमा ने बताया।

"तुम इतनी अधीर क्यों हो? अभी तो पूरा सप्ताह पड़ा है।" मन्दाकिनी बोली।

"मेरी दशा तो उस पत्ते के जैसे है जो वृक्ष से बिछुड़कर दूर-अति-दूर वेगवती वायु संग उड़ चला हो। न जाने कभी माँ के द्वार आ भी पाऊँगी या नहीं।" भावुक स्वर में क्षमा ने कहा।

"अपने भविष्य का स्वयं निर्णय करनेवाले न वेगवती वायु से डरते हैं और न विदा की पीड़ा से।" मन्दाकिनी ने दृढ़ स्वर में कहा।

"तुम ठीक कहती हो भाभी।" क्षमा बोली।

"अब निर्णय की वेला तो आ ही पहुँची है।" मन्दाकिनी ने कहा।

"सो तो है ही।" क्षमा बोली।

"तुम्हारे भैया के आते ही लक्ष्य को फोन करते हैं।" मन्दाकिनी ने कहा

"यही उचित होगा।" क्षमा बोली।

"बाबुल मेरा नेहर छूटो ही जाये। नहीं-नहीं यह तो अति पुरातन है। कोई नवीन गीत गाना चाहिए।" मन्दाकिनी ने कक्ष में पसरी पड़ी बोझिलता को दूर करने का यत्न किया।

"तुम भी बस भाभी बड़ी वो हो।" क्षमा ने लजाते हुए कहा।

"मन में उमंगें हैं
चहुँदिक् तरंगें हैं।
ऊदी घटा छाई है
नववधू मुस्काई है।
प्रियतम द्वार जो आई है।" मन्दाकिनी ने मन्द-मन्द मुस्काते हुए अपना कविता पाठ कर डाला।

"धत्! उसने कहा था।" की नायिका तुल्य क्षमा ने कहा।

"भई, क्या खिचड़ी पक रही है ननद भाभी में?" कक्ष में प्रवेश होते हुए मल्हार ने कहा।

"खिचड़ी तो तैयार है बस, तुम फ्रैश होकर आ जाओ।" विनोदी स्वर में मन्दाकिनी ने कहा।

"हाँ, अब कहो क्या बात है?" चाय का कप हाथ में थाम मल्हार बोला।

"तुम्हें कैसे मालूम कि कोई बात ही है?" मन्दाकिनी को ठिठोली सूझी।

"ये लो, कर लो बात। अरे! तुम ही तो कह रही थीं खिचड़ी तैयार है।" मल्हार ने मल्हारी छटा बिखेरी।

"भैया प्लीज..." क्षमा ने व्यग्र स्वर में कहा।

"क्या बात है मेरी बहन? तू इतनी नीरस क्यों बनी हुई है?" मल्हार ने मीठे स्वर में कहा।

"भैया मालिनी मौसी आ रही है।" क्षमा बोली।

"तो क्या हुआ?" मल्हार बोला।

"वह मंगेशकर महाशय भी आ रहा है।" मन्दाकिनी ने कहा।

"तो आने दो। हम भी देखें कितना दम है विदेशवासी में।" मसखरेपन से मल्हार ने कहा।

"ओ हो! अब गम्भीर भी हो जाओ।" झुँझलाते हुए मन्दाकिनी ने कहा।

"जी अच्छा, मन्दा महारानी," पुनः विदूषक की भाँति मल्हार बोला।

"अब क्या होगा भैया?" क्षमा ने कहा।

"होगा क्या! 'फौरन रिटर्न' कन्या देखेगा।" मल्हार बोला।

"यह तुम क्या कह रहे हो भैया!" क्षमा ने आहत स्वर में कहा।

"मैं ठीक कह रहा हूँ मेरी गुड़िया।" मल्हार बोला।

"क्या खाक ठीक कह रहे हो। क्यों अधमरा करने पर तुले हो मेरी ननद को?" लाड़पूर्ण स्वर में मन्दाकिनी ने कहा।

"मैं जो कुछ भी कह रहा हूँ ठीक कह रहा हूँ। अभी लक्ष्य की ट्रेनिंग इस मास की बीस को समाप्त होगी और आज है दस। आगामी मास की पहली को लक्ष्य की नौकरी लगनी है। लक्ष्य को आवास की भी समस्या है। हमें किसी भी तरह यह समय व्यतीत करना है।" मल्हार ने गम्भीर स्वर में कहा।

"आपको क्या लक्ष्य ने फोन किया था।" क्षमा जिज्ञासु स्वर में बोली।

"हाँ, आज प्रातः ही उसका फोन आया था।" मल्हार ने बताया।

"अब कैसे करें भैया?" क्षमा बोली।

"तू क्यों चिन्ता करती है? मैं जो बैठा हूँ। चाहे मैं निर्झर नहीं बन सकता हूँ।

फिर भी मैं ठहरा तेरा ममेरा भाई।" वातावरण का बोझलपन दूर करने के लिए मल्हार ने विनोदी स्वर में कहा।

"मेरे विचार में क्षमा तुम बुआजी का कोई भी प्रतिरोध न करो। मैं सोचता हूँ मालिनी बुआ को मैं फोन पर सम्पूर्ण स्थिति से अवगत करा दूँ कि हे बुआ! अपने सुपात्र को यहाँ लाने का कष्ट न करो। आपकी लाडली भांजी तो श्री लक्ष्य लखन पाल के साथ ब्याह रचा चुकी है। वह अलग बात है कि केवल कागज़ी शादी हुई है मन्त्रोंवाला मंगलमय शुभ विवाह नहीं।" पुनः मसखरेपन पर उतर आया मल्हार।

"भैया ऐसा अनर्थ न करना।" क्षमा बोली।

"क्यों बालिके?" मल्हार ने पूछा।

"आपके फोन करते ही सम्पूर्ण कथा मौसी मसाले का छौंक लगा माँ को परोस देगी।" क्षमा बोली।

"बुआ क्या चुगलखोर है?" कृत्रिम आश्चर्य से मल्हार ने कहा।

"अब आप बनो मत। आप अपनी बुआ को भली प्रकार जानते हैं।" मन्दाकिनी ने उकाते हुए कहा।

"ऐ मेरी धर्मपत्नी, बता, फिर मैं क्या करूँ?" अभिनय करते हुए मल्हार ने कहा।

"आप एक बार श्यामली बुआजी को टटोलने का प्रयत्न करें।" मन्दा ने मन्द स्वर में कहा।

"जैसी दैवी इच्छा," मल्हार ने नतमस्तक हो कहा तो मन्दा व क्षमा हँसे बिना न रह सकीं।

सन्ध्या समय मल्हार क्षमा को उसके घर छोड़ने आया तो श्यामली पुलक-पुलक जा रही थी। वह अति उत्साहित दिखाई दे रही थी।

"आओ मल्हार आओ," श्यामली ने प्रफुल्लितमना कहा।

"आज बहुत प्रसन्न हो बुआ।" मल्हार बोला।

"बात ही ऐसी है ना," श्यामली ने पुलकित स्वर में कहा।

"कैसी बात है?" अनजान बन मल्हार ने पूछा।

"क्यों? क्या तुझे मालूम नहीं है?" प्रश्नसूचक स्वर में श्यामली ने कहा।

"नितान्त असम्भव, यदि मुझे मालूम होती तो क्या मैं पूछने का अभिनय करता?" अभिनयपुट मल्हार बोला।

"तो इसका अर्थ है क्षमा ने तुझे कुछ नहीं बताया?" श्यामली बोली।

"सौगन्ध बन्दूकधारी की, बुआ, इस घुन्नी ने मुझे कुछ भी नहीं बताया।" 'कुछ' पर विशेष दबाव डालते हुए मल्हार ने कहा।

"क्यों क्षमा?" श्यामली बोली।

"बस माँ, यों ही..." क्षमा ने लजाने का अभिनय करते हुए उत्तर दिया।

"अच्छा-अच्छा, मैं समझ गई लजा रही है।" श्यामली बोली।

"अच्छा, इसे लज्जा भी आती है!" कृत्रिम आश्चर्य से मल्हार बोला।

"भैया तुम बस..." क्षमा ने कहा।

"मल्हार लड़की को न सता। आगामी सोमवार को मंगेशकर मालिनी के संग अमेरिका से आ रहा है।" श्यामली बोली।

"कौन मंगेशकर?" मल्हार बोला।

"अरे! भूल भी गया! मैंने बताया तो था उस लड़के के विषय में तुझे।" श्यामली ने कहा।

"अच्छा-अच्छा, वह सज्जन सुपात्र, सुयोग्य भावी वर," विदूषक की भाँति मल्हार ने उछलते हुए कहा।

"हाँ-हाँ, वही आ रहा है।" श्यामली बोली।

"पर बुआ..." जानबूझकर मल्हार ने वाक्य अधूरा छोड़ दिया।

"पर क्या?" श्यामली के मन में शंका के नाग ने फन उठाया।

"इस बात का क्या भरोसा कि वह इस नकचढ़ी को पसन्द ही कर ले।" क्षमा को छेड़ते हुए मल्हार ने कहा।

"मुझे पूर्ण विश्वास है।" दृढ़ स्वर में श्यामली बोली।

"कि आपकी सुपुत्री का चयन हो जाएगा।" मल्हार बोला।

"हाँ-हाँ," श्यामली ने पुनः दृढ़ स्वर में कहा।

"और यदि उसने अस्वीकार कर दिया तो?" मल्हार बोला।

"यह हो ही नहीं सकता।" श्यामली ने कहा।

"क्यों नहीं हो सकता?" मल्हार बोला।

"मेरी क्षमा लाखों में एक है। सजातीय ही नहीं विजातीय भी इसके पीछे दुम हिलाते फिरते हैं।" अप्रत्यक्ष रूप से लक्ष्य पर कटाक्ष करते हुए श्यामली ने कहा।

"माना इस रूपमती पर मानव नहीं श्वान भी मरते हैं।" हँसते-हँसते मल्हार दुहरा हो गया।

"क्यों उपहास उड़ाता है मेरा? मैंने ऐसे तो नहीं कहा था।" तनिक रुष्ट स्वर में श्यामली बोली।

"पर बुआ, तुम तो ऐसे प्रसन्न हो जैसे मंगेशकर लड़की देखने नहीं अपितु शगुन देने आ रहा हो। कल्पना करो कि उसे क्षमा न भायी तो?" मल्हार ने कहा।

"मुर्दा जब बोलेगा कफ़न ही फाड़ेगा। अरे शुभ-शुभ बोल! शुभ शुभ!" रुष्ट होते हुए श्यामली बोली।

"फिर भी..." मल्हार बोला।

"फिर भी क्या? हैं! फिर भी क्या? पहले तो क्षमा उसे भा ही जाएगी और यदि न भी पसन्द आई तो और महाराष्ट्रियन वर मर गए हैं क्या!" श्यामली ने वक्र दृष्टि पुत्री व भतीजे पर डालते हुए कहा।

"पर लक्ष्य में ही क्या खोट है।" अकस्मात् मल्हार के मुख से निकला।

"एक ही खोट है मास्टर के बच्चे में।" श्यामली ने विष पूर्ण स्वर में उत्तर दिया।

"क्या?" मल्हार बोला।

"पंजाबी का बच्चा है वह दुष्ट।" क्षुब्ध स्वर में श्यामली बोली।

"पंजाबी होना अक्षम्य..." श्यामली ने मल्हार को संकेत से बोलने को रोका।

"मैंने कब कहा अक्षम्य अपराध है। मैंने क्या ठेका ले रखा है समाज सुधार का? नहीं, मैं तो अपनी ही जाति समाज में लड़की को ब्याहूँगी।" श्यामली बोली।

"यह आपका अटल व अन्तिम निर्णय है क्या?" मल्हार ने कहा।

"तू वकील जैसे जिरह क्यों कर रहा है? क्या बात है? मेरा अन्तिम निर्णय यही है कि मर जाऊँगी पर लड़की को दूसरी जात में नहीं ब्याहूँगी। बड़ा आया अन्तिम निर्णय पूछनेवाला। हूँ। अभी भैया को पत्र लिखती हूँ तू कितना मुँहफट हो गया है।" धमकी भरे स्वर में श्यामली ने कहा।

"अरे! नहीं बुआ, आपका यह भतीजा, आपका दासानुदास है। भला मैं अपनी बुआ के साथ जिरह करने की धृष्टता कर सकता हूँ। कदापि नहीं, कदापि नहीं!" बुआ के चरण स्पर्श करते हुए मल्हार ने दीन-हीन स्वर में कहा तो श्यामली को हँसी आ गई।

"जब दीदी आए तो मंगेशकर पहली बार बम्बई आ रहा है, उसे सब घुमा-फिरा देना। क्या पता कुछ और भी देखने जाए।" श्यामली पुनः उत्साहित हो उठी।

"महाराष्ट्र को छोड़कर और क्या देखने जाएगा भारत में, नहीं, नहीं इण्डिया में।" मल्हार ने कहा। उसके आक्षेप की ओर अधिक ध्यान नहीं दिया श्यामली ने।

"तू फिर मसखरापन दिखाने लगा।" कृत्रिम क्रोध से श्यामली बोली। मंगेशकर से, अमेरिका में रहनेवाले सुपात्र से क्षमा को ब्याहने का स्वप्नजाल बुन रही थी हठीली नार मन में।

"अच्छा बुआ, अब हम चलते हैं।" मल्हार बोला।

"क्यों? बैठ जा, रात का खाना खाकर जाना। मन्दा को फोन कर दे।" श्यामली ने कहा।

"नहीं बुआ वह अकेली डरती है।" मल्हार बोला।

"तू नहीं मानेगा। अच्छा बाबा जा।" श्यामली ने कहा।

"बुआ," मल्हार बोला।

"हाँ, क्या बात है?" श्यामली ने कहा।

"क्षमा मुझे बस स्टॉप तक छोड़ जाए।" मल्हार बोला।

"क्यों? क्या तू स्कूटर नहीं लाया?" श्यामली ने पूछा।

"नहीं, वह खराब था।" मल्हार ने बताया।

"अच्छा, ले जा," श्यामली बोली।

"अब क्या होगा भैया?" व्याकुल स्वर में मार्ग में क्षमा बस स्टॉप तक जाते हुए बोली।

"होगा क्या! तेरे राजा की बरात तो कब की आ चुकी है। तू कोई भी चिन्ता न कर।" मल्हार बोला।

"पर हमारा अगला कार्यक्रम क्या है?" क्षमा ने पूछा।

"मैं आज रात लक्ष्य को फोन करूँगा।" मल्हार बोला।

"आप ही तो कह रहे थे कि अभी बीस दिन के लगभग समय काटना पड़ेगा।"

"हाँ, मैं कह रहा था।" मल्हार बोला।

"पर माँ तो किसी भी मूल्य पर नहीं मानेगी।" क्षमा ने कहा।

"नहीं मानेगी तो न माने।" मल्हार बोला।

"मैं क्या करूँ?" क्षमा ने कहा।

"देखो क्षमा, हर समस्या का कोई-न-कोई समाधान होता है। यदि और कोई विकल्प न हुआ तो तू और लक्ष्य किसी होटल में देहली में ठहर जाना। इतना निश्चित है कि तुझे अब शीघ्र देहली जाना होगा। तू जा मेरी बहन, तू जा! जलजला तो तेरे जाने के पश्चात् आएगा।" मल्हार ने दीर्घ श्वास छोड़ते हुए कहा।

"यदि माँ ने कुछ कर लिया तो?" क्षमा बोली।

"न माता कुछ करेगी न पिता। गरज-गरज कर उमड़ी हुई घटाएँ स्वयं ही छट जाएँगी और लहरा उठेगी नीले नभ की धुली पुँछी नीलाभा।" मल्हार ने कहा।

"सच भैया! कुछ अनिष्ट तो नहीं होगा न।" क्षमा बोली।

"नहीं-नहीं, कुछ अनिष्ट नहीं होगा।" दृढ़ स्वर में मल्हार ने पुनः कहा, "मुझे आश्चर्य होता है तेरी दुर्बलता पर।"

"नहीं भैया मैं दुर्बल नहीं हूँ।"

"तो फिर क्या हो?"

"माता-पिता के दुःख के कारण मन व्याकुल है।"

"तो तेरी दृष्टि में भी तू अपराधिन है। दुःख देनेवाली है।"

"नहीं भैया ऐसा नहीं है।"

"तो कैसा है?"

"मैं उन्हें कोई दारुण दुःख नहीं दे रही हूँ अपितु यह माँ का स्वयं अर्जित दुःख है। यदि वह जातिवाद से उभर पाती तो उन्हें दुःख के स्थान पर असीम सुख मिलता व सन्तोष मिलता।" क्षमा के इतना कहते ही बस आ गई। मल्हार ने बस में चढ़ते हुए भी उसे चिन्ता न करने के लिए कहा।

"हेलो लक्ष्य, मैं मल्हार बोल रहा हूँ।" रात्रि को दूरभाष पर बात करते हुए मल्हार ने कहा।

"नमस्कार भैया," लक्ष्य की आवाज थी।

"नमस्कार कैसे हो तुम लक्ष्य?"

"आपकी कृपा है भैया।"

"कृपया उस सर्वशक्तिमान की है।"

"क्षमा व भाभी कैसी हैं?"

"सब ठीक हैं। एक समस्या है लक्ष्य," मल्हार बोला।

"क्या समस्या है?" लक्ष्य ने कहा।

"फोन पर विस्तारपूर्वक बातें नहीं हो सकतीं। तुम दो दिन के लिए बम्बई आ जाओ।" मल्हार का स्वर था।

"क्या कोई गम्भीर बात है?" व्याकुल स्वर में लक्ष्य बोला।

"अधीर होने जैसी कोई बात नहीं है। केवल तुम आ जाओ।"

"प्रयत्न करता हूँ भैया।" लक्ष्य ने विवश स्वर में कहा।

"केवल प्रयत्न ही नहीं करना अपितु आना भी अवश्य है।"

"अच्छा भैया, मैं कल आपको ऑफिस से फोन करूँगा।"

"अच्छा लक्ष्य, अपना ध्यान रखना।"

"अच्छा, भैया नमस्कार," और लक्ष्य के इतना कहते ही उधर से मल्हार ने सम्बन्ध विच्छेद कर दिया।

तीसरे ही दिन सन्ध्या वेला में मल्हार मन्दाकिनी व क्षमा लक्ष्य को होटल में मिलने गए।

"कैसी हो क्षमा?" मल्हार व मन्दा को अभिवादन करने के पश्चात् लक्ष्य ने क्षमा से भाव विह्वल स्वर में पूछा।

"अच्छी हूँ लक्ष्य," क्षमा के नयनों से मोती झर उठे।

"रोती क्यों है? पगली," मल्हार ने स्नेहिल स्वर में कहा।

"अजी ननदजी आप तो वीर, भ्राता की वीर भगिनी हैं। ये अश्रु पोंछ दो।" स्मित हास्य बिखेरते हुए मन्दाकिनी ने मीठे स्वर में कहा।

"क्या पीओगी भाभी?" लक्ष्य ने कहा।

"जो इच्छा हो ननदोईजी, वही पी लेंगे।" मन्दा बोली।

"क्षमा तुम क्या पीओगी।" लक्ष्य ने अनुरागमयी दृष्टि से क्षमा को निहारते हुए पूछा।

"जो सब पीएँगे।" क्षमा ने धीमे स्वर में उत्तर दिया।

"मैं कोल्ड काफी मँगवाता हूँ।" मल्हार बोला।

"भैया, एक ही बात है।" लक्ष्य ने ऐसा कहते हुए कोल्ड काफी मँगवाई। चारों काफी पीते हुए वार्तालाप में मग्न हो गए। सम्पूर्ण कथा सुनने के पश्चात् लक्ष्य ने कहा, "भैया, अब इस समस्या का एक ही समाधान है?"

"वह क्या?" मल्हार बोला।

"मैं क्षमा को साथ ले जाऊँ।" लक्ष्य ने कहा।

"रखोगे कहाँ?" मन्दा व मल्हार सम्मिलित स्वर में बोल उठे।

"मेरे एक मित्र का अपना फ्लैट है यमुना पार देहली में। वह एक मास के अवकाश पर कलकत्ते गया हुआ है उसी के फ्लैट में रहेंगे।" लक्ष्य ने बताया।

"क्या उससे बात कर ली है?" मल्हार ने पूछा।

"नहीं, आज रात्रि को ही बात करूँगा। मुझे पहले से ही आशंका थी। मैंने उसे बातों-ही-बातों में संकेत भी दिया था। उसने कहा था कि उसकी बहन के पास मोतीबाग में चाबी होगी। यदि मुझे आवश्यकता पड़े तो मैं उससे चाबी ले लूँ।" विस्तारपूर्वक लक्ष्य ने बताया।

"अभी फोन क्यों नहीं कर लेते?" क्षमा ने कहा।

"अच्छा, देखता हूँ यदि अभी लाइन मिल जाए तो।" लक्ष्य बोला।

संयोग से लाइन मिल गई और लक्ष्य के मित्र ने कहा कि वह अभी बहन को चाबी लक्ष्य को देने के लिए फोन कर देगा तथा मित्र ने मित्र को नया जीवन आरम्भ करने के लिए ढेर सारी शुभकामनाएँ भी दे दीं। चारों ने मन्त्रणा कर यह निर्णय लिया कि क्षमा को दो दिन पश्चात् मल्हार 'ऐयर बस' में बिठा देगा। पहले लक्ष्य जाकर सब ठीक ठाक कर ले।

दो दिन पश्चात् क्षमा मल्हार व मन्दाकिनी के संग सान्ताक्रुज हवाई अड्डे पर खड़ी थी। मन्दाकिनी ने उसका सुरुचिपूर्ण हल्का-सा श्रृंगार कर दिया था। वही विवाहवाली साड़ी पहना दी थी। पितृगृह से क्षमा केवल अपने शिक्षा सम्बन्धी प्रमाण पत्र ही साथ लाई थी। गले में मल्हार द्वारा दिया गया सोने का पानी चढ़ा चाँदी का लक्ष्मी हार व सुतवा नासिका में हीरे की लौंग दप्-दप् कर दमक रही थी। हार वक्षस्थल पर झूल किसी सम्राज्ञी तुल्य क्षमा की आभा को द्विगुणित कर रहा था। उद्घोषिका का स्वर गूँजने के पश्चात् क्षमा ने भाव-विह्वल हो भैया-भाभी से विदा ली। हर समय चहकनेवाला मल्हार भी भगिनी को विदा करते समय विचलित हो उठा, "जा मेरी बहन, सदा अखण्ड सौभाग्यवती रहे तू। अपनी आस्था व सेवा से श्वसुर गृह में ऐसा आलोक फैलाना कि वह पुत्र को स्वकरों से न ब्याहने की पीड़ा को भूल जाए।" कम्पित करों को क्षमा के सिर पर रखते हुए स्नेह सिक्त स्वर में मल्हार ने कहा। मन्दाकिनी ने भी भीगे स्वर में ननद को विदा दी। क्षमा मुड़-मुड़कर पीछे देखती रही और फिर नेत्रों से ओझल हो गई। मल्हार व मन्दाकिनी गगन की ऊँचाइयाँ नापते हुए 'ऐयर बस' को तब तक देखते रहे जब तक वह एक बिन्दु मात्र बनकर नयनों से ओझल न हो गई।

"असली समस्या तो अब खड़ी होगी।" मन्दाकिनी ने मार्ग में लौटते समय कहा।

"हाँ वो तो है ही।" मल्हार बोला।

"मेरे विचार में तो आप बुआजी को कह दो कि क्षमा यहाँ आई ही नहीं थी।" मन्दा ने कहा।

"मन्दा, मन्दबुद्धि जैसे बातें मत किया कर।" मल्हार ने हृदय की बोझिलता को दूर करने के लिए चुहल की।

"तो क्या करें?" मन्दा ने कहा।

"सत्य का सामना।" मल्हार बोला।

"जो आपकी इच्छा वही करो। मुझे तो तुम्हारी बुआजी से डर लगता है।" मन्दा ने कहा।

श्यामली की दृष्टि बारम्बार घड़ी की ओर जा रही थी। दस बजने को आए अभी तक लड़की घर नहीं आई। खाना तो मल्हार नौ बजे ही खा लेता है फिर इतनी देर क्यों हुई? सम्भवतः बातें कर रहे होंगे। जब ग्यारह बजने को आए तो श्यामली व्यग्र हो उठी। उसने मल्हार के घर फोन किया, "हेलो, मैं श्यामली बोल रही हूँ। क्षमा अभी तक नहीं आई। मल्हार क्या क्षमा को छोड़ने आ रहा है? इतनी देर क्यों लगा दी?" एक के बाद एक प्रश्नों की बौछार से मन्दाकिनी बौरा गई। उसने मौन रहना ही श्रेयस्कर समझा और रिसीवर मल्हार को थमा दिया।

"हाँ, बुआजी, क्या हाल हैं?" मल्हार ने शान्त स्वर में कहा।

"क्षमा कहाँ है? तुम अभी तक उसे क्यों छोड़ने नहीं आए?" व्यग्र स्वर में श्यामली बोली।

"बुआ क्षमा तो अपने ससुराल चली गई।" मल्हार बोला।

"चल दुष्ट! मसखरेपन से कभी बाज नहीं आता।" स्नेह पगे स्वर में श्यामली बोली।

"नहीं बुआ, मैं कोई मसखरी नहीं कर रहा हूँ। इस समय मैं पूर्णतया गम्भीर हूँ। सच में ही क्षमा अपने पतिगृह चली गई है।" गम्भीर स्वर में मल्हार बोला।

"यह तु...तु...तुम क्या कह रहे हो?" अचम्भित-सी श्यामली ने अस्फुट स्वर में कहा।

"मैं ठीक कह रहा हूँ।" मल्हार की आवाज थी।

"क...ब...कै...से...हुआ उसका विवाह?" अभी तक श्यामली को कुछ सूझ नहीं रहा था।

"कोर्ट में," मल्हार ने संक्षिप्त-सा उत्तर दिया।

"किसके साथ," श्यामली की चेतना लौट रही थी।

"लक्ष्य लखन पाल के साथ," मल्हार ने यह क्या कह दिया। मानो लक्ष-लक्ष बिछुओं ने एक साथ अपना सारा विष श्यामली की नस-नस में उँड़ेल दिया। वह चीत्कार कर उठी, "ओ सत्यानाशी! किस जन्म का प्रतिशोध लिया है तूने!! तुझे कीड़े

पड़ें! मैं तेरे पर मुकदमा चलाऊँगी। तुझे जेल न भेजा तो मैं श्यामली नहीं श्यामली। अन्ततः उस भोंसले की बच्ची ने नाग को ही जन्म दिया। उसने पहले मेरे भाई को फाँसा, फिर तुझ जैसे नाग को जन्म देकर मेरे से ऐसा भयानक प्रतिशोध लिया। तेरी अर्थी उठानेवाला भी कोई न हो!" दूरभाष पर ही श्यामली ने अपना समस्त गाली कोष रिक्त कर देना चाहा। वह दहाड़ें मार-मारकर रो रही थी। मल्हार ने धीरे से रिसीवर क्रेडिल पर रख दिया। इतने में बसन्त भी घर आ गया। श्यामली दुगने वेग से क्रन्दन करने लगी। भौचक-सा बसन्त श्यामली को देखता रह गया, "देख क्या रहे हो! कालिख मल गई तुम्हारी कुल कलंकिनी हमारे मुख पर!! ब्याह रचा लिया उस पंजाबी के बच्चे के संग!!! हाय हाय मैं मर गई! मैं लुट गई! हूँ...ऊँ..." सप्तम स्वर में विलाप कर रही थी श्यामली।

"पर क्षमा है कहाँ?" बसन्त ने शान्त स्वर में कहा।

"भाग गई अपने उसी कुँवर कन्हाई लम्पट के पास।" कटु स्वर में श्यामली ने रुदन करते हुए कहा।

"अरे तू कल का सूरज न देखने पाये नीच!" रुदन के मध्य श्यामली गालियाँ भी देती जा रही थी।

"यह रोना-धोना बन्द करो और मुझे सारी बात ठीक-ठाक बताओ।" जीवन में प्रथम बार पति की घुड़की सुन सन्न रह गई श्यामली।

'अच्छा तो चींटी के भी पर निकल आए हैं।' उसने मन में सोचा। पति पर एक उपेक्षित दृष्टि डाल पुनः सप्तम स्वर में विलाप आरम्भ कर दिया।

"मैं कह रहा हूँ चुप हो जा। यह जो कुछ हुआ है सब तेरे ही कारण हुआ है।" आग्नेय नेत्रों से श्यामली को देखते हुए कर्ण कटु स्वर में बसन्त बोला। श्यामली स्तम्भित-सी विस्फारित नेत्रों से पति को देखती रह गई।

"हाँ, अब बताओ क्या बात है?" शान्त स्वर में बसन्त बोला।

"प्रातः तुम्हारी लाडली मल्हार के घर गई थी। कह रही थी रात का खाना भी वहीं खाकर आएगी। जब ग्यारह बज गए और वह नहीं आई तो मैंने मल्हार के घर फोन किया। उस दुष्ट ने कहा कि वह उस पंजाबी के बच्चे के पास चली गई है कोर्ट में विवाह रचाकर।" कड़वे कसैले स्वर में श्यामली ने कहा।

"चलो, अभी मल्हार के घर चलते हैं।" बसन्त ने कुर्सी से उठते हुए कहा।

मल्हार के घर पहुँच श्यामली ने धारा प्रवाह गालियाँ देनी आरम्भ कर दीं और मल्हार को दुहत्तड़ मारने लगी। बसन्त ने पुनः अपना रौद्र रूप दिखाया तो वह तनिक शान्त हुई। मल्हार ने क्षमा के विवाह की सम्पूर्ण कथा बसन्त को कह सुनाई तो बसन्त को अन्तर्मन में प्रसन्नता का स्रोत फूटता हुआ प्रतीत हुआ। वह कभी भी जात-पाँत में विश्वास रखनेवाला मानव नहीं था। मानव-मानव एक समान है। हर मानव में रक्त लाल रंग का ही होता है। वह मानता था। लक्ष्य सुशील सभ्य सौम्य

था। उसे बसन्त आरम्भ से ही चाहता था पर अपनी दबंग पत्नी के कारण अपनी पुत्री का साथ नहीं दे पाता था वह। नहीं तो क्या उसे मालूम नहीं था कि उसकी कन्या चोरी-चोरी चुपके-चुपके कभी कुफरी और कभी चैल लक्ष्य के मोटर साइकिल पर बैठकर जाती थी। 'वाइल्ड फ्लावर हाउस' भी कभी-कभी प्रणयी युगल हो आता था। आज अन्तःकरण के अपराध बोध से बसन्त को मुक्ति मिल गई। उसका रोम-रोम प्रसन्न था कि बेटी देखे-भाले भले मानुष के घर की वधू बनी है।

"तुम कहाँ खो गए जी!" पुनः श्यामली का रुदन आरम्भ हो गया।

"रोती क्यों है? भाग्यवान्, मिठाई बाँट मिठाई।" पुलकित स्वर में बसन्त बोला।

"हैं! यह तुम्हें क्या हो गया? क्या पागल हो गए हो। लड़की तुम्हारे सम्मान की होली जलाकर गई है और तुम मिठाई बाँटने की बात कर रहे हो।" अचम्भित स्वर में श्यामली बोली।

"अपनी इच्छानुसार विवाह करना क्या अपराध है? सम्भवतः तेरी दृष्टि में यह एक जघन्य अपराध होगा! तू कूपमंडूक मूढ़मती जात से आगे सोच ही नहीं सकती! लड़की वयस्क व समझदार है। अपने दम पर उसने विवाह किया है। तेरी एक फूटी कौड़ी भी व्यय नहीं हुई उसके विवाह पर। वह चुपचाप रिक्त करों से विदा हो गई तेरे द्वार पर से। अभी भी नहीं चेती तू। यह सब तेरा करा धरा है। यदि तू लक्ष्य को प्रसन्नतापूर्वक स्वीकार कर लेती तो आज तेरा यह हश्र न होता। तू अपने आपको जननी कहती है! दम्भी घमण्डी स्त्री, अपने दर्प में हर घड़ी हर पल चूर रहनेवाली चण्डिका पंजाबी भी हमारी तरह के मांस-मज्जा से बने हुए मानव हैं। वह पंजाब प्रान्त के रहनेवाले हैं तो हम महाराष्ट्र के। हैं तो सब एक ही भारत की माटी से निर्मित मानव ना। तेरे जैसी दम्भी स्त्रियों के कारण ही सन्तान का सत्यानाश होता है और देश का भी। धिक्कार है तुझे!" ओजस्वी स्वर में बसन्त न जाने और क्या-क्या कह गया श्यामली को। पिटी हुई गोट सादृश्य दिखाई देने लगी श्यामली तब। विस्फारित नेत्रों से बसन्त को देखती रह गई वह। न जाने कहाँ से इतनी शक्ति आ गई बसन्त में। जीवन भर पत्नी के अँगूठे के नीचे दबके रहनेवाला दब्बू पुरुष एकाएक हुंकार मार सोये हुए शेर तुल्य जाग उठा। श्यामली नतमुखी हो मल्हार के अतिथि कक्ष में बैठी थी। बसन्त गर्जन-तर्जन कर वहाँ से जा चुका था। मल्हार और उसकी माँ की सात पीढ़ियों का श्राद्ध करनेवाली श्यामली करुणा की मूरत बन अब मल्हार को ही निहार रही थी।

"बुआ आज यहीं सो जाओ।" मल्हार ने कोमल स्वर में कहा।

"चलिए बुआ जी, भोजन कर लीजिए।" मन्दाकिनी ने धीमे स्वर में कहा।

"मुझे भूख नहीं है।" श्यामली की तो क्षुधा तृष्णा सब क्षमा ही साथ ले गई थी मानो।

"बुआज़ी, अभी तक हम दोनों ने भी कुछ नहीं खाया। ये आपके फोन की

प्रतीक्षा कर रहे थे। कह रहे थे आज तो मैं तभी भोजन करूँगा जब मेरी बुआ अपने हाथ से मुझे कौर खिलाएगी।" मन्दाकिनी ने बुआ को प्रसन्न करने के लिए कहा।

"बहू, तुम और मल्हार खा लो।" धीमे स्वर में श्यामली बोली।

"नहीं बुआजी, यदि आप नहीं खाएँगी तो हम भी नहीं खाएँगे।" मल्हार ने अपना निर्णय सुना दिया।

"चलो मैं भी खाती हूँ।" इस तरह कुशलतापूर्वक वह भूकम्पपूर्ण रात्रि व्यतीत हो गई।

प्रातः चाय पीते हुए श्यामली ने मल्हार से क्षमा के विवाह का पूर्ण ब्यौरा सुना। सम्पूर्ण विवरण सुनने के पश्चात् भी वह निःशब्द बैठी सूने नेत्रों से शून्य में निहारती रही। मन्दाकिनी ने ही आकर उसकी तन्द्रा भंग की, "किस सोच में बैठी हो बुआजी?"

"कुछ नहीं वैसे ही बैठी हूँ बहू।" श्यामली ने दीर्घ श्वास छोड़ते हुए कहा।

"बुआ, आप इतनी हताश क्यों होती हैं?" कोमल स्वर में मल्हार बोला।

"बेटे..." शेष शब्द श्यामली के अवरुद्ध कण्ठ में ही घुमड़कर रह गए।

"हाँ-हाँ कहो, बुआ?" मल्हार ने प्रश्नसूचक स्वर में कहा।

"मुझे क्षमा कर दे बेटा, में अविवेक की अन्धी कन्दराओं में भटक रही थी। मुझे अति दम्भ दर्प था अपने महाराष्ट्रियन होने पर। मैं सन्तान पर भी अपना एकाधिकार समझती थी। मुझ मूढ़मती को कभी स्वप्न में भी यह विचार नहीं आया कि पर निकलने पर चिड़िया तक के बच्चे नीड़ तज उन्मुक्त उड़ान भरने नीले आकाश की ओर उड़ जाते हैं।" श्यामली के नयनों से अविरल अश्रुधारा बह रही थी और स्वर पीड़ा पूर्ण था।

"बुआ..." मृदु स्वर में मल्हार ने कहा।

"नहीं बेटे, तुम चुप रहो। आज मुझे बोलने दो। मेरा सर्वांग पश्चात्ताप की अग्नि में दग्ध हो रहा है। अविवेक की पट्टी बँधी थी मेरी आँखों पर। मेरी बच्ची चुपचाप विदा हो गई मेरी हृदय हीनता के कारण मेरे द्वार से। मेरा दर्प मद सब कुछ चूर-चूर हो गया। मल्हार, मैं क्षमा से मिलना चाहती हूँ। बहू मैं क्षमा से मिलना चाहती हूँ। मैं अपनी बेटी व जमाता का मुख देखना चाहती हूँ। तुम भी मुझे क्षमा कर दो। मेरी क्षमा तो मुझे क्षमा कर ही देगी, यह मुझे पूर्ण विश्वास है। उसे शीघ्र बुलाओ। मैं उनका विवाह विधिपूर्वक करूँगी। कागज़ी विवाह भी कोई विवाह होता है। वह तो कागज़ी समझौता होता है। न मंगल गाये न मन्त्र बोले। न अग्नि को साक्षी मान सुख-दुःख में साथ निभाने की सौगन्ध, न सात फेरे। मैं अपनी क्षमा का पूर्ण ठाठ-बाट से विवाह करूँगी। उन दोनों को शीघ्र बुला मल्हार, शीघ्र।" तीव्र उत्कण्ठा से धौंकनी बना हुआ था श्यामली का स्वर व हृदय। तन रह-रहकर काँप रहा था। स्वर में दया ममता याचना पश्चात्ताप समस्त वेग गड्डमड्ड हो रहे थे, "और नहीं, बस और नहीं। हे

मेरे गणपति, मुझ नयनहीन को राह दिखाओ। मुझे क्षमा करो देवा, क्षमा करो।" श्यामली उन्माद ग्रस्त होती जा रही थी।

"बुआ, ये लो पहले पानी पीओ। फिर आप जो कहेंगी मैं करूँगा। लक्ष्य को मैं अभी फोन करता हूँ। पहले आप धीरज धरो। क्षमा व लक्ष्य आपकी अवज्ञा कभी नहीं करेंगे।" मनुहार करते हुए मल्हार ने श्यामली को जल पिलाया तथा बहुत कठिनता से उसे शान्त किया। मल्हार ने बसन्त के संग दूरभाष पर बात कर उसे अपने घर आने का नम्र निवेदन किया तो बसन्त न नहीं कह सका।

सन्ध्या समय बसन्त और मल्हार ने बैठकर विचार-विमर्श किया और निर्णयानुसार लक्ष्य व क्षमा को शीघ्र बम्बई आने के लिए दूरभाष पर कहा।

क्षमा और लक्ष्य तीसरे दिन ही बम्बई पहुँच गए। वे सीधे मल्हार के घर आए। मिलन का दृश्य अति मार्मिक था। पश्चात्ताप के अश्रुओं से धुल पुँछ के नीलाभ गगन की नीलिमा दमक उठी। निराशा व दम्भ के मेघ क्षितिज के उस पार विलीन हो चुके थे। मन्त्रणा करने के पश्चात् पहले मल्हार ने अपना परिचय देते हुए लक्ष्मण लखनपाल से अति शीघ्र बम्बई आने का अनुरोध किया और फिर बसन्त ने। लक्ष्मण ने वचन दिया कि वे दो-तीन दिवस तक बम्बई पहुँच जाएँगे। अतः वचनानुसार लक्ष्मण दम्पती तीन दिवस पश्चात् बम्बई में मल्हार के घर बैठे थे। जल पान के पश्चात् बसन्त, श्यामली, लक्ष्मण, उनकी पत्नी प्रभा मल्हार व मन्दा वार्तालाप में मग्न हो गए। जब प्रभा को यह मालूम हुआ कि उसके पुत्र ने उसे बिना बताए ही विवाह कर लिया है तो उसका हृदय चीत्कार कर उठा। "ये तूने क्या किया लक्ष्य!" इतना कह प्रभा मूर्छित हो धरा पर गिर पड़ी। तुरन्त उसे उठा शय्या पर लिटाया गया व चिकित्सक को बुलाया गया। प्रभा का निरीक्षण करने के पश्चात् चिकित्सक ने बताया कि कोई बहुत बड़ा आघात लगा है उनके हृदय पर जिसे वह झेल नहीं पाई। सावधानीपूर्वक प्रभा की देखभाल करने को कह व औषधि दे चिकित्सक चला गया। चार दिवस व तीन रात्रि के पश्चात् प्रभा कुछ-कुछ स्वस्थ हुई। पुत्र व पुत्रवधू नतमस्तक अपराधी बने खड़े थे जननी के सम्मुख। वधू को अपने निकट बुला हृदय से लगा लिया प्रभा ने और आशीषों से आँचल भर दिया उसका तथा अपने गले में से दो लड़ियाँ आठ तोले का लाची हार निकाल पहना दिया उसे। क्षमा प्रभा के चरणों से लिपट गई, "उठ पगली! तेरा स्थान चरणों में नहीं मेरे हृदय में है।" मीठी झिड़की देते हुए प्रभा ने पुनः अपनी भुजाएँ फैला क्षमा को हृदय से लगा लिया, "पर इस नालायक ने ऐसा क्यों किया! मैं तो तुम दोनों के विवाह के लिए सहमत ही थी। फिर इसने हमें क्यों छला?" प्रभा ने मीठे स्वर में पुत्र को उलाहना दिया।

"माँ मुझे क्षमा कर दो। मैं विवश था। यह जो भी हुआ परिस्थितियों वश हुआ।" आज्ञाकारी सुत तुल्य माँ के चरण पकड़ लक्ष्य ने क्षमा माँगी तो उदार हृदय जननी ने पुत्र को क्षमा कर दिया। करती भी कैसे नहीं? माता कुमाता तो कभी नहीं

बनती न पुत्र चाहे कुपुत्र बन जाए। जननी के हृदय में सम्बन्धियों को बुलाने का चाव था। द्वार पर शहनाई बजवाने का, मंगल गाने का, पुत्र को सेहरा बाँध घोड़ी पर बैठा, बाजे-गाजे के साथ समधियाने जाने का, लजाई हुई वधू से पुत्र के गले में वरमाला पहनवाने का। वधू की बहनों को 'जूता छुपाने' के नेग देने का। एकाकी पुत्र की भवरें पड़ती हुई देखने का। एकाकी भगिनी प्रमदा को बन-सँवर के मानपूर्वक विवाह में सम्मिलित होते देखने का, लक्ष्मण को सगर्व समधी से 'मिलनी' करने का तथा गाजे-बाजे के साथ नववधू को अपने द्वार पर लाने का, न जाने कितने असंख्य चाव थे लखनपाल दम्पती के मन में जो पुत्र के कृत्य ने पलक झपकते ही, भरभराकर रेत के महल तुल्य धूलि-धूसरित कर दिए। मन सो मन चित्त सो चित्त। उष्ण उच्छ्वास छोड़ा प्रभा ने व पति के मुख को निहारा। लक्ष्मण के मुख पर भी एक अनकही व्यथा विद्यमान थी पर विवेकी पुरुष ने नयनों-ही-नयनों में पत्नी को कर्तव्य पालन का सन्देश दे दिया। प्रभा ने स्वयं को सँभाला व स्थिति का सामना करने को तैयार हो गई।

श्यामली को दुःख क्षोभ तो अवश्य था। पर था क्षणिक ही। पति के क्रोध के कारण वह शान्त होने का प्रयत्न कर रही थी। लक्ष्य के परिवार की ओर से और कोई भी विवाह में सम्मिलित नहीं होगा। अपने इस निश्चय पर वह अड़ियल घोड़ी सम अड़ गई। समय व स्थिति को देखते हुए लखनपाल दम्पती ने भी समझौता कर लिया। लक्ष्य ने क्षमा संग महाराष्ट्रियन परम्परा अनुसार फेरे लिये। श्यामली ने अपने समस्त बन्धु-बान्धवों को विवाह में निमन्त्रित किया और अत्यन्त चतुराई से उनकी जिज्ञासा को यह कह के शान्त किया कि वह बहुत कुछ दे आई थी पुत्री के श्वसुर गृह को जब शिमला गई थी वहाँ। उनके आग्रह पर कि वे सब इतनी दूर बम्बई नहीं आ सकते, सगाई समारोह कर आई थी। गाँव से आई जेठानी को उसने उसी की झूठी सौगन्ध खा कह दिया था लड़की की सगाई पर उसकी सास को तीन लड़ियाँ पाँच तोले का हार तथा बीस हजार रुपये 'कैश' गिनकर दे आई थी और तिस पर समारोह में पचास हजार रुपये और भी व्यय हो गए थे। कई मानव झूठ बोलने में सिद्धहस्त होते हैं। श्यामली भी उनका अपवाद नहीं थी।

जब मुखरा दीना, क्षमा की चचेरी भगिनी सगर्व क्षमा की काल्पनिक सगाई का अपनी सखी से हिन्दी में वर्णन कर रही थी तो प्रभा संयोग से वहीं बैठी थी। चीत्कार कर उठा उसका हृदय इस मिथ्या आरोप पर। उसे न कोई वस्तु की इच्छा थी न दहेज की आकांक्षा। विधाता ने समस्त सुख-सुविधा की वस्तुएँ जुटाई हुई थीं उसके सुखी संसार में। वह तो पुत्र का विधिपूर्वक विवाह करने की केवल मात्र अभिलाषा रखती थी। जननी होने के कारण गौरवान्वित होना चाहती थी। जब कि वह दहेज लोलुप नारी थी। दीर्घ श्वास छोड़ा प्रभा ने। अत्यन्त कठिनता से मिथ्या आरोप सहन किया उसने। श्यामली के कटाक्ष व उपहास विवाह की विधि की आड़ में धैर्यपूर्वक सहन

किए। अतः लक्ष्य व क्षमा का विवाह श्यामली की इच्छानुसार सम्पन्न हो गया। सौगन्ध खाने को भी लखनपाल दम्पती ने दो पुष्प तक ग्रहण नहीं किए विवाह में। श्यामली ने प्रभा को बताया कि वह प्रभा को वस्त्र देगी व प्रभा उसे दे। ऐसी ही परम्परा है उनके घर में तो प्रभा ने विनम्र स्वर में मना कर दिया कि वह किसी देन-लेन में विश्वास नहीं रखती। श्यामली का मनचाहा पूर्ण हो गया। उसने पुत्री को मग्न मन विदा किया अब। वह अत्यन्त प्रसन्न थी कि बिरादरी में अब नाक ऊँची रह गई है उसकी परम्परा अनुसार पुत्री का विवाह करके। लक्ष्मण दम्पती भग्न हृदय विदा हुए बम्बई से। लक्ष्य जनकगण की पीड़ा समझ रहा था। विवाह में उसके परिजनों के सम्मिलित न होने की व्यथा तथा एकाकी भगिनी के दूर रहने की व्यथा—यही तो व्यथाएँ थीं माँ के मन में। पर लक्ष्य क्या कर सकता था? वह विवश था। उसने मौन रहना ही श्रेयस्कर समझा। लक्ष्मण दम्पती शिमला लौट गए और लक्ष्य क्षमा को ले देहली चला गया। प्रभा विदीर्ण मुखा इसलिए भी थी कि कैसे गर्भवती वधू को घर लेकर जाए!

10

"कोर्ट का क्या हुआ? स्वीट हार्ट, मैं बहुत परेशान हूँ।" पूनम ने एकान्त स्थली पर पहुँच पत्तों को शय्या पर बैठते हुए कहा।

"अभी तक वकीलों की 'स्ट्राइक' समाप्त नहीं हुई।" पूनम के निकट बैठते हुए हेमन्त ने उत्तर दिया।

ज्योत्स्ना ने तो केवल स्वप्न ही देखा था एकान्त स्थली का जहाँ प्रथम बार पूनम व हेमन्त गए थे! पर वह स्वप्न सत्य हो जाएगा यह कोई भी नहीं जानता था। एक सन्ध्या गाड़ी में बैठ हेमन्त द्रुतगति से गाड़ी चलाता दूर अति दूर देहली की मायापुरी से बाहर निकल आया तो सामने एक सुरम्य एकान्तस्थली थी वृक्ष लता कुंजों से घिरी हुई। इस मनभावन एकान्त स्थली ने प्रणयी युगल का मन इतना मोह लिया कि अवसर पाते ही वे वहाँ पहुँच जाते जहाँ झरते हुए पत्तों की शय्या व लता कुंजों की प्राचीरें थीं। विशाल वृक्ष के सघन पत्तों की ओट से आते हुए मदमस्त पवन के झोंके व नीलगगन की झाँकती हुई नटखट नीलिमा। कितनी सुहावनी थी वह एकान्त स्थली। प्रणयी युगल निमित्त ही सम्भवतः विधाता ने उसका निर्माण किया था। छककर प्रेम रस का पान किया पूनम ने वहाँ। पूनम मानो जन्म-जन्मातर की तृष्णा शान्त करती थी वहाँ। पुरुष को रसलोलुप भ्रमर कहा जाता है पर कई स्त्रियाँ भी तो रसलोलुप तितलियाँ तुल्य ही होती हैं ना। रस की कामना उन्हें इतना लालायित कर देती है कि वह सब दिशा ज्ञान विस्मृत कर रस सागर में आकण्ठ डूब जाती है।

कदाचित् पूनम भी इसका अपवाद नहीं थी। जब भी वे उस एकान्त स्थली पर पहुँचते पूनम हेमन्त को अपने क्रियाकलापों व भाव भंगिमा द्वारा क्षणों में विवश कर देती और फिर खींच ले जाती उसे प्रणय भवन के अनुपम कक्ष गवाक्षों में। पर आज वह उद्विग्न थी। कोर्ट बन्द पड़े थे। हेमन्त कैसे सम्बन्ध-विच्छेद करे जाय के संग और पूनम कैसे बने मिसेज पाल? यही कारण था पूनम के विचलित होने का। जब भी पूनम व हेमन्त उस एकान्त स्थली पर आते तो घर जा हेमन्त पूर्ण विवरण सुनाता जाय को। जैसे वह किसी अपराध बोध से मुक्त हो जाता जाय को प्रणय लीला के विषय में बताने के पश्चात्। 'वाह रे पुरुष! तेरी महिमा भी अपरम्पार है।' उदार हृदय जाय ने अति सहजता से स्वीकार कर लिया था पूनम व हेमन्त के सम्बन्ध को। उसे पूनम पर पूर्ण विश्वास था कि वह उसके पूर्वजन्म की बिछड़ी सहोदरा है। विवेकशील होते हुए भी नारी अनेक बार मूर्खतापूर्ण कृत्य कर बैठती है। जब नारी ही उदार हृदय हो सौतन का स्वागत करती है तो अकिंचन पुरुष की क्या बिसात कि वह उसके निर्णय का प्रतिवाद करे। पाल दम्पती इसे सत्कार्य समझ पुलक-पुलक जाते थे। पूनम उनके जीवन का एक अभिन्न अंग बन चुकी थी। वह हृदय का निर्मल उच्छ्वास थी। उनके सूने मन में बसी अभिलाषा थी। क्या नहीं थी पूनम उनके लिए! और पूनम! पूनम प्रणय के नीले आकाश की ऊँचाइयाँ नापने के संग-संग अपने भविष्य के प्रति सजग थी। उसकी महत्वाकांक्षाएँ हेमन्त पूर्ण कर सकता है। यह वह भली प्रकार जानती थी। हेमन्त के परों द्वारा वह अपने कार्यक्षेत्र के ऊँचे-से-ऊँचे शिखर पर उड़कर बैठ सकती है इसलिए ही तो वह इतनी हेमन्तमय हो रही थी।

"अब क्या होगा स्वीट हार्ट?" हताश स्वर में पूनम ने हेमन्त के विशाल वक्ष में मुख छुपाते हुए कहा।

"इतनी निराश क्यों होती हो? पूर्णिमा, कोर्ट खुल जाने दो। हम शीघ्र ही तलाक ले लेंगे। पर मैं एक दुविधा में फँसा हूँ।" हेमन्त ने कोमल स्वर में पूनम को कहा।

"कैसी दुविधा? हेमन्त," पूनम ने जिज्ञासु स्वर में पूछा।

"मैं विवाह तुम्हारे परिजनों की सहमति से ही करना चाहता हूँ। चुपचाप विवाह करना उन्हें धोखा देना है। उनके साथ विश्वासघात करना है।" हेमन्त ने अपनी दुविधा के विषय में पूनम को बताया।

"फिर तो तुम विवाह कर चुके।" पूनम ने तुनक कर कहा। "मैं तुम्हें कितनी बार कह चुकी हूँ कि मेरे परिवारवाले कभी भी यह विवाह करने के लिए सहमत नहीं होंगे। तुम हो कि मानते ही नहीं।" क्षुब्ध स्वर में पूनम पुनः बोली।

"क्या करूँ? पूर्णिमा डार्लिंग, मन के हाथों विवश हूँ मैं। उन्हें धोखा नहीं दे सकता मैं।" शान्त स्वर में हेमन्त ने कहा।

"ऐसे करते हैं कल मैं दस बजे के लगभग घर आऊँगी तब इस समस्या का समाधान खोजने का प्रयत्न करेंगे।" पूनम ने विचारमग्न होते हुए कहा।

"कल क्या ऑफिस नहीं जाओगी?"

"कल क्यों ऑफिस जाऊँगी?"

"भई मुझे तुम्हारी बातें समझ नहीं आतीं।"

"अच्छा जी, मैं अब फारसी बोलने लगी हूँ जो महाशय आप समझ नहीं पाते। कल तीसरा शनिवार है न और तुम भली प्रकार जानते हो तीसरे शनिवार मेरा ऑफिस बन्द होता है।"

"अच्छा-अच्छा, मैं तो भूल गया था कि कल तीसरा शनिवार है।"

"अच्छा तो अब हम चलते हैं। स्वीट हार्ट, अब कल प्रातः दस बजे मिलेंगे।" पूनम ने हेमन्त के लोहपाश से स्वयं के कर को मुक्त करवाते हुए कहा।

गाड़ी में पूनम हेमन्त के पार्श्व में बैठ गई। हेमन्त आज गाड़ी धीमी गति से चला रहा था। पूनम धीरे-धीरे अपने दाएँ हाथ के साथ हेमन्त की बायीं जाँघ को सहला रही थी। पूनम जब भी गाड़ी में बैठती उसका हाथ स्वयं ही हेमन्त की जाँघ पर चला जाता और फिर वह जाँघ को सहलाने में अपूर्व आनन्द से अभिभूत हो-हो उठती। हेमन्त को तो उसका नेह भरा स्पर्श वैसे ही सुखदायी लगता था।

"क्या हम सदा-सर्वदा के लिए मिल पाएँगे? क्या एक ही छत के नीचे शेष जीवन मुस्काते हुए, गुनगुनाते हुए व्यतीत होगा?" हेमन्त किसी कल्पना-लोक में खोता जा रहा था।

"ओह हो! हेमन्त महाशय फिर कविता करने लगे। अरे प्राणेश्वर! हृदयेश्वर! अम्बर की उड़ान बन्द कर धरा पर पधारो।" पूनम ने नाटकीय स्वर में कहा तो हेमन्त के मुक्त कण्ठ का हास्य चहुँ ओर बिखर गया तथा पल-दो पल के लिए पसरा मौन गाड़ी में से चोर सम भाग गया।

"देखो हेमन्त स्वीट हार्ट, यदि मनुष्य की इच्छा शक्ति दृढ़ है तो वह मार्ग की हर बाधा पार कर सकता है। मैंने तुम्हें इतना चाहा है, तुम्हारी इतनी कामना की है कि मैं टूटकर बिखर तो सकती हूँ पर तुमसे दूर कदापि नहीं रह सकती।" पूनम के स्वर की दृढ़ता व अडिग निश्चय से हेमन्त का मन आश्वासित हो गया।

दूसरे दिन दस बजे के लगभग पूनम हेमन्त के घर आई तो वह अति चिन्तित थी। दुश्चिन्ता से पूनम का मुख विदीर्ण हो रहा था। सर्वप्रथम ज्योत्स्ना ने उसे शीतल जल पीने को दिया और तत्पश्चात स्नेहिल स्वर में पूनम के चिन्तित होने का कारण पूछा।

"दीदी...मेरा क्या...होगा!" अस्फुट स्वर में इतना कह पूनम बुक्का फाड़ रो पड़ी।

"नोनी, कुछ बता तो सही मेरी बहन, क्या बात है? तू इतनी अधीर क्यों है?" पूनम के अश्रु पोंछते हुए ज्योत्स्ना ने अधीर स्वर में पूछा।

"कल वह आया था..." पूनम इतना कह पुनः करुण क्रन्दन करने लगी।

"कौन आया था?" ज्योत्स्ना ने जिज्ञासु स्वर में पूछा।

"वही कलूटा, डॉ. लहरी का बच्चा! मैं भी देखती हूँ कैसे मेरे संग फेरे लेता है? अपना अति सुन्दर मुख तो देखे पहले दर्पण में फिर विवाह रचाने का विचार करे मेरे संग!" क्रोधित नागिन सादृश्य फुँफकार उठी पूनम।

"मैं अभी भी कुछ नहीं समझी।" ज्योत्स्ना ने उद्विग्न स्वर में कहा।

"सुनो दीदी, जब मैं कल घर गई तो कलूटा डॉ. अपनी हिडम्बा माँ के साथ मुझे देखने आया हुआ था। दो-दो पान मुख में ठूँस जुगाली करते हुए उसकी माँ मुझे निरन्तर घूरे जा रही थी और वह कलुआ! मेरे को ऐसे देख रहा था जैसे निर्वस्त्र कर अभी मेरी काया की शल्य चिकित्सा करेगा। मैं हतप्रभ-सी कभी हिडम्बनी माँ को और कभी वृषभ तुल्य पुत्र को देख रही थी। माँ ने मुझे चाय लाने का आदेश दिया। जैसे ही मैं अतिथि कक्ष से बाहर गई तो लहरी स्वर लहरा उठा, 'लड़की तो मुझे बहुत पसन्द है। शेष देने-लेने की बातें भी साफ़-साफ़ होनी चाहिए।'

"लड़की मुझे भी पसन्द है। ऐसे करो मिसेज सिन्हा एक लाख कैश दे दो तो। रिश्ता पक्का" जुगाली करते हुए डॉ. लहरी की माँ ने सपाट सीधे स्वर में कहा।

चाय पीते समय मोल-तोल करके चालीस हज़ार में सम्बन्ध पक्का कर दिया गया और आज प्रातः तो माँ ने जो किया, उससे मैं अन्तर्मन से टूट गई। हद ही हो गई! माँ ने मुझे शशि के साथ डॉ. लहरी के घर ही भेज दिया। मेरा धूर्त भाई मुझे वहाँ अकेली छोड़ चम्पत हो गया। लहरी की माँ भी बीभत्स हँसी हँसते हुए सब्जी लाने का बहाना बना वहाँ से चली गई। वह नर व्याघ्र क्षुधातुर हो मेरी ओर झपटा तो मैंने कठोर स्वर में कहा, "मिस्टर लहरी, मेरी बात सुनिए मैं आपसे विवाह नहीं कर सकती हूँ।"

"क्यों नहीं कर सकती हो तुम मेरे संग विवाह?" लहरी ने तनिक आश्चर्य से पूछा।

"क्योंकि मैं किसी दूसरे की परिणीता हूँ।" मैंने पुनः कठोर स्वर में कहा।

"तो क्या हुआ? अब तुम्हें मैं अपनी परिणीता बना लूँगा।" अपनी बत्तीसी दिखाते हुए वह पुनः आगे बढ़ने को हुआ।

"मिस्टर लहरी, मैं किसी दूसरे को चाहती हूँ और उसी के साथ विवाह करूँगी।" मैंने अपना निश्चय उसे पुनः सुनाया।

"देखो, अपनी बक-बक बन्द करो। मैं जानता हूँ लड़कियाँ भी कम 'सैक्सी' नहीं होती। तू भी उनमें से एक ही है। 'नैवर माइण्ड' अगर किसी के संग मस्ती मार भी चुकी हो तो। हाँ, अब आओ मैं अधिक 'वेट' नहीं कर सकता।" कुटिल मुस्कान लिये वह खल कामी पुनः मेरी ओर बढ़ा। मैं किंकर्त्तव्यविमूढ़-सी खड़ी थी। क्या डॉ. भी ऐसा आचरण कर सकता है? क्या एक सभ्य उच्च शिक्षित मानव भी इतने निम्न श्रेणी के कृत्य कर सकता! क्या पुत्री जनकगण को इतनी भारी होती है कि स्वयं उसे पतन के गर्त में विवाह के नाम पर धकेलने से तनिक भी संकोच नहीं करते। मैं

लहरी के घर कतई नहीं जाना चाहती थी पर यह सोचकर चली गई कि फिर भी वह एक शिक्षित मानव है। उसे मैं समझा दूँ कि मैं किसी अन्य से विवाह करना चाहती हूँ। पर वह तो नारी गन्ध का लोलुप भेड़िया था। यदि शशि उसी समय न आता तो मेरा सर्वनाश निश्चित था। मुझे उभार लिया उस समय शशि ने आ के। मैं बच गई मेरी दीदी, मैं बच गई। नहीं तो न जाने वह बाघ मेरे साथ कितना दुर्व्यवहार करता। उसने शशि को कहा कि वह सन्ध्या समय दिवाकर भैया के संग फोन पर बात करेगा। मैंने मार्ग में शशि को बहुत लताड़ा कि वह मुझे वहाँ छोड़कर क्यों चला गया था तो वह उल्टा मुझे ही उपदेश देने लगा—माँ की इच्छा का पालन करो। अब मैं शशि को क्या बताती उस कुटिल कामी के विषय में।" पूनम फूट पड़ी।

"पूनम, तुम चिन्ता न करो सब ठीक हो जाएगा।" ज्योत्स्ना ने उसे सान्त्वना देते हुए आगे कहा, "तुम्हें शशि को बता देना चाहिए था उस नराधम के कुकृत्य के विषय में।"

"मेरी सुनता ही कौन है?" पूनम ने क्षुब्ध स्वर में कहा। कुछ क्षणों के लिए वहाँ अप्रिय मौन पसर गया। पुनः पूनम बोली, "हेमन्त कहाँ है?" जैसे उसकी चेतना लौटी हो।

"वह किसी आवश्यक कार्य से कनाट प्लेस गए हैं। अभी एक बजे तक आ जाएँगे।" ज्योत्स्ना बोली।

"नहीं दी, मैं इतनी देर उनकी प्रतीक्षा नहीं कर सकती। मैं अभी जाती हूँ। कल ऑफिस से दो घण्टे का अवकाश लेकर आऊँगी।" इतना कह पूनम उठकर खड़ी हो गई।

"भोजन तैयार है। करके जाओ पूनम।" ज्योत्स्ना ने कहा।

"कल लंच यहाँ ही करेंगे। अब मैं जाती हूँ।" पूनम ने ज्योत्स्ना का आलिंगन करते हुए उसके कपोल पर स्नेहचिह्न अंकित कर दिया। ज्योत्स्ना ने द्वार पर से ही पूनम को विदा कर दिया।

दूसरे दिन एक बजे हेमन्त ज्योत्स्ना व पूनम तीनों ही शयनकक्ष में शय्या पर मेजपोश बिछा भोजन करने में व्यस्त थे। पूनम घर से सादा आमलेट केवल नमक डला व चपातियाँ लाई थी। उसको ज्योत्स्ना ने कहा, "पूनम माता श्री के हाथ का बना हुआ खाना भी खा लो।"

"यह केवल तुम ही खाओ।" पूनम ने उपेक्षा से मुख विकृत करते हुए कहा।

"भई माताश्री के हाथ के भोजन का निरादर न करो। खाओ न हेमन्त सासुजी के हाथ का भोजन।" मीठे स्वर में ज्योत्स्ना बोली।

"तुम ही खा लो दी, माता श्री का स्वादिष्ट भोजन। हूँ! बनाती ही क्या है? कभी केवल नमक डला सड़ा-सा आमलेट और कभी पतले कटे आलू की सब्जी। कभी डिब्बे में केवल सेवइयाँ थोड़े-से दूध में पकाकर डाल देती है और कभी स्वाद रहित

दोसे बनाने लगती है।" उपेक्षा से वक्र भृकुटि से हेमन्त को देखते हुए पूनम ने कहा।

"डार्लिंग, खाना वापस ले जाओगी तो तुम्हारी क्या पूजा नहीं की जाएगी?" हेमन्त का परिहास गूँजा।

"ऊँ...हूँ नहीं जी, मैंने माँ को कह दिया है ऑफिस के बाहर एक कुलचे छोलेवाला बहुत ही स्वादिष्ट कुलचे छोले लाता है। मैं भी कभी-कभी अन्य सहकर्मियों के संग वही छोले-कुलचे खा लेती हूँ। तो माँ ने पूछा पैसे कौन देता है? मैंने कहा मेरी सहेली हेमा दे देती है। बस फिर क्या था—माँ प्रसन्न उसकी पुत्री मूर्खा नहीं है।" पूनम ने जैसे ही अपनी बात समाप्त की कि हेमन्त व ज्योत्स्ना का सम्मिलित हास्य गूँजने लगा।

"अच्छा जी, अब मैं तुम्हारी हेमा सखी हूँ।" हेमन्त ने कटाक्ष किया।

"जी हाँ, यही समय की पुकार है हेमा जी," पूनम ने नाटकीय स्वर में उत्तर दिया। भोजन समाप्त कर पूनम व हेमन्त शय्या पर विश्राम करने हेतु बैठ गए तथा ज्योत्स्ना रसोई सँभालने चली गई।

जब ज्योत्स्ना भी शयन कक्ष में आ गई तो तीनों वार्तालाप में मग्न हो गए। हेमन्त पूनम के परिजनों को विवाह के विषय में बताना चाहता था पर ज्योत्स्ना की भी यही राय थी कि हेमन्त को पूनम की इच्छानुसार ही कार्य करना चाहिए। पूनम कहती थी कि वह विवाह पश्चात् जनकगण को दूरभाष द्वारा या पत्र द्वारा सूचित कर देगी। यदि वे उनके आनन्द में सम्मिलित होते हैं तो उनका हृदय से स्वागत है, नहीं तो उनके न आने से पूनम को भी कोई अन्तर नहीं पड़ेगा। ज्योत्स्ना ने कहा, "हेमन्त, नोनी ठीक कहती है कि उसके जनकगण कभी भी इस विवाह के लिए तैयार नहीं होंगे।"

"हेमन्त, मुझे तो वे उस खूँटे के साथ बाँधना चाहते हैं जहाँ मैं निरीह गाय तुल्य बँधी रहूँ तथा वहाँ उनके जमाता का न कोई आगे हो और न पीछे हो ताकि वे अपना एकछत्र साम्राज्य स्थापित कर सकें। माँ तो सदा कहती है, लड़की तू ही हमारी वृद्धावस्था में सेवा करेगी। लड़कों का क्या भरोसा? वे तुम्हारे संग हेमन्त कभी भी मेरा विवाह नहीं करेंगे। किसी मूल्य पर भी नहीं करेंगे।" पूनम ने अपना विरोध प्रकट किया।

"तो फिर क्या किया जाए?" हेमन्त भी चिन्तित हो उठा।

"अत्यन्त सावधानीपूर्वक विवाह किया जाए।" पूनम ने हास्य बिखेर अपना मत व्यक्त किया। वह चहुँ ओर व्याप्त बोझलता को दूर करना चाहती थी। इतने में हेमन्त की दृष्टि घड़ी पर पड़ी तो हठात् उसके मुख से निकला, "चलो, पूनम, देर हो रही है।" और इतना कहने के साथ ही हेमन्त शय्या से उठ खड़ा हुआ।

"बस पाँच मिनट और बैठो। हेमन्त, मेरा मन भरा नहीं।" पूनम विनीत स्वर में बोली।

"तुम्हारा मन तो कभी नहीं भरता।" हेमन्त ने नेहमय स्वर में उलाहना दिया।

"थोड़ी देर और न जाओ हेमन्त, बैठ जाओ ना।" ज्योत्स्ना ने भी चिरौरी की।

"जाय, तीन बजे तक ऑफिस अवश्य पहुँचना है। कुछ देर और नहीं रुक सकता हूँ अब। पूर्णिमा डार्लिंग, उठो।" हेमन्त ने अनुरागमय स्वर में पूनम से कहा।

पूनम ने उठकर वस्त्र ठीक किए, काले कुन्तलों में कंघी कर लम्बी वेणी गूँथी, पर्स उठा जाय के कपोलों पर स्नेहचिह्न अंकित किया व ठुमक-ठुमक हेमन्त के संग चल पड़ी।

शनैः-शनैः एक वर्ष व्यतीत हो गया। पूनम की चचेरी भगिनी का विवाह था। न दिवाकर विवाह में जा सकता था न पूनम अपने कार्यालय के विशेष समारोह के कारण। अतः दोनों भाई-बहन को आदेशों व उपदेशों से लाद-फाँद पूनम के जनकगण व दोनों भ्राता कलकत्ता चले गए। होनी इतनी प्रबल हुई कि दिवाकर को अति आवश्यक कार्य सम्पन्न करने निमित्त जयपुर दो दिवस के लिए जाना पड़ा। नाना प्रकार से अनुजा को समझा-बुझाकर वह जयपुर चला गया। 'अन्धा क्या चाहे—दो आँखें' सो तृषिता तरणी ने जी भरकर पुष्प पराग छका। वह तो प्रेम क्षेत्र की पुरानी खिलाड़ी थी ही सो अनुभवी अभिसारिका शैया पर जाते ही लजाई सकुचाई, शील सौजन्य की प्रतिमा को खण्डित कर, हेमन्त को प्रणयांगन के प्रत्येक कक्ष गवाक्ष में अति उत्साहपूर्वक घुमाती। फिर हेमन्त कौन पराया था? कुछ समय की ही तो बात थी ना और फिर हेमन्त का सब कुछ उसका ही तो होने जा रहा था वैधानिक रूप से। निर्बाध गति से चली यह प्रेम लीला। जाय तो कृत दासी थी पूनम की। अतः वह हेमन्त के अबेर करने पर भी मौन रहती। प्रेम रस का पान करना तो सरल है उसे पचाना ही असम्भव कार्य है। उसे पचाने निमित्त मानव को अनेकों बार स्वयं को न्यौछावर करना पड़ता है। स्वयं को मिटाकर ही कई बार इस दीपक की ज्योति प्रज्वलित करनी पड़ती है। यह तो भविष्य ही निर्णय करेगा कि पूनम ने आहुति दी या आँचल समेट निकल गई इस प्रज्वलित ज्वाला के निकट से।

एक दिवस हेमन्त ने पूनम को फोन पर कहा कि कोर्ट खुल चुके हैं।

"तो शीघ्र तलाक लो हेमन्त," अधीर स्वर में पूनम बोली।

"कल ही वकील से मिलता हूँ।" हेमन्त ने कहा।

"आज फोन पर समय तो ले लो।" पूनम बोली।

"अभी लेता हूँ।" हेमन्त ने कहा।

"वकील से क्या बात हुई है यह भी मुझे उसी समय फोन करके बता देना।" पूनम बोली।

आधे घण्टे के पश्चात् हेमन्त ने पुनः दूरभाष पर बात की पूनम से, "पूनम वकील कल तुम्हें भी बुला रहा है।"

"मुझे क्यों?" पूनम बोली।

"वह आग्रह कर रहा है कि तुम्हें कल अवश्य साथ लेकर आऊँ। अब यह तो वहाँ जाकर ही मालूम होगा तुम्हें क्यों बुलाया है।" हेमन्त ने कहा।

"कितने बजे बुलाया है?" पूनम बोली।

"एक बजे लंच टाइम में बुलाया है।" हेमन्त बोला।

"तो ठीक है मैं तुम्हें उसी मोड़ पर कल मिलूँगी।" पूनम ने कहा।

"अच्छा तो फिर अब कल सवेरे ही बात करेंगे।" हेमन्त की आवाज़ थी।

"नहीं अभी करते रहो। प्राणनाथ, अभी तो केवल छः ही बजे हैं।" पूनम को चुहल सूझी क्योंकि वह कक्ष में एकाकी थी।

"क्या आज घर जाने का विचार नहीं है?" हेमन्त बोला।

"है क्यों नहीं?" पूनम बोली।

"तो अब जाओ। देखो, कोई इधर आ रहा है।" ऐसा कहते हुए हेमन्त ने रिसीवर रख दिया।

दूसरे दिन एक बजे पूनम निर्दिष्ट स्थान पर खड़ी थी। हेमन्त लगभग पाँच मिनट लेट आया। गाड़ी का दरवाज़ा खोलते हुए पूनम ने कहा, "पूरे पाँच मिनट लेट हो।"

"क्या करता? कोई आ गया था। बहुत कठिनता से उससे पीछा छुड़वाया है।" द्रुतगति से गाड़ी चलाते हुए हेमन्त ने कहा।

"स्वीट हार्ट, वकील मुझसे क्या पूछेगा?" पूनम ने चिन्तित स्वर में कहा।

"इसमें भय की कौन-सी बात है? मैं हूँ न साथ तुम्हें अभी थोड़ी ही देर में मालूम हो जाएगा वकील क्या जानना चाहता है।" हेमन्त पूनम को सान्त्वना देते हुए बोला।

जब हेमन्त व पूनम ने मिस्टर लीलाधर गोड़बोले के कक्ष में प्रवेश किया तो उसने मन्द मुस्कान के साथ उन दोनों को बैठने का संकेत किया। अभिवादन व कुशलक्षेम पूछने के पश्चात् चाय मँगवाई गई। गोड़बोले हेमन्त का एक अच्छा मित्र भी था। वार्तालाप गोड़बोले ने ही आरम्भ किया, "मिस पूनम सिन्हा, क्या आप हेमन्त से विवाह करना चाहती हो?"

"जी हाँ," पूनम ने नेत्र झुकाते हुए उत्तर दिया।

"क्या आपने यह निर्णय सोच-समझकर लिया है?" गोड़बोले ने प्रश्न किया।

"जी हाँ, मैंने यह निर्णय सोच-समझकर किया है।" पूनम का उत्तर था।

"क्या बाद में पश्चात्ताप तो न होगा?"

"पश्चात्ताप भला क्यों होने लगा?"

"क्योंकि हेमन्त व आपकी आयु में काफी अन्तर है।"

"क्या आपका कानून आज्ञा नहीं देता आयु के इस अन्तर के कारण विवाह करने की?"

"ऐसी तो कोई बात नहीं। कुछ लड़कियाँ पहले केवल मात्र आकर्षण के कारण विवाह कर लेती हैं और जब कल्पना लोक से ठोस धरती पर पाँव रखती हैं तो लड़खड़ा जाती हैं।"

"मैं ऐसी लड़की नहीं हूँ। मैं विवाह करूँगी तो केवल हेमन्त के साथ ही करूँगी। कोई शक्ति, कोई प्रलोभन, कोई विपत्ति हमें अलग नहीं कर सकती। मैं हर मूल्य पर हेमन्त का साथ दूँगी।" पूनम ने उत्तेजित होते हुए उत्साही स्वर में कहा।

"देख लो, मझधार में न छोड़ देना इस सीधे-सादे इन्सान को। यह कर्तव्य के लिए प्राण तक देनेवाला आदमी है। मैं केवल इसका वकील ही नहीं अपितु मित्र भी हूँ इसलिए स्पष्ट शब्दों में सब कह रहा हूँ। आशा करता हूँ आप बुरा नहीं मानेंगी।" गोड़बोले ने शान्त स्वर में पूनम पर दृष्टि स्थिर करते हुए कहा।

"मैं इन्हें भला मझधार में क्यों छोड़ूँगी। यदि कभी यह मझधार में छूटे भी तो मैं भी इनके साथ ही डूबूँगी। वकील साहब, आप स्पष्ट नहीं कह रहे, आप मेरे से क्या जानना चाहते हैं?" पूनम ने घड़ी पर दृष्टिपात करते हुए कहा।

"तो आप हेमन्त के लिए सब कुछ कर सकती हैं।"

"जी हाँ।"

"तो फिर ऐसा कीजिए कुछ समय के लिए किसी लड़कियों के होस्टल में रहना आरम्भ कर दीजिए।"

"वह क्यों?"

"क्योंकि आपके भाई बन्धु व माता-पिता यह विवाह इतनी सरलता के साथ नहीं होने देंगे।" गोड़बोले ने कहा।

"सो तो है ही," पूनम ने दीर्घ श्वास छोड़ा।

"इसलिए ही आपका होस्टल में रहना अति आवश्यक है। अभी आप में आत्मविश्वास की कमी है। होस्टल में रहने से पूर्ण आत्मविश्वास आएगा। जब आप हेमन्त से विवाह करेंगी तो वही आत्मविश्वास उस उठते हुए आँधी-तूफान का अच्छी तरह से सामना कर सकेगा।"

"मैं समझी नहीं," पूनम ने अचकचाकर कहा।

"देखो मिस सिन्हा, जब आप दो-तीन मास अकेली होस्टल में रह लोगी तो आपके परिवारवाले भी आपसे अलग रहने के अभ्यस्त हो जाएँगे। फिर आप विवाह भी कर लोगी तो वह इतना बवाल खड़ा नहीं कर सकेंगे। विवाह करते ही उन्हें सूचित कर हनीमून पर कहीं सप्ताह-दो सप्ताह के लिए चले जाना फिर सब शान्त हो जाएगा।"

"पहले आप हेमन्त को तलाक दिलवाएँ।" हतप्रभ-सी पूनम ने कहा।

"अब हेमन्त के लिए तलाक लेना तनिक भी कठिन नहीं है। दस दिन के अन्दर तलाक मिल सकता है अब। पहले आप होस्टल में रहकर दिखाएँ।"

"मेरे माता-पिता होस्टल में नहीं रहने देंगे।" पूनम ने नेत्र झुकाते हुए कहा।

"फिर किस बेस पर आप हेमन्त से जीवन भर साथ निभाने का वादा कर रही हैं?" तीक्ष्ण स्वर में गोड़बोले ने कहा।

"पहले यह मेरे साथ विवाह तो कर लें।" पूनम हेमन्त की ओर देखकर बोली।

"ताकि आप इसके कन्धे पर बन्दूक रख के चला सकें। मिस सिन्हा, जो लड़की होस्टल में आकर नहीं रह सकती, वह कोर्ट मैरिज करने का दम कैसे भरती है?" आश्चर्यचकित से गोड़बोले ने कहा।

"अच्छा, मैं होस्टल में आ जाऊँगी पर मेरे साथ ज्योत्स्ना दी रहेंगी और पुलिस का प्रबन्ध भी करना पड़ेगा।" विवशता से पूनम ने कहा।

"न ज्योत्स्ना जी रहेंगी न पुलिस का प्रबन्ध होगा। आप वयस्क हैं, अपने विषय में स्वयं निर्णय ले सकती हैं। फिर क्यों डरती हैं इतना? क्या आप कुछ अनुचित करने जा रही हैं? आपने स्वयं हेमन्त को अनेकों बार बताया है कि घर में आपके साथ बहुत ही दुर्व्यवहार किया जाता है तो क्या आप अपनी इच्छानुसार कहीं रह नहीं सकतीं?" वकील तर्क-वितर्क करने लगा।

"मैं तो कहीं भी रह सकती हूँ वकील साहब, पर मेरे दुष्ट भाई व माँ चण्डी रहने देंगे तब न। जब से होश में आई हूँ घरवालों ने अँगूठे के नीचे दबा के रखा है। वह मार-मारकर मुझे अधमरा कर देंगे। समाज के महारथियों को ले आएँगे मुझे घर ले जाने के लिए। मैं विवश हूँ। आप बस केवल मेरा विवाह करवा दीजिए।" पूनम आहत स्वर में बोली।

"इतनी स्वार्थी न बनें पूनम जी, हेमन्त चाहता ही क्या है—केवल आपके परिवारवालों की इच्छा व आशीर्वाद से विवाह करना। वह उन्हें धोखा नहीं देना चाहता। मैं चाहता था कि पहले अलग रहकर आप में आत्मबल बढ़ता। अब आप ही बताएँ क्या किया जाए?" गोड़बोले ने पूनम से प्रश्न किया।

"एक ही मार्ग शेष है।" पूनम ने विचार करते हुए कहा।

"ज्योत्स्ना दी, दिवाकर को जाकर एक पत्र दिखाएँ जिसमें मेरे व हेमन्त के विषय में विस्तार से लिखा हो। पत्र डाक द्वारा आना चाहिए। फिर दीदी पत्र और मुझे साथ लेकर दिवाकर के पास चलें। दिवाकर जब पत्र पढ़ ले तो दीदी कहे वह हेमन्त से तलाक लेकर हरिद्वार जा रही हैं और यदि पूनम हेमन्त से विवाह करना चाहती है तो कर ले दिवाकर मेरे से पूछेगा तो मैं तत्क्षण ही हाँ कर दूँगी फिर मेरे परिवारवाले यह सोचकर मेरा हेमन्त से विवाह कर देंगे कि हेमन्त भी उनकी मुट्ठी में रहेगा और मैं भी।" पूनम ने अपनी योजना समझाई।

"पूनम जी, आपकी यह योजना बचकानी है।" गोड़बोले ने कहा।

"मेरे लिए केवल अब यही एक मार्ग शेष है। मैं पहले ही आपको बता चुकी हूँ।" पूनम ने दृढ़ स्वर में कहा।

हेमन्त हठ के कारण कि वह पूनम के परिवार जन को किसी प्रकार का धोखा नहीं देना चाहता ज्योत्स्ना को पूनम के बताए मार्ग पर ही चलना पड़ा। वकील पूर्ण रूपेण सहमत नहीं था पर क्या करते विवशता थी।

तीन दिवस के पश्चात् ज्योत्स्ना पूनम द्वारा डाक में छोड़ा हुआ, टाइप किया हुआ पत्र लेकर पूनम के कार्यालय गई। पूनम अपना बड़ा पर्स वहीं छोड़, छोटा लेकर ज्योत्स्ना के संग दो घण्टे का अवकाश लेकर चल दी।

"पूनम, तुमने बड़ा पर्स क्यों ऑफिस में छोड़ दिया?" ज्योत्स्ना ने पूछा।

"जानबूझकर छोड़ा है दी, सब समझेंगे मैं यहीं कहीं पर होऊँगी। यदि मैं पर्स ले आती तो सब प्रश्नसूचक दृष्टि से देखते हुए प्रश्न की तोप तुरन्त दाग देते—कहाँ जा रही हो मिस सिन्हा? दी, आपको भय तो नहीं लग रहा न।" पूनम का असीम उत्साह छलक-छलक जा रहा था।

"नहीं छुटकी, कोई भय नहीं लग रहा। दिवाकर क्या बंगाल का टाइगर है जो मुझे देखते ही खा जाएगा? नहीं, वह तो मेरा भी भ्राता श्री है न।" ज्योत्स्ना का स्नेहमय स्वर फूट पड़ा।

"हाँ, है तो सही" पूनम मग्नमना बोली।

"फिर तो बड़ भगिनी के पथ पर पलक पावड़े बिछाएगा ना।" ज्योत्स्ना ने स्मितहास्य बिखेरते हुए मधुर स्वर में कहा।

"हटो दी! तुम्हें तो चुहल सूझ रही है।" पूनम बोली।

इतने में अस्पताल के द्वार पर तिपइया जाकर रुक गया। पैसे देकर पूनम व ज्योत्स्ना अन्दर चली गईं। पूनम आगे-आगे थी वह ज्योत्स्ना को दिवाकर के कक्ष में ले गई। दिवाकर शिशु रोग विशेषज्ञ था। पूनम ने बंगला में दिवाकर को कहा मिसेज पाल उससे कोई बात करने आई हैं।

"आइए, अन्दर के कमरे में चलकर बैठते हैं।" दिवाकर ने ज्योत्स्ना को कहा। "कहिए मिसेज पाल, आप मेरे से क्या बात करना चाहती हैं?" दिवाकर ने प्रश्नसूचक दृष्टि से ज्योत्स्ना को देखते हुए कहा। ज्योत्स्ना ने एक पत्र दिवाकर को थमा दिया। जिसे पढ़कर दिवाकर अत्यधिक चिन्तित हो गया, "आपने किसी और को तो इस पत्र के विषय में नहीं बताया न।" दिवाकर ने व्याकुल स्वर में कहा।

"नहीं, मैंने यह पत्र पढ़कर आपको ही देना श्रेयस्कर समझा। मैं पहले पूनम के ऑफिस में गई और उसे लेकर आपके पास चली आई। बात यह है मिस्टर सिन्हा, मैं मिस्टर पाल से शीघ्र ही तलाक ले रही हूँ। सम्बन्ध-विच्छेद के पश्चात् मैं अपनी गुरु माता के पास ऋषिकेश आश्रम में चली जाऊँगी। यदि मिस सिन्हा मिस्टर पाल के संग जैसा कि इस पत्र में लिखा है विवाह करना चाहती हैं तो प्रसन्नतापूर्वक कर लें। मुझे क्या आपत्ति हो सकती है?" इतना कहकर ज्योत्स्ना मौन हो गई। इतना कहने में ही उसका हृदय तीव्र गति से स्पन्दित होने लगा था और जैसे ही ज्योत्स्ना

ने बात समाप्त की तो पूनम बोली, "जब मेरे विषय में लोग ऐसी बातें कर ही रहे हैं तो मैं केवल मिस्टर हेमन्त पाल से ही विवाह करूँगी।" दिवाकर का मुख अत्यधिक क्रोध से रक्तिम हो उठा व नेत्रों में एक प्रचण्ड ज्वाला जल उठी। उसने हुंकार भरी हूँ... दिवाकर का मुख देखकर पूनम स्तब्ध-सी रह गई। उसे आशाओं के तिनकों से बना हुआ स्वप्नों का प्रासाद धूलि-धूसरित होता हुआ प्रतीत होने लगा। ज्योत्स्ना ने क्षणांश के लिए पसरी हुई अरुचिकर निस्तब्धता को तोड़ते हुए दिवाकर से कहा, "जो भी निर्णय लेना हो मिस्टर सिन्हा, शान्तिपूर्वक लेना। हाँ मेरा सर पीड़ा से फट रहा है। यदि हो सके तो कोई दवाई दे दें।"

"मिसेज पाल 'प्लीज' इस पत्र के विषय में किसी को न बताएँ और मैं दवाई लिख देता हूँ बाज़ार से ले लें। मेरे पास इस समय दवाई नहीं है।" ऊपर से शान्त रहने की चेष्टा करते हुए दिवाकर ने कहा।

"अच्छा तो मिस्टर सिन्हा, हम चलते हैं। नमस्कार," कहकर ज्योत्स्ना व पूनम दिवाकर के कक्ष से बाहर आ गईं।

"मैं तो दी आपके मुख की ओर देख रही थी–अरे वाह! आपने कितने सहज स्वर में मेरे घमण्डी भाई के साथ बात की।" पूनम ने मार्ग में चहकते हुए कहा।

"पूनम लगता है झंझाझकोर गर्जन-तर्जन करता आएगा। इस विपत्ति वेला में कुशलतापूर्वक नैया को खेकर किनारे अब तुम्हें ही लाना पड़ेगा। हमसे जब जैसे सहायता चाहोगी हम देंगे।" चिन्तित स्वर में ज्योत्स्ना ने कहा।

"अरे दी, चिन्तित मत हो। मैं केवल हेमन्त से ही विवाह करूँगी। यदि फिर भी इन लोगों ने मेरे साथ कोई छलकपट किया तो भी मैं अपने निश्चय पर अटल अडिग हूँ। अब चाहे परिणाम मेरी मृत्यु ही क्यों न हो, पर मैं विवाह करूँगी तो केवल हेमन्त के ही संग करूँगी। अब कोई भी प्रलोभन मुझे इस दृढ़ निश्चय से नहीं डिगा सकता।" पूनम अति उत्साहपूर्वक बोली।

"पूनम, गरजनेवाले बरसते नहीं हैं।" ज्योत्स्ना ने मीठे स्वर में अपनी शंका कुछ-कुछ परिहास का पुट देकर व्यक्त की।

"फिर दी, आप अपनी पूनम को नहीं जानतीं। मेरे परम हितैषी मेरे प्राण तो ले सकते हैं पर मुझे लेकर मनचाहा नहीं कर सकते।" आक्रोश से पूनम का मुख रक्तिम हो उठा था पर ज्योत्स्ना अन्यमनस्क-सी थी। इतने में पूनम का कार्यालय आ गया।

"दी, चलो, एक 'थम्सअप' पीकर चले जाना।" पूनम ने मिश्री मण्डित स्वर में कहा।

"नहीं छुटकी, मैं अब घर जाऊँगी। सर पीड़ा से फटा जा रहा है।" ज्योत्स्ना उद्विग्न थी, पीड़ा से व्याकुल थी।

"तो ये पैसे ले लो।" मीठी चितवन से ज्योत्स्ना को निहारते हुए पूनम ने पचास का नोट देना चाहा।

"नोनी, मेरे पर्स में कम-से-कम तीन सौ रुपये पड़े हैं। मैं यह पैसे किसलिए लूँ?" ज्योत्स्ना ने आश्चर्यपूर्वक कहा।

"ले लो न दी, मैं दे रही हूँ।" अनुनय करते हुए पूनम ने कहा।

"नोनी, यदि पैसे न होते तो मैं ले भी लेती पर मेरे पास पर्याप्त पैसे हैं फिर इसकी क्या आवश्यकता है?" ज्योत्स्ना ने पूनम को समझाते हुए शान्त स्वर में कहा।

"एक बात और दी यदि मेरे परिवारजन मुझे किसी भी तरह ले जाने में सफल हो गए तो आप व हेमन्त मुझे हर मूल्य पर उस नरक से बचाएँ। यदि पुलिस की सहायता भी लेनी पड़ी तो वह भी लें पर मेरे को उन निष्ठुरों के चंगुल से अवश्य बचाएँ।" पूनम के उत्साह को अब शंका डसती जा रही थी।

"तुम चिन्ता न करो नोनी, हम तुम्हारी सहायता हर मूल्य पर करेंगे।" ज्योत्स्ना ने कहा।

पूनम ने पुनः अनुरोधमय स्वर में कहा, "दी, अन्दर आओ ना।"

"नहीं छुटकी, अब मैं इसी 'स्कूटर' पर ही जाऊँगी।" ज्योत्स्ना बोली।

"बाय-बाय दी," पूनम ने हाथ हिलाते हुए अपनी अँगुलियों को अधरों पर रख ज्योत्स्ना की ओर एक चुम्बन उछाल दिया। पूनम के काले चमकीले नयनों में भविष्य के स्वप्न हिलोरें मार रहे थे और हृदय में असंख्य उमंगें तथा असीम उत्साह पर मुख पर कुछ शंका की परछाईं-सी भी छाई थी।

पर ज्योत्स्ना का हृदय तो नीचे-और-नीचे, न जाने कहाँ जा रहा था। उसका मन आशंकित था। उसे ऐसा भान हो रहा था कि इस हर्षोल्लास की गुड़िया से यह उसका अन्तिम मिलन है। वह पूनम से, अपनी नोनी से अन्तिम विदा लेकर आई है। ज्योत्स्ना ने दिवाकर के नेत्रों में रोष-द्वेष इत्यादि के सम्मिलित भाव देखे थे और देखा था—एक दृढ़ निश्चय।

ज्योत्स्ना के घर पहुँचने के आधे घण्टे के पश्चात् ही पूनम ने दूरभाष पर ज्योत्स्ना से बात की थी। पूनम की कल्पना में जैसे समस्या का समाधान हो चुका था। वह आनेवाले अंधड़ से पूर्णरूपेण अनभिज्ञ थी। पूनम व ज्योत्स्ना वार्तालाप में मग्न थीं कि अकस्मात् पूनम ने कहा, "दी, मुझे दिवाकर लेने आया था।" पूनम के स्वर में अब पुनः शंका आ विराजी थी।

"तो क्या हुआ?" ज्योत्स्ना ने तीव्र उत्कण्ठा से पूछा।

"मैं उसके साथ नहीं गई।" पूनम बोली।

"वह तुम्हें कहाँ ले जाने आया था?" ज्योत्स्ना ने पूछा।

"वह मुझे घर ले जाने आया था।" पूनम ने बताया।

"तुमने क्या कहा?" ज्योत्स्ना ने पूछा।

"मैंने स्पष्ट शब्दों में कह दिया—मैं अभी घर नहीं जाऊँगी।" पूनम ने बताया।

"तो उसने क्या कहा?" ज्योत्स्ना ने पूछा।

"उसने मुझे घर ले जाने का बहुत ही आग्रह किया।" पूनम की आवाज थी।

"तो?" ज्योत्स्ना का आग्रहपूर्ण स्वर था।

"तो मैंने कह दिया—जो वे लोग चाहते हैं मैं, वह कभी भी नहीं करूँगी। मैं समय समाप्त होने के पश्चात् ही घर जाऊँगी। वह मेरे पीछे क्यों पड़ा है।" पूनम ने बताया।

"नोनी, सम्भवतः आज तुम्हारी कठिन ही नहीं अपितु कड़ी परीक्षा है।" दीर्घ श्वास छोड़ते हुए ज्योत्स्ना ने कहा।

"कठिन परीक्षा हो या कड़ी, जो भी होगा आपकी नोनी इस परीक्षा में उत्तीर्ण होकर दिखाएगी। हाँ, हेमन्त का फोन तो नहीं आया न?" पूनम को स्वयं पर अत्यधिक विश्वास था।

"नहीं, हेमन्त का फोन नहीं आया।" ज्योत्स्ना ने उत्तर दिया।

"मैंने फोन किया था। वह अपने कक्ष में ही नहीं थे। अच्छा दी, अब फोन रखती हूँ। पाँच बजे आपसे बात करूँगी।" इतना कहकर पूनम ने रिसीवर रख दिया।

न जाने ज्योत्स्ना क्यों इतनी अधिक उद्विग्न थी। उसने पहले हेमन्त को लगभग चार बजे फोन किया। हेमन्त अभी तक अपने कार्यालय वापस नहीं लौटा था। तत्पश्चात् उसने पूनम से दूरभाष पर बात करनी चाही तो उसे किसी ने बताया कि पूनम के पिता लगभग तीन बजे कार्यालय आकर पूनम को घर ले गए थे। वे अति क्रोधित थे। न जाने क्या बात हुई थी। पूनम के किसी वाचाल सहकर्मी ने पूर्ण ब्यौरा दे डाला।

रात्रि के लगभग आठ बजे हेमन्त घर आया तो ज्योत्स्ना ने उसे दिवाकर के पास जाने की व फिर पूनम के अपने कार्यालय से घर जाने की सम्पूर्ण कथा कह सुनाई।

"जाय, तू इतनी अधीर क्यों है? पूर्णिमा हर परिस्थिति का सामना करने की क्षमता रखती है। यही है उसके प्रणय की परीक्षा। वह सच्चे प्यार का दम हर समय भरती है। यदि उसे सच्चा प्यार है तो समाज से छिपकर विवाह करने की क्या आवश्यकता है? अब निर्णय का समय आ ही गया है।" हेमन्त ने जाय को समझाते हुए कहा।

"न जाने अब पूनम का क्या हो?" ज्योत्स्ना ने आशंका प्रकट की।

"पुनः वही आशंका! क्यों चिन्ता करती हो? पूर्णिमा दूध पीती बच्ची नहीं है। जिसके साथ कोई जैसे चाहे व्यवहार कर ले। उसमें इतना साहस तो होना ही चाहिए कि सत्य का सामना कर सके। मुझे पूर्ण विश्वास है पूर्णिमा अवश्य वापस आएगी।" हेमन्त ने कहा।

"सम्भवतः आप ही ठीक कह रहे हैं।" ज्योत्स्ना बोली।

"जाय," हेमन्त का स्वर था।

"जी," ज्योत्स्ना बोली।

"चाय नहीं पिलाओगी क्या?" हेमन्त ने कहा।

"अभी बनाकर लाती हूँ।" जाय बोली।

रात्रि के समय दूर गिरजाघर के बजर ने जब दो बजाये तो हेमन्त अभी जाग ही रहा था। निद्रा देवी रूठी हुई थी व हेमन्त को भी उसे मनाने की कोई विशेष चिन्ता न थी। वह पूर्णिमा के विषय में सोच रहा था। एकान्त स्थली पर, अपने लम्बे-लम्बे नितम्ब चुम्बी कुन्तल काँधों पर बिखेर जब पूर्णिमा ने हेमन्त को अनुरागमय नयनों से निहारते हुए कहा था, "स्वीट हार्ट, मुझे हर मूल्य पर मेरे जनकगण व दम्भी भाइयों से बचाकर ले आना, चाहे तुम्हें पुलिस की ही सहायता क्यों न लेनी पड़े यदि वे कभी मुझे अगवा करके ले गए तो। वे कुछ भी कर सकते हैं। तो हेमन्त ने उसे आश्वासन दिया था कि हर मूल्य पर उसे ढूँढ़ के वापस ले आएगा, चाहे पुलिस की ही सहायता क्यों न लेनी पड़े। न जाने इस समय पूर्णिमा क्या कर रही होगी? उसके भाइयों व जनकगण ने न जाने उसकी क्या गत बनाई होगी। विभिन्न प्रकार के विचारों में उलझकर रह गया हेमन्त का अन्तर्मन। वह एक समझदार युवती है। हर कठिनाई को पार कर लेगी।" अन्त में हेमन्त के बोझिल मन मस्तिष्क ने यह निर्णय ले लिया व निदिया रानी की गलियन में विचरण करने लगा वह।

शनैः-शनैः दस दिन व्यतीत हो गए। पूर्णिमा का कुछ पता न था। न उसके कार्यालय में उसका आवेदन पत्र आया था, न कोई फोन। ज्योत्स्ना के आग्रह पर, ज्योत्स्ना, हेमन्त व ज्योत्स्ना की एक सखी पूर्णिमा के घर के निकट गए। गाड़ी सड़क के एक किनारे खड़ी कर ज्योत्स्ना की सखी मिसेज छाबड़ा पूर्णिमा के घर गई। जिज्ञासु मन लिये हेमन्त व ज्योत्स्ना गाड़ी में ही बैठे रहे। कुछ समय के पश्चात् मिसेज छाबड़ा वापस आ गई। उसने गाड़ी में बैठते हुए हेमन्त से कहा, "पूर्णिमा व उसके माता-पिता प्रातः चार बजे ही रेल द्वारा उड़ीसा चले गए थे। यह मुझे पूर्णिमा की एक प्रतिवेशनी ने बताया है। उसे लगभग आठ-दस दिन पूर्व रात के समय उनके घर से बुरी तरह लड़ने-झगड़ने व पूर्णिमा के रुदन का स्वर सुनाई दिया था। 'अब जवान लड़की है शायद कुछ ऊँच-नीच हो गया हो।' उस प्रतिवेशनी ने कहा। पर जब मैं पूर्णिमा के घर गई तो वहाँ लगभग बीस वर्षीय एक लड़के ने द्वार खोला। मैंने पूर्णिमा के विषय में पूछा तो वह बोला, मेरी माँ को कैंसर हो गया है। वह उसके साथ बम्बई गई है। कब लौटकर आएँगे कुछ निश्चित नहीं है।"

इसी तरह ऊहापोह में पाँच दिवस और व्यतीत हो गए तो शीतल बयार का झोंका लेकर पूर्णिमा का पत्र आया। पर पूर्णिमा की दुर्गति के विषय में पढ़कर हेमन्त व ज्योत्स्ना का मन व्याकुल हो उठा। पूर्णिमा ने लिखा था—मेरे और केवल मेरे स्वीट

हार्ट, मुझे इन लोगों ने ऐसे मारा-पीटा है जैसे मैं मांस-मज्जा की बनी हुई लड़की न होकर कोई पाषाण निर्मित पुतला थी। पुलिस भी क्या मारती होगी अपराधियों को जो इन कसाइयों ने मुझे मारा। तुम चिंता न करना। ये लोग मुझे मेरे कंस मामा एककौड़ी के पास यहाँ उड़ीसा के, उसी ग्राम में ले आए हैं जिसका पता तुम्हें व दीदी दोनों को ही मैं लिखवा चुकी हूँ पहले ही। मेरी चामुण्डा माँ ने सम्भवतः यहाँ यह यातना गृह मुझे ही यातना देने को खरीदा था। न मेरे पास एक भी पैनी है और न ही पेन। बहुत ही कठिनाई से मैंने इस पत्र को लिखने का प्रबन्ध किया है। मैं यहाँ घर में बन्दी बना दी गई हूँ। मेरे स्वीट हार्ट, यदि मेरे को कुछ हो गया तो तुम निराश न होना। मैं अन्तिम समय तक अपनी लड़ाई लड़ूँगी। अपने अधिकार के लिए लड़ना तनिक भी अनुचित नहीं है। मेरे पास हर समय पहरा रखा जाता है। तुम कल्पना भी नहीं कर सकते कि मैं कहाँ बैठकर पत्र लिख रही हूँ। मुझे हर समय तुम्हारी याद आती है। वे पल, बीते हुए पल क्षण याद आते हैं जो हमने साथ-साथ बिताये हैं। अपना पूर्ण ध्यान रखना। मेरे प्राण, प्रणय यदि आग का दरिया है तो भी मैं इसे तैरकर पार करूँगी। संसार ने तो न मुझे कोई पीड़ा दी न ही कोई व्यथा दी है। ऊँची प्राचीरें तो खड़ी की हैं उन्होंने, जिन्हें मैं अपना माता-पिता समझती हूँ। उन कसाई भाइयों ने जिनकी आँख की मैं किरकरी हूँ। काश! कोई ही लौटा लाये मेरे उस सुहावने आनन्दमय अतीत को, उन पल क्षणों को, जो मैंने केवल तुम्हारे साथ व्यतीत किए। निराश न होना मेरे प्राण, मैं अवश्य लौटकर आऊँगी। हाँ, मुझे अभी कोई पत्र नहीं लिखना। एककौड़ी कंस मामा भी बड़ा दुष्ट है। मुझे सम्भवतः माँ अपने घर ले जाए उसका पता भी तुम्हें पहले ही दे चुकी हूँ। मेरे दूसरे पत्र की प्रतीक्षा करना। तुम्हारी, केवल तुम्हारी पूर्णिमा व दी की—नोनी।

विवश से बैठे रह गए ज्योत्स्ना व हेमन्त। ज्योत्स्ना के नेत्रों से अविरल अश्रुधारा बह रही थी। उसने विकल स्वर में कहा, "हेमन्त जैसे भी हो, नोनी को बचा लो। वे लोग उसे मार डालेंगे।"

"धीरज रखो जाय। वे लोग चाहे जितने भी निर्दयी हों पर हत्यारे कदापि नहीं हो सकते।" हेमन्त ने स्वर को संयत करने का प्रयत्न किया जबकि वह भी अत्यधिक चिन्तित व व्यथित था पूर्णिमा की दुर्दशा जान। पूर्णिमा ने अभी कोई भी कदम उठाने को मना किया था। विवश हो पाल दम्पती पूर्णिमा के आगामी पत्र की प्रतीक्षा करने लगे। एक-एक दिवस एक-एक युग तुल्य बीतता हुआ प्रतीत होता था। बहुधा हेमन्त सन्ध्या समय निःशब्द अपनी एकान्त स्थली पर जा बैठता। वही लता कुंज, सघन वृक्ष की शाखाओं से झरते हुए पत्ते। अस्ताचलगामी सूर्य किरणों की लुका-छुपी, लताओं द्वारा निर्मित्त प्राचीरों में से झूमकर चलती बयार के मदमस्त झोंके, वसुन्धरा पर बिछा हुआ पीताभ पत्तों का पीला बिछौना व वही स्मित हास्य बिखेरती हुई सन्ध्या बाले। नहीं थी तो केवल प्राणप्रिया पूर्णिमा नहीं थी। उष्णदीर्घ श्वास छोड़ा हेमन्त ने, कभी-कभी

मानव कितना विवश हो जाता है, कितना विवश! हे मेरे अन्तर्यामी महादेव। पूर्णिमा की रक्षा करना। दो बूँद अश्रु हेमन्त के विशाल नेत्रों से गिरकर उसी पीताभ बिछौने पर लुप्त हो गए जहाँ प्रणय की असंख्य गाथाएँ अदृश्य लेखनी द्वारा लिखी पड़ी थीं—जिन्हें केवल हेमन्त के ही नेत्र देख सकते थे, पढ़ सकते थे। ठीक ही कहा गया है कि विरहा का समय बिताये नहीं बीतता। दुःख दिवस दीर्घकालीन उदास व विदीर्ण होते हैं और रात्रि केवल तिमिराच्छादित ही नहीं होती अपितु अमावसी अँधेरा लिये हुए लम्बी-लम्बी होती हैं। कहते हैं—आशा पर ही संसार जीवित है। उसी आशा का आँचल पकड़, थकहार, बाट से भटके बटोही तुल्य हेमन्त व ज्योत्स्ना पूर्णिमा के आगामी पत्र की प्रतीक्षा कर रहे थे।

ठीक एक मास पश्चात् पूर्णिमा का पत्र पुनः हेमन्त के नाम आ गया।

मेरे स्वीट हार्ट, मेरे प्राण,

सम्भवतः नेह की डगर इसलिए ही बहुत कठिन कही गई है क्योंकि वे ही लोग जो इस धरा पर हमारे अपने, केवल हमारे अपने कहलाते हैं, वही इतनी ऊँची, तुंग हिमालय सादृश्य प्राचीर खड़ी कर हमारे पथ को अवरुद्ध कर देते हैं कि उस पार, प्रियतम के द्वार तक जाने की कल्पना तो दूर, हम उसके विषय में सोचें तक भी न। दुर्गादेवी येन-केन मेरे हृदय पर पड़ी तुम्हारी अमिट छाप मिटाने का प्रयत्न कर रही है। रात्रि दिवस मुझे श्रवण कुमार सन्तान के विषय पर भाषण दिए जाते हैं। तिरस्कारपूर्ण दृष्टि का सामना मुझे हर पल, हर क्षण करना पड़ता है। जितनी ये लोग मुझे यातना देते हैं उतना ही मेरे मन का दृढ़ निश्चय और भी सुदृढ़ होता जाता है। मेरे प्राण, तुम्हारे लिए मैं हर पीड़ा का दरिया पार कर लूँगी। हाँ, यदि मैं अगला पत्र तुम्हें दो मास तक न लिख सकूँ तो मुझे हर मूल्य पर बचाना। चाहे पुलिस की सहायता लेनी पड़े, चाहे किसी अन्य की। अपना ध्यान रखना। दी की बहुत याद आती है। याद आती है वह एकान्तस्थली, जहाँ मैं अपने स्वप्निल संसार की निरंकुश सम्राज्ञी व तुम मेरे मुकुट, मेरे सम्राट होते थे। मुझे पूर्ण विश्वास है कि हमारे वे सुहावने स्वप्न, वे सुखद अनुभूति से परिपूर्ण पल क्षण अवश्य लौटेंगे। आप मेरी प्रतीक्षा करना। पूर्णिमा अवश्य लौटेगी, अवश्य! असंख्य नेहमयी अनुभूतियों से परिपूर्ण अनदेखे, हृदय उच्छ्‌वास तुम्हें भेज रही हूँ। हृदय तो करता है मैं मन की वीणा के तार झंकृत करती रहूँ और तुम उनकी झंकार सुनते रहो। अब तुम मुझे इस नर्क की ज्वाला से निकाल ले जाओ। पर प्रिय, यहाँ तुम स्वयं भूलकर भी न आना। ये लोग तुम्हारे रक्त पिपासु बने हुए हैं।

मधुर स्मृतियों सहित,
तुम्हारी, आजन्म तुम्हारी—
पूर्णिमा।

पत्र पढ़ जहाँ हेमन्त के हृदय का कमल खिल उठा वहीं पूर्णिमा की विवशता देख नेत्र भी भर आए। निःशब्द हेमन्त ने पत्र ज्योत्स्ना को दे दिया। ज्योत्स्ना ने पत्र पढ़कर हेमन्त की ओर निहारा। उसके नेत्रों में आशा-निराशा के सम्मिलित भाव विद्यमान थे।

ज्योत्स्ना ने कोमल स्वर में कहा, "हेमन्त निराश मत हो। हमें आशा का आँचल थामे रखना चाहिए।"

"तुम ठीक कहती हो जाय, चाहे अँधेरी रात्रि कितनी भी लम्बी हो पर वह सवेरेवाली लालिमा को रोकने में असमर्थ है। किसी काली रात में इतनी क्षमता नहीं है कि वह भोर की लालिमा का मार्ग अवरुद्ध कर सके।" हेमन्त की दृष्टि कहीं दूर, अति दूर खोई हुई थी व स्वर दूसरे लोक से आता हुआ प्रतीत हो रहा था।

"हाँ, वह तो है ही।" ज्योत्स्ना बोली।

"पूर्णिमा अत्यन्त कठिनाई से दिन व्यतीत कर रही है। ऐसा वह लिखती है पर कभी-कभी मेरे मन में विचार आता है कि पूर्णिमा केवल नेह का नाटक तो नहीं कर रही है।"

"हश! तुम्हारे मन में ऐसे विचार आए कैसे!"

"जाय, तुम ही बताओ क्या पूर्णिमा पढ़ी-लिखी नहीं है?" हेमन्त ने कहा।

"है।"

"क्या वह वयस्क नहीं है?"

"है।"

"क्या वह एक महत्त्वपूर्ण पद पर कार्यरत नहीं थी?"

"थी।"

"फिर वह लड़की इतनी विवश कैसे हो गई कि गाय-भैंस तुल्य हाँककर एक गाँव में बन्दिनी बना दी गई हो! क्या वह प्रतिवाद नहीं कर सकती थी?"

"कर सकती थी और उसने किया भी होगा।"

"संसार इक्कीसवीं शताब्दी में पग धरने जा रहा है और यहाँ यह देवीजी नतमस्तक हो हर प्रहार को सहन कर समय आने की प्रतीक्षा कर रही हैं। यदि उसे वास्तव में ही लगाव है, नेह है तो क्यों नहीं जमकर प्रतिवाद करती हर प्रहार का, हर पीड़ा का।"

"हेमन्त आशंका के इस नाग का फन कुचल दो। तुम जानते तो हो पूर्णिमा एक भली लड़की है।"

"क्या भली लड़की की परिभाषा यही होती है कि नतमस्तक हो अन्याय सहन करे?"

"नहीं।"

"तो पूर्णिमा ऐसा क्यों कर रही है? वह चाहती तो देहली से बाहर पग न

रखती। कड़े शब्दों में जनकगण की कुचेष्टाओं की भर्त्सना करते हुए पुलिस से सहायता माँगने की बात करती। यदि प्रणय पवित्र होता है, पावन होता है, यदि उसमें आयु, पद व जाति भिन्नता कोई मूल्य नहीं रखते, जात-पाँत के बन्धन अर्थहीन होते हैं तो पूर्णिमा में वह शक्ति क्यों नहीं है कि वह अपने आप को दीन-हीन बन्दिनी न समझ, न्याय के पक्ष में लड़नेवाली एक शक्तिशाली महिला समझती। मुझे तो लगता है वह मुझे मूर्ख बनाती रही है।"

"ऐसे मत कहो हेमन्त।"

"फिर वही व्यर्थ की व्याकुलता।"

"यह तुम्हें आज क्या हो गया है?"

"मुझे कुछ नहीं हुआ। मैं आज तक भावना में बहता रहा। कहीं कुछ गड़बड़ अवश्य है। जाय, तुम देख लेना पूर्णिमा हमारे साथ चाल चल रही है।"

"वह क्या चाल चल रही है?"

"वह एक समय पर ही दो-दो नावों में सवार हो चलती है। मैं नहीं समझता आज के युग में कोई विवशता की प्राचीर इतनी सुदृढ़ है कि एक दृढ़ निश्चय नारी उसे न तोड़ सके। आजकल की लड़कियाँ नेह का नाटक करती हैं। सम्भवतः पूर्णिमा मेरे निकट अपनी महत्वाकांक्षा पूर्ति हेतु ही आई थी। अपने क्षेत्र में वह उच्चतम शिखर पर चढ़ने की आकांक्षी थी। कदापि मैं ही वही सोपान था जिस पर वह पग धर अपने लक्ष्य के निकट पहुँच सकती थी। मैं तंग आ चुका हूँ उसके इस व्यवहार से। देख लेना वह नेह का नाटक कर रही है तुम्हारी नोनी। अब उड़ीसा से वरमाला पहना, वर को ले ही प्रकट होगी वह प्रवासी प्रिया।" वितृष्णा व आक्षेप से पूर्ण था हेमन्त का स्वर।

"हेमन्त, तुम शान्त हो जाओ। आज तुम्हारी एकान्तस्थली पर मैं भी तुम्हारे साथ चलती हूँ।" जाय ने विनीत स्वर में कहा।

"नहीं, जाय, वहाँ फिर किसी दिन ले जाऊँगा। आज झील गार्डन चलते हैं।"

"चलिए साहब, जल के किनारे-किनारे भ्रमण करना दासी को अति उत्तम लगेगा।" नाटकीय स्वर में जाय ने ऐसे कहा तो हेमन्त मुक्त कण्ठ से हास्य बिखेरने लगा चहुँ ओर।

शनैः-शनैः पूर्णिमा का द्वितीय पत्र आए एक मास, दो मास और फिर तीन मास व्यतीत हो गए। आशंका के फनीधर आठों पहर फन फैलाये रखते ज्योत्स्ना के मन-मस्तिष्क पर। आजकल उसका पढ़ने-लिखने में भी चित्त न लगता था। हेमन्त कार्यालय में अति व्यस्त रहता और उसके पश्चात् निज अध्ययन या शोध में। जब भी मन-मस्तिष्क को विश्राम की आवश्यकता होती तो हौले-हौले पग धरती पूर्णिमा आ विराजती वहाँ और हेमन्त का सम्पूर्ण अस्तित्व बन जाता पूर्णिमामय। अब जाय के धैर्य के साथ-साथ हेमन्त का धीरज भी जाता रहा। एक मोटी धन राशि देकर पाल

दम्पती ने राजधानी की एक सुप्रसिद्ध 'डिटेक्टिव एजेन्सी' की सेवाएँ लीं जिन्होंने उन्हें एक सप्ताह पश्चात् सूचना दी कि लड़की उसी ग्राम में बन्दिनी बनाकर उसी घर में रखी गई है जिसका कि डिटेक्टिव एजेन्सी को पता दिया गया था। घर का हर खिड़की, द्वार, झरोखा बन्द रखा जाता है। अभी लड़की का विवाह नहीं किया गया। पुनः एक मोटी धनराशि ले उसी एजेन्सी ने एक सप्ताह पश्चात् यह सूचना दी कि उनका एक 'एजेण्ट' 'कोरियर सर्विस' का आदमी बन, पूर्णिमा के घर, पूर्णिमा के कार्यालय का एक पत्र ले, उनके द्वार पर गया तो एक सख्त चेहरेवाली स्त्री ने द्वार खोला। उसने अण्डाकार ऐनक लगा रखी थी। दो साँवले युवक उसके दाये-बायें थे। उस स्त्री ने द्वार खोलते ही कहा, "मैं मिसेज राय हूँ। यहाँ पूनम नाम की कोई लड़की नहीं रहती।" इतना कह उसने खटाक से द्वार बन्द कर लिये। गँवई गाँव में कई तमाशबीन एकत्रित हो गए। एक ग्रामीण एजेण्ट को एक ओर ले गया और बोला, "ये बहुत ही निष्ठुर लोग हैं। एक गोरी-सी लड़की को बन्दी बना रखा हुआ है। कई बार हृदय को हिला देनेवाली चीखें भी सुनाई देती हैं गाँववालों को। दो-तीन साहसी गाँववाले एक बार साँकल भी बजाने गए तो वही ऐनकवाली निष्ठुर नारी ने कहा था, "लड़की को उदर-शूल था। अब ठीक है। तुम लोग क्यों आए किसी की गृहस्थी में चौधरी बनने?" उसकी वाणी की कठोरता देख फिर वहाँ कोई नहीं गया।

"अब क्या करेंगे हेमन्त?"

"करेंगे क्या शान्तिपूर्वक बैठेंगे।"

"और नोनी को वहाँ मरने देंगे।"

"मैंने यह कब कहा?"

"तो क्या करूँ जाय? उस ग्राम में जाकर पूर्णिमा के जनकगण को कह दूँ कि पूर्णिमा मेरी पत्नी है। हम विवाह कर लेंगे। अब तो हमारा सम्बन्ध-विच्छेद भी हो चुका है।"

"नहीं, नहीं! ऐसी भूल कदापि न करना। तुम्हें स्मरण नहीं रहा कि नोनी ने बारम्बार अनुरोध किया था कि तुम स्वयं किसी भी मूल्य पर उस गाँव में नहीं जाना।"

"फिर तुम ही कहो ना मैं क्या करूँ?"

"पुलिस को सूचना दे दो। नोनी की भी यही इच्छा थी कि हर मूल्य पर हम उसे बचायें। यदि पुलिस की सहायता लेनी पड़े तो वह भी ले लें।"

"क्या पागल हो गई हो?"

"अब यही मार्ग शेष है।"

"पुलिस को कहेंगे क्या?"

"केवल इतनी सूचना दो उस ग्राम के निकटतम पुलिस स्टेशन पर कि फलां घर में फलां लड़की को उसकी इच्छा के विरुद्ध रखा गया है। जब पुलिस नोनी के घर जाएगी तो नोनी देहली आकर अपनी नौकरी पर जाने की इच्छा व्यक्त कर देगी।

पुलिस को देख उसके जनकगण कुछ न कर सकेंगे। हाँ, यह कार्य किसी पुलिस के वरिष्ठ अधिकारी के माध्यम से ही करवाओ। उसे कहो पूर्णिमा को पूर्ण सुरक्षा के साथ देहली ले आएँ। जितना भी व्यय होगा हम उठाएँगे। नोनी ने दूसरे पत्र में यह भी लिखा था कि किसी महिला आवास सदन में उसके रहने निमित्त प्रबन्ध कर दिया जाए। सो तुम यह काम भी शीघ्र कर दो। जब नोनी देहली आ जाएगी तो जैसा वह चाहेगी हम वैसा ही करेंगे।"

यद्यपि हेमन्त का हृदय आशंकित था। वह यह मान ही नहीं रहा था कि इस आधुनिक युग में किसी नारी को इतना विवश किया जा सकता है। सम्भवतः पूर्णिमा का हृदय परिवर्तित हो चुका है। कदापि यह उक्ति सत्य है—नयनों से दूर हृदय से दूर। फिर भी पूर्णिमा की इच्छानुसार उसे हर मूल्य पर बचाकर तो लाना ही है। कर्तव्य की पुकार भी यही है कि प्रिया को हर मूल्य पर बचाना चाहिए। पूर्णिमा स्वयं भी तो अनेकों बार कह चुकी थी कि उसे बचाने के लिए यदि पुलिस की सहायता भी लेनी पड़े तो वह भी लेने में संकोच न किया जाए। वचनबद्ध हेमन्त ने अपने मित्र की सहायता ली। उन्होंने अपने सम्बन्धी के माध्यम से जहाँ पूर्णिमा को रखा गया था, उसके निकटतम पुलिस स्टेशन पर सूचना भिजवाई। सादे कपड़ों में पुलिस पूर्णिमा के वर्तमान आवास पर स्थिति का निरीक्षण करने गई। पूनम की माँ दुर्गा ने ही द्वार खोले, "कहिए, क्या काम है?" दुर्गा ने कर्कश स्वर में पूछा।

"श्री चण्डीदास सिन्हा कहाँ हैं?" एक कठोर स्वर गूँजा।

"क्या काम है आपको उनसे?" दुर्गा ने स्वर को कोमल बनाने का पूर्ण प्रयत्न किया।

"पहले उन्हें बुलाओ फिर काम भी बता देंगे।" पुनः कठोर स्वर उभरा।

"पर आप हैं कौन?" दुर्गा ने शंकित स्वर में कहा।

"हम पुलिस स्टेशन से आए हैं।" पुलिस अधिकारी ने कहा।

"क...क...क...क्या कहा!" दुर्गा ने अस्फुट स्वर में कहा व विस्फारित नेत्रों से पुलिस को देखती रह गई।

"जल्दी बुलाइए चण्डीदास को।" पुनः पुलिस अधिकारी बोला। पूनम ने कक्ष में झाँककर देखा तो उसी पुलिस अधिकारी ने पूनम को निकट आने के लिए कहा। सहमी हुई पूनम अन्दर भाग गई। दुर्गा विवश हो गई और चण्डीदास को अन्दर से बुला लाई। चण्डीदास के साथ एककौड़ी मामा ने भी कक्ष में प्रवेश किया। वह पुलिस की अभ्यर्थना में दोहरा हो-हो जा रहा था तो थानेदार ने कड़ककर कहा, "पुलिस के काम में टाँग मत अड़ाओ। जाओ, पूनम को अन्दर से लेकर आओ।"

"पर थानेदार साहब, यहाँ तो कोई पूनम-वूनम नहीं रहती।" शीघ्रतापूर्वक एककौड़ी ने कहा।

"तुम हो कौन?" थानेदार बोला।

"मैं पूनम का मामा हूँ।" अकड़कर एककौड़ी ने कहा।

"कंस मामा।" व्यंग्यपूर्ण स्वर में थानेदार बोला।

"जी ज...ज...जी ई..." एककौड़ी ने हकलाते हुए कहा।

''कंस मामा, जाओ उस लड़की को अंदर से लाओ जो अभी द्वार से झाँक रही थी।" थानेदार के आदेश पर विवश हो एककौड़ी उठा और पूनम को केशों से पकड़कर विषैले स्वर में बोला, "यदि एक भी शब्द मेरी बहन व जमाई राजा के विरुद्ध बोला तो धड़ से गर्दन तेरी ही नहीं बल्कि तेरे उस हेमन्त की भी अलग कर दूँगा।" पूनम उसे विस्फारित नेत्रों से निहारने लगी तो एककौड़ी उसे धक्के मार ले चला। पर कक्ष के द्वार पर पहुँच दक्ष अभिनेता तुल्य स्वर में कोमलता ले आया व स्नेहपूर्वक पूनम का कर थाम अन्दर से लाया।

थानेदार ने स्वर को कोमल बनाते हुए पूछा, "तुम्हारा नाम क्या है बेटी?"

"पूनम..." क्षीण स्वर में पूनम ने उत्तर दिया।

"ये लोग कौन हैं?"

"मामुनी, बप्पी व मा...मा" पुनः क्षीण स्वर उभरा।

"तुम्हें ये लोग तुम्हारी इच्छा के विरुद्ध यहाँ रखे हुए हैं?"

"जी...जी...जी...हाँ...नहीं...नहीं...नहीं।" पूनम के मुख पर एक रंग आ रहा था और एक रंग जा रहा था। एककौड़ी का विषैला स्वर उसके कानों में अभी तक गूँज रहा था। रात्रि दिवस की यातना व्रताड़ना ने उसे तोड़कर रख दिया था। उसका हृदय हाहाकार कर रहा था। वह चीत्कार उठी, "नहीं साहब नहीं, मैं यहाँ अपनी इच्छा से रह रही हूँ।"

"पर हमारे पास यही सूचना आई है कि तुम्हें तुम्हारी इच्छा के विरुद्ध बन्दी बनाकर यहाँ रखा गया है। डर नहीं बेटी, हम तुम्हारी हर प्रकार से सहायता करेंगे। तुम वयस्क हो, शिक्षित हो फिर क्यों इतना डरती हो?" थानेदार ने पूनम को हर प्रकार से सान्त्वना देनी चाही।

पूनम ने अश्रुपूर्ण नेत्रों से माँ को निहारा तो नेत्र अग्निवर्षा कर रहे थे। पिता को निहारा तो उसके मुख पर अपार दीन-हीन याचक-सी दीनता टपक रही थी। मामा को निहारा तो उसके नेत्रों में एक हत्यारे की चमक थी, चेतावनी थी। विवश पूनम ने अन्याय के समक्ष शीश झुका दिया। थानेदार को विश्वास दिला दिया कि वह अपनी इच्छा से वहाँ रह रही थी। द्वार पर से जाती हुई पुलिस को वह ऐसे निहारने लगी जैसे वह उसका सर्वस्व हरण कर ले जा रही हो और सम्भवतः पुनः लौटकर आ जाए और पूनम को उसके हेमन्त के पास ले जाए। पर जानेवाले जा चुके थे। स्वप्न धूल में मिल चुके थे। चक्रवात में सब कुछ उड़ चुका था, समाप्त हो चुका था। पूनम लुटी-पिटी गोट सम अपने चहुँ ओर एक विवर्त ही देख रही थी एक विवर्त! आज इस धूल के अम्बार में हर स्वप्न धूलि-धूसरित हो चुका था। समस्त वचन, समस्त दृढ़ प्रतिज्ञाएँ

बह चुकी थीं प्रताड़ना के गहरे गह्वर में। घुटने टेक दिए उसने प्रताड़ना के सम्मुख। वह पूर्ण शक्ति से उन्मादनी तुल्य चीत्कार कर उठी, "मामुनी, अब आपकी इच्छा से विवाह कर लूँगी।" साक्षात् चण्डी का अवतार क्षण मात्र में ममता की मूरत बन गई। उसने पूनम को अंक में भर, असंख्य चुम्बन दे डाले। एककौड़ी व चण्डीदास नृत्य करने लगे। इस प्रकार अपने सपनों की अर्थी पूनम ने स्वयं अपने कन्धों पर उठाई। एक सीधे-सादे मानव को धोखा दे दिया और नूतन प्रियतम के द्वार जाने की तैयारी आरम्भ कर दी। काश! वह नारी को छलनामयी का नाम न देती!

हेमन्त को इतनी सूचना मिली, "पूनम अपनी इच्छा से वहाँ रह रही है और सुरक्षित है। अभी विवाह नहीं किया।" विवश हेमन्त अब क्या करता? वह व ज्योत्स्ना पूनम के लौटने की प्रतीक्षा करने लगे।

क्या वास्तव में ही नारी नारायण की ऐसी कृति है जो स्वयं उसके लिए भी एक अनबूझ पहेली है। वही पूनम, जो कल तक हेमन्त के नाम का स्मरण करती थी, उसके लिए आग का दरिया पार करने को तैयार थी, उसकी पत्नी बन चुकी थी गौरी शंकर को साक्षी मान। फूल शैया पर चढ़ चुकी थी अपने प्रियतम के संग शत-शत बार। आज किसी और की पत्नी बनने जा रही थी कैसे एक नारी एक नर को अपना पति मान, उसके संग पत्नी तुल्य रह फिर उस निरपराधी को त्याग दूसरे पुरुष को वरण कर सती साध्वी बनने का नाटक करती है। यदि प्रणय पावन था, पवित्र था तो पुलिस के संग आ उसका वरण करना चाहिए था न कि मिथ्या विकल्प के सम्मुख नतमस्तक होना चाहिए था।

देखते-देखते तीन मास और व्यतीत हो गए। हेमन्त अत्यधिक व्याकुल व चिन्तित था। चिन्ता चिता समान होती है। अतः हेमन्त का स्वास्थ्य भी ह्रास की ओर तीव्र गतिमय था। ज्योत्स्ना यथा शक्ति यत्न करती पति को प्रसन्न रखने का व घर को सजाने-सँवारने का, पर कहीं पर, कुछ कमी अवश्य थी। पूनम अपने साथ उस घर का उल्लास प्रसन्नता व हेमन्त का स्वास्थ्य सब कुछ ले गई और छोड़ गई एक अव्यक्त व्यथा, एक चहुँदिक् व्याप्त सूनापन।

कल नववर्ष आरम्भ होना था। चहुँ ओर उल्लास-ही-उल्लास छाया हुआ था। नव वर्ष के अभिनन्दन के लिए हर वृद्ध वयस्क व बालक तत्पर था। जहाँ घर-घर नव वर्ष की आशा के, आकांक्षा के दीप जगमगा रहे थे वहीं पाल दम्पती के हृदय में अमावसी अँधेरा था। नव वर्ष के प्रथम दिवस ही हेमन्त को यह सूचना मिली कि पूनम नया ब्याह रचा, नयनों में कजरा, व केशों में गजरा सजा नववधू-सी ही मुस्काती सकुचाती एक पाँच फुटे कागजी पहलवान के संग 'इण्डिया गेट' के निकट फोटो खिंचवा रही थी। कभी बांकी चितवन से उस आबनूसी को घायल करती हुई फोटो खिंचवाती, तो कभी आँचल सँवारते हुए, वह हँस-हँसकर अपने चित्र खिंचवाने में मग्न थी। मुख पर अतीत की परछाईं व पश्चात्ताप का लवलेश मात्र भी नहीं था। यह

सूचना दी जनेन्द्र ने हेमन्त को। जनेन्द्र पूनम को भली प्रकार पहचानता था। वह उस दिन, वहीं एक पार्क में बैठा सूर्यदेव की गरिमा से स्वयं को धन्य कर रहा था तो एक मधुर हास्य ने उसके ध्यान को बरबस अपनी ओर आकर्षित किया। वह यह देखकर स्तब्ध रह गया कि उसके प्रिय मित्र का सर्वस्व हरण करनेवाली अब किसी और की भार्या बन मुस्कानों के पुष्प बिखेर रही थी। वह निर्निमेष नेत्रों से उस नव विवाहित युगल को देखता ही रह गया। चित्र खींच व खिंचवा पूनम उस आबनूसी को यह कहते हुए उठी, "चलो स्वीट हार्ट, अब घर चलते हैं। मामुनी हमारी प्रतीक्षा कर रही होगी।"

"तुम्हें अवश्य धोखा लगा है जनेन्द्र, पूर्णिमा मुझसे छल किसी भी मूल्य पर नहीं कर सकती। यह देखो, उसने अपने पत्रों में भी बारम्बार यही लिखा है जिस दिन मुझे किसी और की बनने के लिए विवश किया जाएगा उस दिन मेरे भाई पटरे पर मेरे शव को ही बिठाकर अपने मनपसन्द जमाई के चारों ओर फेरे देंगे मुझे नहीं। पूनम टूटकर बिखर जाएगी पर अन्याय के सम्मुख झुकेगी नहीं।"

"मित्र कथनी व करनी में धरती आकाश का अन्तर है। पूर्णिमा अन्ततः तुम्हारे साथ छल कर ही गई।" करुणा जनक हँसी हँसते हुए जनेन्द्र ने कहा।

"यह असम्भव है जनेन्द्र साहब, नोनी मरेगी पर झुकेगी नहीं। उसकी यह विशेषता है कि वह मर तो सकती है पर हेमन्त को धोखा किसी भी मूल्य पर नहीं दे सकती। अब बहुत हो चुका कल मैं स्वयं उसके घर जाकर देखती हूँ।" दृढ़ स्वर में ज्योत्स्ना ने कहा।

हेमन्त व ज्योत्स्ना का ऐसा अडिग विश्वास देख जनेन्द्र यह सोचने पर विवश हो गया कि क्या वास्तव में ही उसने पूनम को देखा था या उससे मिलती-जुलती किसी अन्य युवती को!

दूसरे दिवस दस बजे के लगभग ज्योत्स्ना पूनम की माँ के घर जाने निमित्त जैसे ही घर से निकली कि उसकी सखी ममता मजुमदार आ पहुँची। ममता पूनम के साथ चार वर्ष पूर्व कार्य करती थी। वह उसकी भी सखी थी। ज्योत्स्ना से उसकी मित्रता तीन वर्ष ही पुरानी थी पर दोनों सखियों में स्नेह इतना था मानो युग-युग से इस धरती पर सखियाँ बनकर ही जन्म लेती रही हों। वह पूनम गाथा से पूर्णरूपेण परिचित थी। उसने कई बार ज्योत्स्ना को यह चेतावनी भी दी थी, "यह युवती अति महत्त्वाकांक्षी है और सफलता के शिखर पर चढ़ने निमित्त कैसे भी सोपान पर पग रख सकती है। इसकी विशेषता बलिदान देना नहीं अपितु लेना है।" पर सावन के अन्धे को तो हरा-ही-हरा सूझता है न। ममता की बातें तपते तवे पर तुषारकण तुल्य पड़कर अपना महत्त्व खो देती थीं। अन्ततः उसने पूनम के विषय में कुछ कहना ही बन्द कर दिया था। आज जब उसे ज्योत्स्ना ने बताया कि वह पूनम के घर जा रही है तो ममता भी उसके संग चल पड़ी। तिपहिया चालक ने भी उनसे पूरे सौ रुपये लिये क्योंकि उस दिन उन लोगों की हड़ताल चल रही थी। तिपहिया को बाहर सड़क पर ही छोड़कर,

दोनों सखियों ने सुब्रोतो पार्क में प्रवेश किया। जैसे ही वे दोनों पूनम के घर के निकट पहुँचीं तो ज्योत्स्ना ने नयन उठा, ऊपर प्रथम खण्ड की ओर देखा तो उसके प्राण मानो अधरों पर आकर अटक गए। बाहर छज्जे पर खड़ी पूनम एकटक उन्हें निहार रही थी। पीताभ मुख, बुझी-बुझी दृष्टि, कर्ण स्पर्श करते हुए लघुकेश गुच्छ, मैला-सा अति साधारण पीली छींट का सूट पहने थी वह। पूनम ने कर से अपनी लघु केश राशि को स्पर्श किया तो ज्योत्स्ना ने समझा वह अकिंचन उसे संकेत से बता रही है कि उसकी क्या दुर्गति की गई है। न हाथों में चूड़ियाँ थीं न माँग में सिन्दूर। अब तो ममता को भी पूर्ण विश्वास हो गया कि पूनम अवश्य अत्याचार की शिकार हुई थी। विवाह इत्यादि कुछ नहीं हुआ। ऐसे ही जनेन्द्र को धोखा लगा होगा। वह इण्डिया गेटवाली युवती कोई अन्य होगी। शीतकालीन धूप का पूनम के समस्त प्रतिवेशी रसास्वादन कर रहे थे। ममता ने समझा वे सब उनकी ओर ही निहार रहे थे तो वह ज्योत्स्ना को लेकर वहाँ से चल पड़ी। लगभग आधे घण्टे पश्चात् व्यर्थ में इधर-उधर घूम, दोनों सखियाँ पुनः वहाँ पहुँच गईं। ममता ने देखा जो भूतल पर घर था, ठीक पूनम के घर के नीचे वहाँ एक स्त्री खड़ी थी। उसने उस स्त्री को मधुर स्वर में कहा कि उसे प्यास लगी है। वह स्त्री जल ले आई तथा उन दोनों को पीने के लिए दे दिया। वह स्त्री वाचाल लगती थी उसने ममता से पूछा, "क्या आप किसी का घर खोज रही हैं?"

"जी" ममता का मधुर स्वर गूँजा।

"किस का?"

"मेरी मित्र कलकत्ता से आई है उसका।"

"क्या नाम है?"

"पूनम।"

"पूनम! पूनम तो हमारे ऊपरवाले घर में रहती है।"

"उसी के विषय में जानना चाहती हूँ। क्या हम आपके घर के अन्दर बैठकर बात कर सकते हैं?" ममता ने धीमे स्वर में कहा।

"हाँ-हाँ आइए, अन्दर आइए," ऐसा कहते हुए वह स्त्री जिसका नाम उषा शर्मा था उन्हें अतिथि कक्ष में ले गई।

"बात यह है उषा जी, पूनम ने मेरे देवर के संग विवाह कर लिया था पर उसके माता-पिता नहीं माने। वे उसे बलपूर्वक यहाँ से उड़ीसा ले गए थे।"

"आप क्या कह रही हैं?" हमने तो सुना था पूनम का एक मास्टर के साथ कोई चक्कर था। क्या आपका देवर ही मास्टर है?" जिज्ञासु स्वर में उषा ने कहा।

"नहीं, मेरा देवर तो एक विख्यात संस्थान में वरिष्ठ अधिकारी है।" ज्योत्स्ना ने शान्त स्वर में कहा।

"पर पूनम ने तो दूसरा विवाह कर लिया है।" उषा ने कहा।

"क...क...ब...कब किया है!" ज्योत्स्ना के पीताभ मुख पर दृष्टिपात करते हुए ममता ने घोर आश्चर्य व्यक्त किया।

"नहीं मालूम, कब किया है। उसकी माँ कहती है कि विवाह कर दिया है पर दो लड्डू तक तो यहाँ पड़ोस में बाँटे नहीं उस खुर्राट औरत ने।" विकृत मुख करते हुए पूनम की प्रतिवेशनी बोली।

"मुझे किसी भी मूल्य पर विश्वास नहीं आ रहा है।" स्तम्भित-सी ज्योत्स्ना ने घोर निराशतम स्वर में कहा।

"यहाँ किसी को भी विश्वास नहीं है। न जाने कहाँ से एक दीन से युवक को पकड़ लाये हैं ये सिन्हावाले और उसे पूनम का पति बताते हैं। घोर कलयुग है घोर। सीधी-सादी दिखनेवाली छोकरी इतनी खुर्राट है कि दो-दो विवाह रचा चुकी है! मुझे तो लगता है तुम्हारे देवर से पीछा छुड़ाने के लिए चण्डी की चण्डिका कोई स्वांग रच रही है।" कौतुकप्रिया का कौतुक चरमसीमा पर था। वह पेट पकड़े बैठी थी। प्रतिवेशियों को नवीन समाचार से शीघ्र अति शीघ्र अवगत करवाना चाह रही थी। अब चतुर्थ श्रेणी के आवास में रहनेवाली निपट गँवार स्त्री को इस पूनम प्रसंग में इतना रस आ रहा था जितना कि अमृत पीकर आए। ज्योत्स्ना व ममता ने उसे बारम्बार प्रार्थना की कि वह केवल एक बार उन्हें पूनम से मिलवा दे पर अपने गलमुच्छड़ पियक्कड़ पति के भय के मारे उषा ऐसा तो नहीं कर सकती थी अतः उसने उन दोनों को अपनी विवशता समझा दी। ज्योत्स्ना व ममता के घर से जाने के पश्चात् द्वार पर ताला लगा उषा अपनी प्रतिवेशनी को छोंक लगा-लगाकर पूनम प्रसंग बताने लगी। पति तो उसका निद्रामग्न था ही सो कौतुकप्रिया मुक्तकरों से कौतुक बाँटने लगी।

उधर पूनम का विदीर्ण मुख देख पाल दम्पती यह समझ रहे थे कि वह बिचारी अत्याचार की मारी है, उसे कैसे मिला जाए। एक नामी जासूस को ऊँचा दाम देकर पूनम की पूर्ण सूचना लाने के लिए लगा दिया गया। ज्योत्स्ना चार-पाँच बार उसके घर के चक्कर लगा आई पर उसे पूनम के दर्शन पुनः न हुए। प्रथम दर्शन पश्चात् तो ज्योत्स्ना इतना पगला गई कि बिरला मन्दिर, काली बाड़ी, गौरी शंकर मन्दिर, कालका मन्दिर व बंगला साहिब गुरुद्वारे में भी भगवान को लक्ष्य-लक्ष्य धन्यवाद दे, धरती पर लोट-लोट पूनम की कुशलता की कामना करने लगी। 'हे महादेव प्रभु! तेरा उपकार मैं मृत्युपर्यन्त नहीं भूलूँगी। तूने मेरी नोनी की रक्षा की है। वह सकुशल तो है ना।' सरल हृदया नारी ठगिनी को देवी समझ रही थी।

जासूस ने सूचना दी कि सिन्हा ने अपना घर बदल लिया है व नया घर मयूर विहार में लिया है। मेघा छाये हुए थे। दामिनी रह-रहकर दमक रही थी। वायु प्रचण्ड वेग से बह रही थी। किसी समय भी गर्जन-तर्जन करते मेघा बरस सकते थे पर ज्योत्स्ना प्रकृति देवी की वक्र भृकुटि से अनभिज्ञ बनी निर्निमेष एक प्रथम खण्ड की ओर सड़क पर धीरे-धीरे पग रखती हुई निहार रही थी। इतने में वेगवती वर्षा जलथल एक करने लगी। क्षणांश के लिए पूनम छज्जे पर आई और ज्योत्स्ना को देख भाग गई। ज्योत्स्ना ने समझा पूनम ने उसे नहीं देखा। लगभग दस मिनट पश्चात् ज्योत्स्ना

को विवश हो वापस लौटना पड़ा। वर्षा रानी में भीगने के कारण उसे सप्ताह भर ताप में तपना पड़ा। पाल दम्पती पानी सम पैसा बहा रहा था। वे हताश निराश थे कि पूनम उनके साथ सम्पर्क क्यों नहीं कर रही? जबकि पूनम स्वचक्षुओं से देख चुकी थी कि ज्योत्स्ना उसे ढूँढ़ने उसके द्वार तक आ पहुँची थी। पूनम कोई संकेत तो देती कि हेमन्त कैसे उसकी सहायता करें। हेमन्त पूनम के घर जाना चाहता था। पर न जाने किस शक्ति के वशीभूत ज्योत्स्ना ने उसे ऐसा करने से रोक रखा था।

चहुँदिक् निराशा के घनघोर घन घिरे पड़े थे। पूनम का विदीर्ण मुख, भाव शून्य नयन कौंध-कौंध जाते ज्योत्स्ना के स्मृति पटल पर। हेमन्त ने स्वयं को कार्यालय के अनन्त कार्यों में आकण्ठ डुबो लिया। रात्रि की वेला में प्रतिदिन उसका दूसरे पहर आने का नियम-सा बन गया था न उसे क्षुधा सताती न तृष्णा। आधा-अधूरा भोजन कर जब वह शैया पर लेटता तो कभी तो निद्रा देवी अपना आँचल ओढ़ा उसे अपनी मनोहरी घाटियों में घुमाने तत्क्षण ही ले जाती और कभी हठी बालिका सादृश्य दूर खड़ी निर्मम हँसी हँसती रहती और विवश हेमन्त के विशाल नेत्रों से दो अमूल्य मोती गिर अपना अस्तित्व खो देते। ज्योत्स्ना पूर्ण प्रयत्न कर रही थी हेमन्त को सँभालने का जबकि वह स्वयं भी समय चक्र के पाट में पिसी जा रही थी।

अकस्मात हेमन्त के कार्यालय में हेमन्त के नाम एक पत्र आया। जिसमें पूनम की योग्यता के विषय में ब्यौरा माँगा गया था। पूनम ने यमुना पार एक संस्थान में 'फोन आपरेटर' की नौकरी कर ली थी वे लोग ही पूनम के विषय में खोज-बीन कर रहे थे। हेमन्त ने दूरभाष पर ज्योत्स्ना को बताया ज्योत्स्ना ने हेमन्त को तुरन्त घर आने के लिए कहा। उस दिन शनिवार था। अतः एक घण्टे पश्चात् हेमन्त घर आ गया। ज्योत्स्ना ने कहा, "हेमन्त पूनम से दूरभाष पर बात करो।" जैसे ही हेमन्त ने पूनम से दूरभाष पर बात करनी चाही कि पूनम ने स्वयं कहा कि आज पूनम ऑफिस नहीं आई। हेमन्त स्तब्ध-सा हाथ में रिसीवर लिये खड़ा रह गया। पुनः कभी हेमन्त ने कभी ज्योत्स्ना ने व्याकुल स्वर में पूनम से बात करनी चाही पर हर बार पूनम ने यही उत्तर दिया कि पूनम आज नहीं आई। हारकर रिसीवर रख दिया गया। जून की तन-मन को तपानेवाली भीषण गर्मी में पाल दम्पती पूनम से मिलने चल दिए। अत्यन्त कठिनाई के साथ उस संस्थान को खोजा जहाँ पूनम कार्य करती थी हेमन्त को उस दिन तेज ज्वर था। ज्योत्स्ना ने कहा, "हेमन्त मेरे विचार में तुम किसी छायादार वृक्ष के तले अपनी गाड़ी खड़ी कर सुविधापूर्वक लेट जाओ। पानी व गिलास गाड़ी में है। अभी मैं अकेली ही जाकर पूनम को मिलती हूँ। वह देखो, सामने नीम के वृक्ष तले सघन छाया है गाड़ी वहीं ले जाओ। मैं पहले अन्दर जाती हूँ।" हेमन्त गाड़ी नीम के वृक्ष के तले ले गया।

सात-आठ सीढ़ियाँ चढ़कर जब ज्योत्स्ना भूतल पर गई तो सामने ही स्वागत कक्ष था। ज्योत्स्ना बायें हाथ बिछे सोफे पर जा बैठी। क्षणांश में ही उसने अपनी दायीं

ओर देखा तो पूनम हँस-हँसकर अपने किसी सहकर्मी से बातें कर रही थी व वार्तालाप के मध्य ज्योत्स्ना को आग्नेय नेत्रों से घूरती भी जा रही थी। जैसे ही वह सहकर्मी अन्दर गया तो पूनम ने संकेत कर ज्योत्स्ना को अपने निकट बुलाया।

"तुम यहाँ क्यों आईं?" कर्कश स्वर में पूनम ने कहा तो ज्योत्स्ना मानो आकाश से धरती पर आ गिरी। उसे अपनी श्रवण शक्ति पर ही सन्देह होने लगा। मन का भ्रम समझकर वह अपनी ही धुन में बोली, "नोनी हमारे सब प्रयत्न विफल गए। हम तुम्हें तब से ही ढूँढ़ रहे हैं। हेमन्त व मेरा सम्बन्ध-विच्छेद हो गया है। अब तुम शीघ्र ही हेमन्त के संग वि...।" जैसे ही ज्योत्स्ना 'विवाह कर लो' कहने लगी कि उसकी दृष्टि पूनम की माँग पर गई जिसमें सिन्दूर भरा था। ज्योत्स्ना स्तम्भित-सी कभी पूनम की माँग के सिन्दूर को देखती और कभी उसके पीताभ मुख को जिस पर सब्ज वर्णिये बिन्दी भ्रूमध्य पर लगी हुई थी। पूनम ने सलेटी रंग की साधारण छापेवाली साधारण-सी साड़ी पहनी हुई थी।

पूनम ने कर्णकटु स्वर में कहा, "तुम यहाँ क्यों आईं? निकलो बाहर यहाँ से। निकलो नहीं तो...नहीं तो...।"

"नहीं तो क्या करोगी। मैं तुमसे बात किए बिना नहीं जानेवाली, समझी ज्योत्स्ना ने भी कठोर स्वर में उत्तर दिया।

"तुमने मेरे घर पुलिस भेजी। मुझे तुम लोगों पर कोई विश्वास नहीं। निकलो यहाँ से, नहीं तो..."

"पुलिस भेजी तुम्हें हर मूल्य पर बचाने के लिए। तुम तो देहली में ही कह गई थीं कि मुझे हर मूल्य पर बचाना। जब मैंने कहा था कि अगर पुलिस की सहायता लेनी पड़े तो क्या करें? तुमने कहा था चाहे पुलिस की सहायता लेना चाहे जो भी करना पर मुझे हर मूल्य पर बचाना।" ज्योत्स्ना ने शान्त स्वर में कहा। पूनम निरुत्तर हो गई।

"तुमने कहा माँ के पड़ोस में कि मैंने तुम्हारे देवर के संग विवाह कर लिया था। निकलो. यहाँ से निकलो, मैं कहती हूँ।" पूनम ने विषैले स्वर में कहा।

"प्रथम तो यह इसलिए कहा गया कि हमें किसी भी मूल्य पर विश्वास ही नहीं आ रहा था कि तुम कहीं और भी विवाह कर सकती हो जबकि तुम सदा-सर्वदा कहती आई थीं कि तुम हेमन्त की पत्नी हो और पत्नी जैसे ही रहती थीं। मैं क्या कहती तुम्हारी माँ की प्रतिवेशनी को कि तुमने मेरे पति के साथ विवाह किया हुआ है। नोनी, विवाह तो मन का बन्धन है जो तुम हेमन्त के साथ बाँध ही चुकी थीं। तुम हेमन्त के साथ पत्नी समान इतने समय से रहती आ रही थीं तो क्या तुम हेमन्त की पत्नी नहीं थीं? क्या तुमने विधाता को साक्षी मान हेमन्त को पति नहीं माना था? मैंने क्या अनुचित कहा? मैं यही कह सकती थी न कि तुमने मेरे देवर के साथ विवाह किया हुआ है। यह तो नहीं कह सकती थी न कि तुमने मेरे पति के संग विवाह किया हुआ है। कहो, मैंने क्या अनुचित कहा?" ज्योत्स्ना ने पूनम के नेत्रों में झाँकते हुए दृढ़ स्वर

में कहा। पूनम को कोई उत्तर नहीं सूझ रहा था।

"पर तुम यहाँ से निकल जाओ नहीं तो...नहीं तो...मैं..." पूनम पुनः प्रलाप-सा करने लगी।

"मैं तो आज तुमसे बात किए बिना नहीं जाऊँगी। जानती हो तुम हेमन्त को एक सौ तीन बुखार है और वह इस भीषण गर्मी में एक वृक्ष के तले गाड़ी में पड़ा हुआ है।" पूनम पर कोई प्रतिक्रिया नहीं हुई। ज्योत्स्ना के लिए यह आठवें आश्चर्य से कम न था। जो पूनम हेमन्त के एक उष्ण उच्छ्‌वास पर विकल हो-हो जाती थी वह आज पूर्ण निष्ठुर बनी खड़ी थी। उसने हेमन्त के विषय में एक शब्द भी न पूछा न कहा।

"अच्छा अभी तुम बाहर जाकर खड़ी हो जाओ मैं पाँच बजे तुमसे बात करूँगी।" पूनम ने पीछा छुड़ाने निमित्त कहा।

"मैं यहीं बैठकर पाँच बजने की प्रतीक्षा करती हूँ।" ज्योत्स्ना ने मृदु स्वर में कहा।

"नहीं तुम बाहर जाओ। मैं पाँच बजे बाहर आऊँगी।" पूनम ने कठोर स्वर में कहा। ज्योत्स्ना भग्न हृदय और नेत्रों में सावन भादों लिये हेमन्त के सम्मुख जा खड़ी हुई। हेमन्त ताप से तप रहा था। तीव्र ज्वर के कारण उसके नेत्र रक्तिम हो रहे थे। ज्योत्स्ना ने पूर्ण विवरण हेमन्त को कह सुनाया। हेमन्त ने एक दीर्घ श्वास छोड़ा, "ज्योत्स्ना आ, अब लौट चलें। पूनम ने धोखा दे दिया है।"

"नहीं हेमन्त, आज मैं उसके साथ बात किए विना नहीं जाऊँगी। तुम यहीं गाड़ी में लेटो। मैं उसके कार्यालय के बाहर जहाँ वो चतुर्थ श्रेणी के कर्मचारी चाय पी रहे हैं वहीं जाकर खड़ी होती हूँ क्योंकि वहाँ से पूनम के कार्यालय के दायें व बायें दोनों ओर के निकास द्वार दिखाई पड़ते हैं।" ज्योत्स्ना ने दृढ़ता के साथ कहा।

"पर अभी तो तीन बजे हैं। क्या दो घण्टे तक धूप में खड़ी रहोगी?" हेमन्त ने टूटे हुए स्वर में कहा।

"अपनी नोनी के लिए ही तो खड़ी होऊँगी न।" ज्योत्स्ना ने फीकी हँसी हँसते हुए कहा।

"जैसे तुम्हारी इच्छा।" हारे हुए जुआरी सम हेमन्त बोला।

चाय का प्याला कर में थामे एक चपरासी ने दूसरे को फुसफुसाते हुए कहा, "यार देखो इस औरत को, इस उमर में भी न जाने किसके चक्कर में पड़ी हुई है!" पिघले शीशे सम ये शब्द ज्योत्स्ना के कर्ण-द्वय से अन्तर्मन तक समाते चले गए।

दूसरे यमराज तुल्य देह दानव के स्वामी गलमुच्छड़ चपरासी ने अपनी मूँछें उमेठते हुए और भी अधिक अभद्र भाषा में उत्तर दिया अपने पहले साथी को। पर ज्योत्स्ना पाषाण प्रतिमा सम सब कुछ अनसुना कर, अनदेखा कर अपनी धुन में वहीं खड़ी रही। सूर्य देवता अपनी समस्त उष्णता आज ही लुटाने पर तुले हुए थे। पग तले धरती जल रही थी व शीश के ऊपर आकाश। तृष्णा से ज्योत्स्ना का कण्ठ सूख गया

था। उसने अपनी पपड़ी जमे अधरों पर जिह्वा फेरी तो उन्हें कुछ नमी का भान हुआ। ऐसे ही एक-एक क्षण एक-एक युग सम बीत गया। कहीं दूर गजर ने पाँच बजाये। ज्योत्स्ना के नयन कभी एक द्वार को देखते और कभी दूसरे को। ठीक पाँच बजकर पाँच मिनट पर पूनम बाहर आई। ज्योत्स्ना पूनम के साथ-साथ चलने लगी। ज्योत्स्ना बोली, "नोनी, मैंने व हेमन्त ने जो कुछ भी किया तुम्हारी इच्छानुसार ही तो किया है तुम इतनी क्रोधित क्यों हो?"

"मैं तुमसे बात भी नहीं करना चाहती।" नागिन समान फुंकारते हुए पूनम ने कहा।

"हेमन्त भी मेरे साथ है। उसे अत्यधिक ज्वर चढ़ा हुआ है।" ज्योत्स्ना ने शान्त स्वर में कहा।

"मैं क्या करूँ?" पुनः नागिन फुंकारी। ज्योत्स्ना को विश्वास ही नहीं हो रहा था—यह वही पूनम है जो हेमन्त को अपना पति कहती थी। उसी के संग खाती-पीती थी व पत्नी धर्म निभाती थी। यह वही पूनम थी जो हेमन्त को पाने निमित्त ज्योत्स्ना से उसका पति छीन स्वयं उसका स्थान ग्रहण करना चाहती थी। यह वही पूनम थी जो ज्योत्स्ना को कहती थी—दी मुझे हेमन्त से एक बार 'अदालती विवाह' कर लेने दो फिर हम तीनों मित्रों जैसे रहेंगे। घर की बड़ी तुम ही रहोगी मुझे चाहिए भी क्या—केवल हेमन्त के चरणों में रहने का स्थान व दो जून दो रोटी। तुम जैसे चाहो करना। जिसके नयन हेमन्त को देखते नहीं अघाते थे वो आज हेमन्त की रक्त पिपासु बनी हुई थी। अरे वाह री भारतीय नारी! तेरी महिमा सबसे न्यारी! कभी तो पवित्र प्रणय की सौगन्ध खाती हुई प्रियतम पर सर्वस्व न्यौछावर करती है और कभी अपने उसी उत्सर्ग को मिथ्या दर्शा क्षण मात्र में ही गिरगिट सम रंग बदल सीता सावित्री का ढोंग रच लेती है।

क्या प्रणय के बन्धन क्षण मात्र में ही टूटकर बिखर जाते हैं? क्या एक नारी उस पुरुष को जिसे वह अपना पति मानती है, जिसके संग वह पत्नी धर्म निभाती है, परिस्थितियां की या समय की मार पड़ने के कारण विस्मृति के गर्त में डाल सकती है? नहीं! नहीं!! नहीं!!! ज्योत्स्ना का सर्वस्व दग्ध हुआ जा रहा था।

"क्या अब हम में कुछ भी शेष नहीं?" ज्योत्स्ना बोली।

"नहीं," पूनम ने अधर वक्र करते हुए सपाट स्वर में कहा।

"क्या अब हम मित्र भी नहीं?" ज्योत्स्ना बोली।

"..." शून्य में निहारने लगी पूनम।

"मैं तुम्हें दुर्गा पूजा पर व अन्य पर्वों पर शुभकामनाएँ भेजा करूँगी।" ज्योत्स्ना बोली।

"भेज देना," पूनम ने उपेक्षापूर्ण स्वर में कहा।

"नोनी," स्नेहिल स्वर में ऐसा कहते हुए ज्योत्स्ना ने पूनम का कर थामना चाहा

तो मानो भूकम्प ही आ गया। "मुझे मत छूना," सम्पूर्ण शक्ति से पूनम चिल्ला उठी। उसके नेत्रों में थी घृणा की ज्वाला और जिह्वा पर था अपार हलाहल। हतप्रभ-सी ज्योत्स्ना उसे देखती रह गई।

"क्यों, क्या आज मैं अछूत हो गई हूँ? मैं वही तुम्हारी जाय दी हूँ" विकल स्वर में ज्योत्स्ना ने कहा। पर पूनम तो आँचल झटक, जाय पर वक्र दृष्टिपात कर, एक बस में चढ़ वहाँ से चली गई। जाय का मन-मस्तिष्क हाहाकार कर उठा। वह सोचने लगी, आज पूनम निमित्त हम घृणा के पात्र बन चुके हैं। कल तक इसी पूनम हेतु मैं क्या-क्या नहीं करती थी। यह मेरे ही सम्मुख मेरे पति संग फूलशय्या पर चढ़ती थी। अपने अधोवस्त्र मुझसे धुलवाती थी। अपने मनभावन व्यंजन बनवाकर मुझसे खाती थी और मैं स्वयं इसे पुलकित हो-होकर खिलाती थी। इसके सबसे बड़े सुख निमित्त मैंने अपने पति से विवाह विच्छेद तक किया। है धरा पर ऐसी स्त्री जो पर सुख निमित्त पति से विवाह विच्छेद कर, सौतन लाने हेतु स्वयं एक रक्षिता का जीवन जीने के लिए भी मन-कर्म-वचन से तैयार हो जाए। अपना सब कुछ उत्सर्ग कर दे एक अन्यतम नारी निमित्त! पूनम, तुम नारी हो या एक पाषाण प्रतिमामात्र! एक पुरुष का जीवन धूलि-धूसरित कर दिया, एक नारी होकर इतना बड़ा धोखा! इतनी बड़ी प्रवंचना! तुमने जिस दिवस हेमन्त के जीवन में प्रवेश किया था, उस दिवस क्या तुम एक अल्हड़ षोडशी थीं? जब तुम हेमन्त से बारम्बार अनुरोध करती थीं कि वह तुम्हें अपनी वैधानिक पत्नी बना ले। यही तुम्हारी प्रथम व अन्तिम अभिलाषा है तो क्या तुम समझती थीं कि यह एक गुड्डे-गुड़िया का विवाह है? केवल नाटक मात्र ही है? आज तुम कहती हो मुझे मत छूना? जाय के नेत्र जवा कुसुम से रक्तिम थे। उसे सम्पूर्ण ब्रह्माण्ड घूमता हुआ प्रतीत होने लगा। वह भर-भराकर सड़क पर ही गिर गई। कुछ दूरी पर हेमन्त गाड़ी में अचेत पड़ा था और सार्वजनिक पथ पर ज्योत्स्ना। एक भद्र स्त्री ने जाय को सड़क पर गिरते हुए देखा तो वह भागकर उसके निकट आई और तत्परता से जाय का सर अपनी गोदी में रख, अपने आँचल से हवा करने लगी। कुछ लोग वहाँ एकत्रित हो गए। एक युवक दौड़कर कहीं से जल ले आया जाय के मुख पर जैसे ही शीतल जल के छींटे पड़े उसकी चेतना लौटने लगी। कुछ समय पश्चात् उसने नेत्र खोले। क्षणांश में ही सम्पूर्ण दृश्य उसके नेत्रों के सम्मुख घूम गया। उसके नयनों ने चहुँ ओर पूनम को खोजा। पर पूनम तो अपना आँचल झटक कभी की वहाँ से जा चुकी थी। उस भद्र महिला ने जाय को उठने में सहायता दी। जाय को उठते देख एकत्रित जनसमुदाय अपने-अपने गन्तव्य की ओर चल पड़ा। पानी लानेवाले युवक ने मीठे स्वर में कहा, "आण्टी मैं आपको सड़क पार करवा दूँ या जहाँ आप जाना चाहें छोड़ आऊँ?" जाय ने संकेत से उसे अपने साथ चलने को कहा तो वह भद्र महिला बोली, "देखिए मेरा नाम क्षमा लखनपाल है मैं यहीं मयूर विहार में रहती हूँ। मैं आपको जहाँ आप कहें छोड़ सकती हूँ।" क्षण भर पूर्व का परिचय आत्मीयता

में परिवर्तित हो गया। अधिकारपूर्वक क्षमा जाय को सहारा दे उसकी गाड़ी के निकट ले आई। वहाँ हेमन्त गाड़ी में अचेत पड़ा था। जाय के नयनों से अविरल अश्रुधारा बहने लगी। क्षमा ने धैर्य बँधाया, आप चिन्तित न हों दीदी मैं गाड़ी चलाना जानती हूँ। तत्परता से क्षमा ने गाड़ी में बैठकर 'स्टियरिंगह्वील' सँभाला जाय भी गाड़ी में बैठ चुकी थी। क्षमा आनन-फानन में गाड़ी को ग्रेटर कैलाश के एक प्रसिद्ध नर्सिंग होम में जाय के सुझाव पर ले आई। हेमन्त को समय पर ही हर औषधि उपलब्ध हो गई। जाते हुए प्राण सम्भवतः कुछ सत्कर्मों के कारण ही वापस लौट आए।

एक सप्ताह पश्चात् हेमन्त की दशा में सुधार हुआ। इतने दिवस जाय हेमन्त के निकट रात्रि दिवस बनी रही। उसे किसी की भी सुध न थी। हेमन्त के कार्यालय से कई उसके सहकर्मी व वरिष्ठ अधिकारी देखने आए। क्षमा ने मित्रवत् पाल दम्पती का साथ दिया। सत्य है कि अभी माटी पर सहृदय लोग भी शेष हैं। क्षमा के प्रति पाल दम्पती हृदय से कृतज्ञ था। क्षमा व लक्ष्य ने भी अंजलि भर-भरकर स्नेह पुष्प बाँटे व बटोरे।

लगभग एक मास के पश्चात् हेमन्त तन से पूर्ण रूप से स्वस्थ हो गया पर मन, मन की दशा सर्वशक्तिमान ही भली प्रकार जानता था। एक दिवस आद्योपान्त पूनम से मिलने का सम्पूर्ण वृत्तान्त जाय के मुख से सुनकर हेमन्त ने एक उष्ण उच्छ्वास छोड़ दिया। उसके मुख से केवल इतना ही निकला, "समय की धारा में बहने दो जाय हर सम्बन्ध को, हर वृत्तान्त को।"

शनैः-शनैः पूनम से मिले जाय को तीन मास व्यतीत हो गए। हेमन्त ने पूनम से दूरभाष पर केवल एक बात की कि मैं तुम्हें एक अच्छी नौकरी दिलवा दूँगा। नौकरी लेने निमित्त पूनम सहर्ष तैयार हो गई। हेमन्त ने एक विख्यात विदेशी संस्थान में उसे एक उचित पद दिलवा दिया वहाँ पूनम का वेतन पाँच सहस्र था। पर पूनम ने न तो हेमन्त को धन्यवाद दिया न ही उसका उपकार माना जबकि हेमन्त इन भावनाओं से कोसों दूर था। कृतघ्न नारी कभी भी किसी के प्रति निष्ठावान नहीं हो सकती। हेमन्त के हृदय में व्यथा का सागर हिलोरें मार रहा था। विवश पुरुष गरलपान कर जीवन संग्राम में जुट गया।

"पूर्णिमा" हेमन्त ने शान्त स्वर में एक दिवस पूनम को दूरभाष पर कहा।

"मैं पूनम बोल रही हूँ पूर्णिमा नहीं।" पूनम ने तिक्त स्वर में उत्तर दिया। पूनम का उत्तर सुन हेमन्त हतप्रभ-सा रह गया। सम्भवतः बाद में पूनम को यह ध्यान आया कि यह नूतन पद तो इसी पूर्व प्रियतम की कृपा से मिला है नहीं तो वह एक साधारण से संस्थान में एक साधारण-सी 'टेलीफोन ऑपरेटर' ही तो थी जो हर समय दूरभाष के जाल में उलझकर तनावग्रस्त जीवन व्यतीत करने लगी थी। पूनम ने अपेक्षाकृत नम्र स्वर में कहा, "हेमन्त, मैं अपनी उलझनों में नख-शिख तक उलझी पड़ी हूँ। तुमने चाहा मैं यह नौकरी कर लूँ तो मैंने कर ली। एक बात साफ-साफ बताना चाहती हूँ।

यह नौकरी कोई तुम्हारा उपकार नहीं है मेरे पर। ऐसा कभी न समझना।" यह कहकर पूनम ने सम्बन्ध-विच्छेद कर दिया। स्तम्भित-सा हेमन्त रिसीवर कर में थाम शून्य में निहारता रह गया।

शनैः-शनैः इस बात को दो मास व्यतीत हो गए। एक-दो अन्य संस्थानों में पूनम को साक्षात्कार निमित्त जाना था। उसने पता करवाया कि साक्षात्कार लेने हेतु कौन-कौन से अधिकारी आएँगे। जब उसे मालूम हुआ कि हेमन्त साक्षात्कार लेनेवाले अधिकारियों में विशेष स्थान रखता है तो उसने हेमन्त को अपनी वाक्पटुता का उत्कोच देना आरम्भ कर दिया। पर हेमन्त तो छलनामयी के छलावे से भली-भाँति परिचित हो चुका था। पूनम पहले से ही हेमन्त की कृपा से एक अच्छा पद सँभाले थी। तिस पर उसमें इन नवीन पदों हेतु विशेष योग्यता भी न थी। अतः यथायोग्य ही साक्षात्कारों में चुनाव किया गया। पूनम को हेमन्त की यह कर्त्तव्यनिष्ठा तनिक भी न भायी।

हेमन्त को दूरभाष पर उसने कर्कश स्वर में कहा, "तुम्हें क्या तकलीफ थी जो उस नए पद हेतु तुमने मेरा चुनाव नहीं किया?" और यह कहकर उसने रिसीवर रख दिया। हेमन्त का सर्वांग दग्ध हो उठा पर वह सम्पूर्ण हलाहल पी गया। उसने न तो कुछ जाय को बताया न पीछे मुड़कर देखा और अधिक, अत्यधिक स्वयं को कर्म के अर्पित कर दिया।

पूनम के वर्तमान पति अजय भट्टाचार्य ने उसको नवीन नाम दिया—मिताली। डेढ़ पसली, घोर श्याम वर्णी कागजी पहलवान था अजय भट्टाचार्य। अजय भट्टाचार्य की पत्नी की पूर्व प्रेम गाथाएँ सम्पूर्ण गाँव पर पहले ही उजागर हो चुकी थीं। कर्कश स्वरा, दर्पपूर्ण दुर्गा के किसी भी सम्बन्धी के संग मधुर सम्बन्ध न थे। अतः उन सम्बन्धियों ने भी सात जन्मों का बैर चुकाया दुर्गा व चण्डीदास के साथ। घमण्डी एककौड़ी जो हर ग्रामवासी की कन्या या कुमार पर विभिन्न प्रकार के संगत-असंगत लांछन लगाना अपना परम कर्तव्य समझता था। उसकी भांजी की प्रेम कहानियाँ जब उसी के मुख से मदिरापान करते समय उसकी चण्डाल चौकड़ी ने सुनीं तो उसके घोर शत्रु रास बिहारी ने तत्क्षण मन में सौगन्ध खाई कि बच्चू अब तू भी उस रस का पान कर जो तूने मेरी निर्दोष कन्या की अपकीर्ति पताका फहरा मुझे करवाया था। वह अलग बात थी कि उसकी मुटल्ली, भेंगी आलसी कन्या के रूप पर जब कोई भी वर आसक्त न हुआ तो वह ग्राम के तेली लाल बिहारी के पुत्र के संग गृह त्याग चली गई। जब गंगा मैया के तट पर करबद्ध रूपसी व उसके सहचर को हरिद्वार में ब्रजमोहन खेवट ने स्वचक्षुओं के साथ विचरण करते हुए देखा तो सर्वप्रथम यह सूचना उसने चण्डाल चौकड़ी के शिरोमणि एककौड़ी को दी। एककौड़ी ने पर्याप्त मसालों का छोंक दे उस गर्मागर्म सूचना को एक भी ग्रामवासी के सम्मुख परोसने का सुअवसर अपने हाथ से न जाने दिया। अपने व्यंग्यपूर्ण कटाक्षों पर कृत्रिम सहानुभूति की चाशनी चढ़ा

रास बिहारी को हर सभा, समारोह में अपदस्थ किया। अब रास बिहारी ने भी ब्याज सहित सम्पूर्ण ऋण एककौड़ी को लौटा दिया। सिन्हा दम्पती से रुष्ट सम्बन्धियों ने तथा रास बिहारी ने चटकारे ले-ले पूनम की देहलीवाली प्रेमगाथा का झूठा-सच्चा प्रचार चहुँओर कर दिया। दुर्गा तो केवल यही चाहती थी कि हेमन्त के संग उसकी पुत्री किसी भी मूल्य पर विवाह न करे। अपने अहम् की तुष्टि के लिए उस नारी ने अजय भट्टाचार्य जैसे दुर्वासा से क्रोधी युवक के संग पुत्री का विवाह कर दिया। धूर्त अजय ने मन में विचार किया, 'शाली को सदा पाँव के अँगूठे के तले दबाकर रखूँगा। हूँ! पढ़ी-लिखी तो है ही न। जीवनभर धन भी अर्जित कर-कर मेरी अंजलि भरती रहेगी व पैर की धूल बनकर जीएगी। मुझ शाले कलुवे को इससे शोन्दर और कौन-सी कन्या मिलेगी! चलो मन मेरे, सप्तपदी पूर्ण करो और इस रूपसी को अपनी दासी बनाओ।'

जब एक दिवस रक्तिम नयन लिए दुर्गा ने स्वयं ही पूनम के चमकीले कुन्तल कैंची ले काट दिये और कहा, "ले दुष्टा, तू अपने को बड़ा परम सौभाग्यवती समझती है न आज से तू है विधवा, विधवा। हेमन्त की विधवा!! हा हा हा...!!!" कर अट्टाहास कर उठी भैरवी। इस प्रकार अस्थिपंजर को तोड़ देनेवाली मार खा-खाकर, नित्य प्रतिदिन की भर्त्सना व प्रताड़ना सह-सहकर तथा अपने नितम्ब-चुंबी कुन्तलों की आहुति देकर पूनम की आत्मा तक भी परिवर्तित हो चुकी थी। वह अजय भट्टाचार्य को अपना परम सौभाग्य जान, अपनी नियति मान, स्वीकार कर चुकी थी। एक धूर्त की भार्या बन वह भी अब कम धूर्त नहीं थी। हेमन्त जिसे कि उसने 'बिन फेरे हम तेरे' वाली उक्ति को चरितार्थ करते हुए तन-मन से पति स्वीकार किया था, अब उस निमित्त केवल खिलवाड़ मात्र ही था, जीवन में उच्चतम शिखर पर चढ़ने हेतु सोपान मात्र ही था। हेमन्त ने तो अपना धर्म निभाते हुए उसको एक उचित पद प्राप्त करवा ही दिया था। पर जब यह देखा कि पूनम की दृष्टि में मानवता का भी कोई मूल्य ही नहीं रह गया तो पूनम को उसने उसकी नियति के आसरे छोड़ दिया। पूनम के पथ से हेमन्त सदा-सर्वदा के लिए दूर, अति दूर हो गया व जाय को भी अपनी सौगन्ध दे मना कर दिया कि वह भविष्य में पूनम के संग किसी प्रकार का कोई सम्बन्ध न रखेगी।

"मिताली, शाली! कहाँ मर गई, मेरे बूट ला।" अजय दहाड़ा सप्तम स्वर में।

"अभी लाई," मछली का झोल तैयार करती हुई पूनम ने रसोई घर से शीघ्रतापूर्वक बाहर आते हुए कहा।

"इतनी देर क्यों लगी? बता, जल्दी फूट, क्या अपने पूर्व प्रियतम को स्मरण कर गंगा-यमुना बहा रही थी? तेरी तो अस्थियाँ मैं गंगा में स्वयं प्रवाह करके आऊँगा एक दिन। जूठन कहीं की।" कपाल पर रक्तिम नेत्र चढ़ाते हुए क्रोधी दुर्वासा सप्तम स्वर में पुनः चिल्ला उठा।

"मैं क्या जूठन हूँ?" पूनम को भी क्रोध आ गया।

दम्पती को पूनम प्रकरण मालूम हुआ तो उनकी भी यही राय थी कि अवसरवादी छलनामयी पूनम संग कोई नाता नहीं रखना चाहिए पाल दम्पती को भविष्य में।

लालिमा को ग्रीवा कैंसर हो गया था। दो-तीन मास तो जैकब ने मानवता के नाते उसकी देखभाल की, चिकित्सा करवाई पर फिर रस लोलुप भ्रमर अन्य कली के संग रास रचाने लगा। एक दिवस लालिमा को असहाय अवस्था में एक सरकारी अस्पताल में भर्ती करवा वह मुम्बई चम्पत हो गया। लालिमा मुख से बोल नहीं सकती थी। उसकी जिह्वा पर आठों पहर वास करनेवाली हाला न जाने कौन-से संसार में वास करने लगी थी। अब साथ थी लालिमा के असीम करुणा, पश्चात्ताप व विवशता। पुत्री कुपुत्री बन गई थी पर माता कुमाता तो नहीं बनी थी न। जब अमिता को उसकी चौका-बासन करनेवाली बाई ने बताया कि उसने विवश लाली को उस सरकारी अस्पताल के जनरल वार्ड में पशु तुल्य पड़े देखा तो अमिता का हृदय चीत्कार कर उठा। सेठ दम्पती भागे गए अस्पताल में। तन-मन-धन लगाकर लाली की सेवा शुश्रूषा एक नामी-गरामी नर्सिंग होम में रखकर की गई पर कभी कोई मृत्युदूत को भी छल पाया है। मूक लाली के नयनों से जब भी वह पूर्ण चेतना में होती तो गंगा-यमुना प्रवाहित होती रहती। गूँगे का संकेत केवल माँ समझती है। अमिता ने भी लाली का संकेत समझ लोकेश, लाली के पति व सास-श्वसुर, सुलक्षणा व वैद्यनाथ वत्स, सब लोगों को लाली को देखने अस्पताल बुलाया। कृशकाय लाली की दशा देख वत्स परिवार अत्यन्त दुःखी हुआ। लाली के नयनों से निरन्तर नीर बह रहा था। उसने हाथ जोड़, नयन झुकाकर मूक प्रार्थना की पति व सास-श्वसुर से। वे लोग उसका संकेत समझ गए। अवरुद्ध कण्ठ से सुलक्षणा ने कहा, "हमने तुम्हें क्षमा किया लाली।" पर लाली फिर भी उसी मुद्रा में रही। लोकेश से सहन नहीं हुआ उसने लाली के मस्तक पर प्रेमपगा हाथ फेरा तो लाली की मानो तृषित आत्मा तृप्त हो गई उस प्रेमपगे स्पर्श से। उसी समय ज्योत्स्ना व हेमन्त ने प्रवेश किया लाली के कक्ष में। लाली के पास सम्भवतः अब समय शेष नहीं था। उसके नयन एक बार चहुँ ओर घूमे और फिर सदा-सर्वदा के लिए बन्द हो गए। मुख पर अपूर्व शान्ति थी लाली के। कर अभी भी उसी मुद्रा में जुड़े हुए थे मानो अपने परम पिता परमात्मा से अपने कुकर्मों निमित्त क्षमा याचना कर रही हो।

आज लालिमा को धरा त्यागे एक वर्ष व्यतीत हो चुका था। निरुपम तो पत्नी संग सुखमय जीवन व्यतीत कर रहा था पर नीलिमा ने अभी भी विवाह नहीं किया था। लालिमा का करुणाजनक अन्त देख वह अत्यधिक विरक्त हो चुकी थी इस नश्वर संसार से। अमिता व नरेन्द्रनाथ की देखभाल निरुपम भी भली प्रकार करता तथा उसकी पत्नी भी। दो वर्ष के नमन के संग अमिता व नरेन्द्र मन लगाये रखते थे। सेठ ने देहली से दूर गुड़गाँव के निकट एक विशाल फार्म हाऊस बनवा लिया था जहाँ कई दास-दासियों तथा निरुपम के संग सेठ दम्पती शान्तिपूर्वक जीवन बिताने लगा।

अब लगभग चार मास से नीलिमा भी वहाँ आकर रहने लग गई थी। उसकी रुचि अब विभिन्न प्रकार के गुलाब व पुष्प उगाने में हो गई थी। अतः सेठ की फार्म के अलभ्य गुलाब देश-विदेश में निर्यात होने लगे थे समय आने पर।

समय का रथ निरन्तर अग्रसर था अपनी अनन्त यात्रा पर। देखते-ही-देखते दस वर्ष व्यतीत हो चुके थे। पूनम दर्पण में अपना प्रतिबिम्ब देख रही थी। आभाहीन मुख पर रजत वर्णीय तार काले कुन्तलों में चमक रहे थे। आज उसके पास स्वयं की गाड़ी थी, फ्लैट था, नहीं था, तो हृदय का चैन नहीं था, आत्मा की शान्ति नहीं थी। वह स्वयं को पूर्णरूपेण कर्म को समर्पित कर चुकी थी पर अतीत के फनीधर की लपलपाती जिह्वा उसे अवसर पाते ही डसने को प्रस्तुत रहती हर घड़ी, हर पल, हर क्षण। एक दिवस सन्ध्या बेला में वह चल पड़ी अपनी प्रिय एकान्तस्थली पर जहाँ वह पिछले सात वर्षों से निरन्तर जाती, मौन बैठ अपने प्रेममय क्षणों के संगी-साथी लताकुंज वृक्ष को निहारती और अपनी पीताभ शय्या पर दो अश्रु चढ़ा आती। हेमन्त को व्याकुल पूनम ने बहुत खोजा पर वह न मिला।

आज पूनम अति उद्विग्न थी। कभी उसे ज्योत्स्ना की स्निग्ध स्नेहमयी हँसी सुनाई देती तो कभी हेमन्त की सौम्य आकृति उसके नयनों के सम्मुख आ खड़ी होती। उसे रह-रहकर लगता जैसे हेमन्त पुकार रहा है—पूर्णिमा, डार्लिंग अब आ भी जाओ। मैं कब से अकेला खड़ा तुम्हारी प्रतीक्षा कर रहा हूँ। 'हूँ। क्यों विपरीत विचार ही आते हैं मन में। ज्योत्स्ना दी जो हैं हेमन्त के संग। मैं छलनामयी कैसे जाऊँ पिया के द्वारे अब उससे इतना बड़ा छल करके। हे विधाता! तुम तो जानते हो मैं भाग्य की मारी हूँ। मुझे क्षमा करो मेरे भगवान और एक बार केवल एक बार, मुझे मेरे हेमन्त से मिला दो।' अपनी नौकरी छोड़ न जाने हेमन्त नौ वर्ष पूर्व देहली से कहाँ चला गया किसी को भी तो मालूम नहीं था। कैसे पाए हेमन्त को? कैसे जाए हेमन्त द्वारे। साँझ का सवेरा द्रुतगति से उतरने लगा था लताकुंज वृक्ष पर। जैसे ही एक उच्छ्वास छोड़ पूनम उठ खड़ी होने को थी कि एक लम्बी आकृति आ उसके सम्मुख खड़ी हो गई। पूनम का ऊपर का श्वास ऊपर रह गया व नीचे का नीचे। भय से मुख विदीर्ण हो गया। अवरुद्ध कण्ठ से एक स्वर उभरा, 'पूर्णिमा, डार्लिंग,' पूनम उस आकृति के चरणों से लिपट गई, "मेरे हेमन्त, मेरे स्वीट हार्ट, मुझे क्षमा कर दो। मुझे क्षमा कर दो। मैं दी की भी अपराधिन हूँ। ले चलो मुझ छलनामयी को दी के पास। मैं उनके चरणों में मस्तक रख क्षमा माँगूँगी। वह स्नेह की मूरत, मुझे अवश्य क्षमा करेंगी यह मेरा अटल विश्वास है," पूनम अपने ही प्रलाप में मग्न थी। हेमन्त उसे कर थाम उठा गाड़ी तक ले गया। हेमन्त ने ड्राइवर को पूनम की गाड़ी लाने को कहा और स्वयं अपनी गाड़ी में जा बैठा। गाड़ी तीव्र गति से देहली के उस एकाकी पथ पर दौड़ने लगी। पूनम स्तब्ध-सी बैठी थी हेमन्त के निकट।

हेमन्त का घर गुड़गाँवा के निकट था। पाँच सौ गज में सादा पर सुरुचिपूर्ण

भवन बना हुआ था। द्वार खोला एक सेविका ने। पूनम ने द्वार से ही पुकारना आरम्भ कर दिया, "दी ओ जाय दी, मैं आ गई हूँ। तुम दी कहाँ हो? तुम्हारी नोनी, तुम्हारी मामुनी आ गई है दी।" हेमन्त धीरे से पूनम का कर थाम उसे अपने शयनकक्ष में ले गया। सामनेवाली प्राचीर पर ज्योत्स्ना का एक भव्य तैल चित्र लगा हुआ था। एक दिव्य आभा बिखरी पड़ी थी ज्योत्स्ना के मुख पर। चित्र के सम्मुख एक बड़ा-सा पीतल का दीप जल रहा था। शैया के निकट पूनम का भी एक चंचल चपल मुद्रा में चित्र लगा हुआ था। "देखो, पूनम जाय तुम्हें कभी भूल नहीं पाई। उसके हठ के सम्मुख मुझे भी झुकना पड़ा। तुम्हारा ये जो चित्र शैया के निकट लगा हुआ है न, यह जाय ने ही 'एनलार्ज' करवाया था।" पर पूनम के कर्णद्वय तक कोई स्वर नहीं पहुँच रहा था। वह बुक्का फाड़ रुदन कर उठी, "ओ जाय दी, इतनी दूर की मुसाफिर क्यों बनी हो? जाना तो मुझ छलनामयी को चाहिए था, चली तुम गईं करुणामयी। मेरी दी, तेरी भावना अमर है। तू मुझ छलनामयी का छलनामय रूप देखकर भी न बदली। मुझे क्षमा कर देना जाय दी, क्षमा कर देना। मुझे परिस्थितियों ने बुरी तरह तोड़कर रख दिया था न। काश! मैं माँ के अन्याय के सम्मुख मस्तक न झुकाती। अपने स्वर्णिम संसार को स्वयं दाह न करती! मैं तुम्हारी व हेमन्त दोनों की अपराधिन हूँ। ओ जाय दी, एक बार, केवल एक बार लौट आओ मुझ अभागी को क्षमा करने। तुमने जब मेरा नाम नोनी रखा था तब उसके पश्चात् एक बार कहा था—नोनी जब तुम इस घर आँगन में सदा के लिए आ जाओगी तो तुम्हारा नामकरण करूँगी। तुम्हारा नूतन नाम होगा—मिताली और पुकारा करेंगे—मिता, मामुनी और-और छुटकी ...नोनी। आओ दी, मैं सदा के लिए आ गई हूँ। अब मेरा नूतन नाम रखो—मिताली ...मिता...मामुनी..." पागल सम प्रलाप करते हुए पूनम अचेत हो धरा पर गिर पड़ी।

मध्यरात्रि के समय पूनम की चेतना लौटी तो वह शैया पर पड़ी थी। उसने विस्फारित नेत्रों से कक्ष के चहुँ ओर देखा। हेमन्त पीताभ मुख लिये उसके सम्मुख एक कुर्सी पर नयन मूँदे बैठा था। न जाने निंदिया रानी कौन-सा उत्कोच दे उसे अपनी गलियन में ले गई थी। नीले अम्बर पर झिलमिल-झिलमिल करते सितारों के मध्य बड़ा-सा पूर्णिमा का चन्द्र अपनी शुभ्र ज्योत्स्ना उदार हृदय से लुटा रहा था। शयनकक्ष की पूर्वी प्राचीर के मध्य बनी खिड़की से ज्योत्स्ना स्मित हास्य बिखेरती हुई हेमन्त के चरणों पर छाई हुई थी। हेमन्त के अधमुँदे नयन मानो ज्योत्स्ना को अनुरागमयी दृष्टि से निहार रहे थे। बिना आहट किए पूर्णिमा शैया से उठ खड़ी हुई और हेमन्त के निकट धरा पर आकर बैठ गई। एक पत्र हेमन्त के हाथ से टप से पूर्णिमा की गोद में गिर पड़ा। जैसे ही पत्र उठा पूर्णिमा हेमन्त की गोद में रखने लगी तो ज्योत्स्ना के प्रकाश में उसने उस पत्र पर अपना नाम पढ़ा। जिज्ञासावश वह पत्र उठा दीपक के निकट चली आई। बाहर चम्पा मह-मह कर महक रही थी मन्थर गति बहते समीर के संग। पूनम दीपक के प्रकाश में पत्र पढ़ने लगी—

प्रिय नोनी,

सदा सर्वदा तुम्हारा जीवन सौरभ सुगन्धसम महके। मेरा अटल विश्वास है कि तुम एक दिवस अवश्य वापस आओगी। मैं हेमन्त तुझे सौंपकर जा रही हूँ छुटकी। ऐ नोनी। हेमन्त का पूरा-पूरा ध्यान रखना। सम्भवतः प्रारब्ध को यह मान्य नहीं था कि हम दोनों इस घर आँगन में मिलकर रहतीं। जाना तो नहीं चाहती हूँ मेरी मामुनी पर क्या कभी काल ने किसी पर दया दर्शायी है नहीं ना, सो मैं भी जा रही हूँ पर मेरा स्नेह सदा तुम्हारे साथ है। अच्छा विदा नोनी, विदा मामुनी, विदा मेरी मिताली, तुम अखण्ड सौभाग्यवती रहो।

तुम्हारी—
जाय दी

जाय का अन्तिम पत्र पढ़ पूनम का तन व मन दोनों चीत्कार कर उठे। "हेमन्त, स्वीट हार्ट, क्या हुआ था दी को?" निरन्तर नयनों से अश्रु बहाते हुए पूनम ने अवरुद्ध कण्ठ से पूछा।

"जाय को ऐसा कुछ नहीं हुआ था। केवल दो दिवस के ताप ने उसके तीन वर्ष पूर्व प्राण हर लिए। पहले सन्तान का वियोग, उस निर्मोही, निष्ठुर सन्तान का जिसने पीछे मुड़कर भी ममतामयी को न देखा और फिर...और फिर..." कहते-कहते हेमन्त मौन हो गया।

"कहो, हेमन्त कहो, मैं अभागी आज सब कुछ सुनना चाहती हूँ। मुझ अपराधिन को जो भी दण्ड तुम देना चाहो दो, पर बोलो, कुछ कहो, मन का यह सन्ताप प्राण ले ले मेरे तो बहुत ही अच्छा हो।" पूनम मानो पगला गई थी।

"और फिर तुम्हारा वियोग, तुम्हारी पीड़ा, तुम्हारी प्रतीक्षा ने उसे अन्तर्मन से तोड़कर रख दिया। कितना स्नेह था उसे तुम्हारे साथ! शब्द उसे नहीं बाँध सकते पूर्णिमा," दीपक की टिमटिमाती लौ पर दृष्टिपात करते हुए हेमन्त ने सन्तप्त स्वर में उत्तर दिया।

"हेमन्त, मुझे कहीं कोई पथ नहीं सूझ रहा। मुझ नयनहीन को कोई तो पथ सुझा दो?" पूनम कातर स्वर में बोली।

"उठो मीता, उठो, अब हर पथ पर हम दोनों के कदम मिलकर चलेंगे जीवनभर। यही अन्तिम इच्छा थी हमारी जाय की," भाव विभोर स्वर में हेमन्त ने ऐसा कहते-कहते पूनम के अश्रु पोंछ उसे हृदय से लगा लिया। दो तृषित हृदयों का मिलन देख मानो द्वार से लौटती हुई ज्योत्स्ना भी तृप्त हो गई।

□□□